Otto Zsok · DER RELIGIÖSE URQUELL

Otto Zsok

DER RELIGIÖSE URQUELL

dargestellt im Lichte des geistigen
Lehrwerks von Joseph Anton Schneiderfranken
Bô Yin Râ (1876–1943)

Eine religionsphilosophische Studie

EOS VERLAG ERZABTEI ST. OTTILIEN

Umschlaggestaltung: Rita Briese
          Bild: ›Das klingende Licht‹ von
                Bô Yin Râ
    Autorenfoto: Rita Briese

Die Deutsche Bibliothek – CIP-Einheitsaufnahme

Zsok, Otto:
Der religiöse Urquell : dargestellt im Lichte des geistigen
Lehrwerks von Joseph Anton Schneiderfranken Bô Yin Râ
(1876 - 1943) / Otto Zsok. - St. Ottilien : EOS-Verl., 2001
  ISBN 3-8306-7073-7

© EOS-Verlag Erzabtei St. Ottilien – 2001
Gesamtherstellung: EOS-Druck, D-86941 St. Ottilien

INHALTSVERZEICHNIS

1. EINLEITUNG UND VORWORT
Eine methodologische Besinnung

Auf der Grundlage bestimmter »Lehr-Texte« desselben Autors, – die alle in deutscher Sprache in 40 Büchern niedergelegt, öffentlich zugänglich und inzwischen in 16 Sprachen übersetzt worden sind, – in Büchern, die seit 1927 ununterbrochen vom selben Verlag, vom *Kober Verlag* in Bern, nachgedruckt und verbreitet werden, – will diese religionsphilosophisch ausgerichtete Arbeit *neue* und in dieser Form noch nicht allgemein bekannte »Aspekte« oder »Themen« über die innerste Struktur der letzten Wirklichkeit, über die eigentliche, wahre »Natur« des *ewigen Geistes* und über das irdische und ewige Schicksal des Menschen ins Zentrum der Aufmerksamkeit rücken. In der hier dargestellten, durch Joseph Anton Schneiderfranken Bô Yin Râ übermittelten Lehre, – »die man als die Urreligion der Menschheit bezeichnen darf, und die jeden, der sein *Leben* darauf einstellt, mit absoluter Gewißheit zum ewigen Lichte führt«, (Bô Yin Râ) – geht es in der Tat um den religiösen Ur-Quell.

Für nicht wenige, sich als »intellektuell« oder als »Akademiker« bezeichnende Menschen ist *Geistiges* immer noch Verstandesarbeit, analytisches Denken, begriffliches Erschließen. Das alles ist die Tätigkeit des menschlichen *Gehirns*, und wenn man all das der Wirklichkeit des Geistes gleichsetzt, dann zeigt man nur, wie ferne man noch der Erkenntnis ist, daß das sogenannte denkende Erschließen niemals weiter vordringen kann, als bis zur Grenze jener Vorstellungen, die den Gesetzen, denen sich das Denken fügen muß, noch *unterordnet* sind. Die Wirklichkeit des Geistes aber erschließt sich vielmehr einer inwendigen Erfahrung, einem *Erleben* dessen, was »ist«, und sie bleibt unerreichbar allen denkgerechten – logischen – Schlußfolgerungen. Das Verführerische des Denkens und der Denktätigkeit, die hier natürlich *nicht* abgewertet, sondern nur in die richtige Relation zum Geist gesetzt werden soll, ähnelt den unzähligen Kombinationen des Figurenbildes auf dem Brette beim Schachspiel. Mögen noch so unendlich viele Kombinationen im Laufe eines Schachspiels gegeben sein, so bleibt doch das Faktum bestehen, daß das Schachbrett als Spielplatz *niemals* verlassen wird. Wenn man aber, wie in der Philosophie, den »Stein der Weisen«, die Wahrheiten des Menschseins, das urtiefe Geheimnis des Seins, die religiöse Ur-Quelle und das Urquellende, das alle Sehnsucht stillen kann, entdecken und sich selbst bewußt machen will, muß man »das Schachbrett des Denkens« verlassen, und erst *nachdem* man das Gesuchte auf *anderem* Wege gefunden hat, kann man es zum *Gegenstand* des Denkens machen.

So hat noch *Platon* philosophiert, wie *Josef Pieper* in seinem religionsphilosophischen Schriftwerk hervorragend dargelegt hat. In der bislang zu wenig beachteten Schrift *Über die platonischen Mythen*[1] diskutiert J. Pieper die Frage, »wie Platon selber über die *Wahrheit* der von ihm erzählten Mythen gedacht habe. (...) Meine These besagt, Platon habe das in den Mythen Gemeinte für unantastbare Wahrheit gehalten.«[2] Und dann expliziert Pieper, was er unter »Wahrheit« verstanden wissen will, denn bekannterweise bestimmen sehr prinzipielle Vor-Meinungen die *eigene* Stellungnahme mit. Dann heißt es bei Pieper: »Man kennt die von Logikern gelegentlich gestellte Examensfrage: Wann ist der Satz ›Es gibt Marsmenschen‹ wahr? – worauf die Antwort erwartet wird, der Satz sei dann wahr, wenn es Marsmenschen gibt. In diesem simplen Exempel ist das hier Gemeinte völlig klar ausgesprochen. Die platonischen Mythen vom allererersten Anfang und von den Letzten Dingen, vom göttlichen Ursprung der Welt, von der paradiesischen Vollkommenheit des Menschen und ihrem Verlust, vom Gericht nach dem Tode – diese Erzählungen sind dann wahr, wenn es all das *wirklich* gibt. Und genau dies ist, so behaupte ich, Platons Überzeugung.«[3]

---

[1] Josef Pieper, Über die Platonischen Mythen, München: Kösel Verlag 1965.
[2] Ebd., S. 58.
[3] Ebd., S. 59.

An dieser Vor-Meinung zum Begriff der Wahrheit hängt auch das Selbstverständnis einer Religionsphilosophie, die *nichts* auslassen will, was auf dem unendlich weiten Gebiet des Religiösen vielleicht doch noch als etwas »Neues« auftaucht. Und genau *dies* ist der Fall, – so behaupte ich, – mit dem in numerischer Singularität dastehenden *geistigen Lehrwerk* von Josef Anton Schneiderfranken Bô Yin Râ. Man muß freilich ein mögliches Mißverständnis gleich ausräumen: Dieses »Neue« ist in einem tieferen Sinn etwas *Uraltes*, – die gleiche Wahrheit, die in dem tiefsten Kern der Religionen schlummert, – die gleiche Wahrheit, wie sie auch bei und durch *Lao tse* und *Jesus von Nazareth* offenbart wurde, aber hier bei Bô Yin Râ in einer *anderen* Form – und in deutscher Sprache sorgfältigst ausformuliert und gestaltet – dem Suchenden gegenübertritt. Urewige Wirklichkeit und urewige Weisheit, die in der *Form* einer Lehre der Menschheit auf Erden kundgetan werden soll, meldet sich in *symphonisch-musikalischen* und kunstvoll gebauten Sätzen, die *der Leser*, [Leserin immer mitgemeint], wenn er nicht völlig blind und taub ist, kaum überhören und kaum übersehen kann. Vielleicht sollte ich hinzufügen: Derjenige Leser wird die Lehre nicht übersehen und überhören, der seine sehr prinzipiellen Vor-Meinungen reflektiert, Vor-Urteile abgelegt und die *eigenen* letzten Stellungnahmen *vor sich selbst* deutlich gemacht hat. Es kommen mir zu dem hier gemeinten essentiellen Punkt die Briefe von C. S. Lewis in den Sinn aus seinem genial-ironisch (1941) geschriebenen Buch *Dienstanweisung für einen Unterteufel*, in dem ein durch lange Praxis »weise« gewordener Mephisto, hier *Screwtape* geheißen, Anweisungen und Ratschläge seinem Neffen gibt, der wenig Erfahrung mit den Menschen hat. Die ebenso witzigen wie tiefsinnig-ironischen Anweisungen ergeben eine *spiegelverkehrte* philosophische Lehre vom Menschen. In einem dieser Briefe ist auch vom Studium der Alten die Rede. Der Kontext im Brief lautet:

»Dank dem intellektuellen Klima, das uns in ganz Westeuropa endlich zu schaffen gelungen ist, brauchst Du Dich um diese Gefahr [= das Geheimnis des Menschen zu erkennen] nicht groß zu sorgen. Nur die Gelehrten lesen alte Bücher. Wir aber [= die vereinigten höllischen Geister] haben diese Gelehrten so geschult, daß sie unter allen Menschen am wenigsten geeignet sind, sich die

Weisheit aus den Büchern der Alten anzueignen. Wir haben das erreicht, indem wir ihnen ›den geschichtswissenschaftlichen [historischen] Standpunkt‹ unauslöschlich eingeprägt haben. Der ›historische‹ Standpunkt bedeutet kurz gefaßt dies: Wenn ein Gelehrter irgendeiner Aussage eines früheren Autors begegnet, dann ist die eine Frage, die er nie stellen wird, die, ob sie *wahr* ist. Er fragt, wer den antiken Verfasser beeinflußt hat, wie diese Aussage mit dem übereinstimmt, was er in anderen Büchern sagt, und welche Entwicklungsphase des Schreibenden oder der allgemeinen Geschichte des Denkens erläutert wird und wieweit sie spätere Denker beeinflußt haben und wie oft sie falsch verstanden worden sind (besonders von den eigenen Kollegen des Gelehrten), welche Richtung die allgemeine Kritik in dieser Frage im Laufe der letzten zehn Jahre eingeschlagen hat und welches der ›gegenwärtige Stand der Frage‹ ist. Die Schriften des alten Verfassers als mögliche Quelle der Erkenntnis anzusehen, zu erwarten, daß das, was sie sagen, möglicherweise die *eigenen Gedanken* oder das *eigene Handeln ändern* könnte – das würde als äußerst einfältig abgewiesen.«[4]

Es ist zu hoffen, daß Gelehrte, die nicht einen alten, sondern einen modernen Autor des 20. Jahrhunderts lesen, all diese denkerisch, historisch-kritisch *faszinierend scheinenden* Fragen nicht so sehr in den Vordergrund stellen, daß sie dabei vergessen einzuräumen: dieser Autor Joseph Anton Schneiderfranken Bô Yin Râ hat vielleicht doch sehr bedeutende Wahrheiten ausgesprochen. Er selber hat einmal (1930) nüchtern festgestellt:

»Daß es zu allen Zeiten Menschen gab, die in geradezu bewunderungswürdigem Glauben an sich selbst und die Unfehlbarkeit ihrer Gesichte, vermeintliche ›Wahrheit‹ Anderen fanatisch aufzudrängen suchten, – daß es niemals an machtlüsternen Spekulanten auf die willige Leichtgläubigkeit frommer Seelen fehlte, – weiß jeder,

---

[4] Clive Staples Lewis, Dienstanweisung für einen Unterteufel, Freiburg: Herder Verlag 1975, S. 120. (15. Aufl.). Es sei noch angemerkt: Auf diesen subtilen, feinen Hinweis hat mich die Lektüre von *Josef Pieper* aufmerksam gemacht.

10

der das Sehnen der Menschheit kennt, die Mauern zu überfliegen, die physisch-sinnlichem Erkennen unübersteigbar sind.

Das darf aber nicht davon abhalten, Mitteilung menschlicher Erfahrung in überirdischen Gebieten stets wieder aufs neue zu prüfen, denn wenn auch hier auf tausend Irrtümer, – auf tausend Bekundungen bloßen Geltungstriebes, – nur ein einziger Einblick in übererdensinnliche *Wirklichkeit* käme, so wäre die Aufmerksamkeit schon reichlich belohnt.

Ich bin in der wenig beneidenswerten Lage, solche prüfende Aufmerksamkeit für meine eigenen Bekundungen fordern zu müssen.

Es handelt sich hier nicht etwa um eine ›Weltanschauung‹, sondern um die Mitteilung meiner *Erfahrungen*, die in *jeder* Form religiöser Überzeugung ihren Platz finden können, sofern nur die *Möglichkeit* übererdenhafter Erfahrung nicht a priori weggeleugnet wird.

Aufs beste vertraut mit den guten Gründen zur Skepsis gegenüber der von mir behaupteten Möglichkeit solche Erfahrungen zu machen, bestreite ich gewiß keinem Menschen das Recht, fürs erste den in meinen Schriften gegebenen Berichten über die geistige Wirklichkeit, die uns alle trägt, mit äußerster *Vorsicht* und mit mancherlei *Zweifel* zu begegnen.

Aber auch ich muß das Recht erwarten, die Bekundungen meiner geistigen Erfahrung davor bewahrt zu sehen, daß man sie unbedacht zu einer Kategorie menschlicher Äußerungen zähle, die mir zum mindesten gleich fatal und glaubensunwürdig ist, wie dem hartgesottensten Skeptiker unter meinen Lesern.

Ich muß ferner darauf hinweisen, daß es sich in allen meinen Schriften immer um zwei voneinander sehr verschiedene Mitteilungskomplexe handelt: – um das, was mir evident wurde als *Allen* erreichbares menschliches Erfahrungsgut, auch wenn Weite und Tiefe der möglichen Erfahrung hier stets von individueller Eignung abhängen, – und sodann um Mitteilung aus gesonderter, nur mir selbst eröffneter Erfahrungsweise, soweit solche Mitteilung möglich und nötig ist.«[5]

---

[5] Bô Yin Râ, Nachlese I. Gesammelte Prosa und Gedichte aus Zeitschriften, Bern: Kober Verlag 1990, S. 9–11. Die Hervorhebungen sind hier, wie in allen weiteren Zitaten aus dem Lehrwerk, im Original.

Es gibt ein Erfahrungsgut, das *Allen* erreichbar ist und es gibt Mitteilungen und Bekundungen, die aus gesonderter, nur ihm [Bô Yin Râ] selbst eröffneter Erfahrungsweise stammen. Der Leser solcher Texte tut gut daran, sich zuzueignen, was seine Fähigkeit zu *eigener* Erfahrung im innersten Seinsbereich des Menschen zu fördern sucht.[6] Daß dabei *nicht* die Denkkraft, sondern das Gemüt, die Seelenkräfte und die [zuinnerst zum Menschsein gehörenden] Geisteskräfte das *Primat* haben, soll in der folgenden Reflexion deutlich werden.

Das Denken ist nur *eine* Kraft im und des Menschen, mit dessen Hilfe er, gewiß, sehr viele Bereiche der physischen Welt erschließen, erkennen und in den »Griff« bekommen kann [»be-greifen«]. Das Denken – mitsamt des ganzen Psychophysikums – ist, um hier im Duktus des Wiener Arztphilosophen *Viktor Emil Frankl* (1905–1997) zu sprechen, ein »Organon« des menschlichen Geistes, ein »Werkzeug«, das gewiß äußerst *virtuos* eingesetzt wird, um durch schnell gefundene Gedanken das Entlegene in frappierenden Zusammenhang zu bringen. Der Mensch aber erfährt in sich selbst auch mindestens *zwei* andere Kräfte, wofür die (deutsche) Sprache die Ausdrücke *Seele* und *Geist* bereit hält. Somit haben wir ein dreidimensionales Bild vom Menschen, sozusagen drei Kraftzentren oder drei Arten von Kräften, die im Menschen eine »*unitas multiplex*« (Thomas von Aquin) bilden. Die Denkkraft, das Erschließenkönnen, das logische Denken sind Kräfte des Psychophysikums. Man muß sich im Klaren darüber sein, die *Seele* wäre für den Menschen dieser Erde *ohne* den *Inhalt* ihres Erlebens, – das ihr, *hier auf dieser Erde*, durch das *Psychophysikum* vermittelt wird, – eine gähnende Leere, ein inhaltsloses Sprechen, eine Uhr ohne Zifferblatt, eine Werkstatt mit tausend surrenden, aber leerlaufenden Rädern, ein ungemünzter und unhebbarer Reichtum.[7] Man muß sich darüber im Klaren sein, daß bei jeglicher bewußten sogenannten *seelischen* Wahrnehmung, bei jeglichem Denken, »*etwas mehr* in Tätigkeit gesetzt wird, als nur das *Gehirn*: – daß vielmehr

---

6 Ebd., S. 11.
7 Vgl. Bô Yin Râ, Mehr Licht, Bern: Kober Verlag 1989, S. 202. (4. Aufl.)

jedes Atom unseres Körpers uns *dienen* muß zu *seelischer Wahrnehmung*, solange wir diesem Körper in einer *physisch körperlichen* Erscheinungswelt verhaftet sind, – und daß der Reichtum der Seele, wie seine Gebrauchsmöglichkeit, uns hier auf Erden nur durch die *Mitarbeit* des irdischen Körpers *erreichbar* ist.«[8]

Der Mensch bedarf des Körpers und dessen Kräfte. Der Mensch aber besitzt auch einen Reichtum der Seele und der Seelenkräfte, deren Wirkung in einer ersten Annäherung hier mit Hilfe des künstlerischen Schaffensvorgangs erörtert werden soll. Ich beziehe mich auf die Fülle des Materials, das ich in meiner philosophischen Dissertation *Musik und Transzendenz*[9] beschrieben und ausgewertet habe, und hebe an dieser Stelle nur zwei Beispiele hervor. Das erste Beispiel ist *Mozart*. Er schreibt über den kompositorischen Prozeß folgendes:

»Die [Melodien, die] mir nun gefallen, die behalte ich im Kopf und summe sie wohl auch für mich hin ... Halt ich das nun fest, so kommt mir bald eins nach dem anderen bei, wozu ein Brocken zu brauchen wäre, um eine Pastete daraus zu machen, nach Kontrapunkt, nach Klang der verschiedenen Instrumente usw. Das erhitzt mir nun die Seele, wenn ich nämlich nicht gestört werde; da wird es immer größer, und ich breite es immer weiter und heller aus, und das Ding wird im Kopf wahrlich fast fertig, wenn es auch lang ist, so daß ich's hernach mit einem Blick gleichsam wie ein schönes Bild (...) im Geist übersehe, und es auch gar nicht nacheinander, wie es hernach kommen muß, in der Einbildung höre, sondern wie gleich alles zusammen.«[10]

Nicht nur jeder Gedanke, sondern jeder melodische oder sonstige »Einfall« des wahren Künstlers kann nur gefaßt werden, weil jeder Gedanke und jeder »Einfall« seine *analoge Beziehung* im irdischen Körper hat. Zugleich aber ist *noch mehr* am Werk, wenn der Künst-

---

[8] Ebd., S. 203.

[9] Otto Zsok, Musik und Transzendenz. Ein philosophischer Beitrag zur Eruierung der geistig-spirituellen Inhalte der großen abendländischen Musik (Gregorianik, Bach, Beethoven und Mozart), St. Ottilien: EOS-Verlag 1998, S. 226–243.

[10] Ebd., S. 151.

ler im strengen und höchsten Sinne des Wortes *schöpferisch* tätig ist, womit ich schon beim zweiten Beispiel bin.

Seine [des Künstlers] *Seelenkräfte* werden erhitzt,[11] und das »Hören nach innen«, sowie die »innere Stimme«, die jeder wahre Künstler kennt, drängen den schöpferisch Schaffenden dazu, »Diener seines inneren Gottes« zu sein. Weder *Dante*, noch *Raffael*, noch *Goethe*, noch *Mozart*, noch *Beethoven* noch *Bruckner* konnten ohne ein Ringen das hervorbringen, was sie hervorgebracht haben, denn, so schreibt *Bô Yin Râ*, der ja selber auch Kunstmaler war:

»Alles mühsam erworbene *Können* wird [bei der ›Inspiration‹] aufgerufen, *jede seelische Qualität* des Schaffenden wird *in gesteigertem Maße* bewußt und lebendig, alle *Kräfte der Seele* werden leicht und frei, während *das eigene ›Ich‹* in ganz unerhört krafterfüllter Weise so schaltet und waltet, daß der Künstler, wenn er später wieder dem Alltag gehört, *sich selbst fremd* vorkommt und zu der Ahnung neigt, er könne gar nicht der gleiche sein, der in so souveräner Weise in den Stunden des Schaffens all seine Seelenkräfte ans Licht zu bringen wußte.«[12]

Der Begriff der *Seelenkräfte* mag für manche Ohren ungewöhnlich klingen, doch genau *sie* sollten in Tätigkeit gesetzt werden, wenn man das im Lehrwerk Mitgeteilte fassen will. Über die Natur der Seelenkräfte wird noch zu sprechen sein. In Form einer erweiterten Wiederholung sei festgehalten: Wir haben bisher vernommen, »daß wir keinen einzigen *Gedanken* fassen können, der nicht im *Erdenkörper* seine *analoge Beziehung* hat, (...) und, daß all unsere *Vorstellungsbilder*, – selbst die kompliziertesten, im *Körper vorgebildet* sind, und daß uns keine *Empfindung* bewußt zu werden vermag, *ohne* Beziehung auf die Empfindungsfähigkeit des *Körpers* und seiner Organe.«[13]

Wenn man nun das hier Gesagte bedenkt, wird einem schlagartig bewußt, daß neben der Denkkraft noch *andere* Erkenntniskräfte –

---

[11] Vgl., ebd., S. 153–160, das Zeugnis von *Beethoven* und *Brahms*.

[12] Bô Yin Râ, Das Mysterium von Golgatha, Bern: Kober Verlag 1992, S. 154. (5. Aufl.)

[13] Bô Yin Râ, Mehr Licht, S. 202.

14

Seelen- und Geisteskräfte – im Menschen »vorhanden« sind, deren Aktivierung *unerläßlich* ist, um das zu erfassen, was beispielsweise *Mozart* (aber nicht nur er) komponiert hat. So gesehen, leuchten folgende Sätze:

»Was wir ›fühlen‹ und ›empfinden‹ nennen, ist in gewisser Weise Äußerung der gleichen Kraft, durch die wir auch zu ›denken‹ vermögen, und unser Fühlen und Empfinden läßt sich zu gleicher, wenn nicht weit größerer *Schärfe der Einstellung*, tatsächlich aber *zu weit höherer Sicherheit* emporentwickeln, als das Denken.«[14]

Genau die in diesem Sinne gemeinte *Sammlung* der Erkenntniskräfte ist erforderlich, wenn man in die Fülle der im Lehrwerk von Bô Yin Râ sprachlich dargestellten religiösen Ur-Quelle eindringen will. Eine begriffliche Durchdringung der Texte kann nur eine Art *praeambula*, ein *Vorexerzitium* sein. Allmählich aber ist eine aus »den besten Kräften der Liebe« gespeiste offene Gesamthaltung notwendig, damit das im geistigen Lehrwerk Offenbarte zu bewußtem *Eigenbesitz* wird.

Sechs weitere, wichtige Zwischenbemerkungen ergänzen die bisherige Reflexion.

Punkt eins. Der sogenannte wissenschaftlich-technologische *Fortschritt*, der ruhlos alles zu *zerfasern*, alles zu *zersplittern* und alles zu *zerspalten* bestrebt ist, hoffend, daß dadurch aller Rätsel Lösung gefunden werden kann, unterliegt einem Irrtum, nämlich der *hyper*rationalistischen Vorstellung, als sei es möglich, das Ursprünglichste eines zerfaserten »Gebildes« mit der Kraft des Denkens zu enträtseln. Es ist der Forscher*trieb*, der auf diese Weise Befriedigung erheischt mit jenen Denkvehikeln und feinsten technischen Instrumenten, die scheinbar des Menschen Forschen ins Unendliche zu verbreitern vermögen, doch nur, um nach jedem Resultat ratlos vor neuen Fragen stehenbleiben zu müssen. In dieser »Haltung« wird niemals »das Ding an sich« gefunden, wie niemals ein Fernrohr oder die feinste astrophysikalische Analyse den Forschern verraten wird, was einen in kosmischer Entfernung vorhandenen Stern »in sich selbst zusammenhält«. Und solange nur die

---

[14] Ebd., S. 203 f.

Denkkraft eingesetzt wird, um zu Erkenntnissen zu gelangen, wird das so bleiben.

Punkt zwei. Was die *Seele* sucht, kann der Verstand *nicht* bieten, der ja nur im *Äußeren* seine Kompetenzen hat. Könnte der Verstand die Lösung der letzten Fragen eruieren, dann – ohne Übertreibung! – würde diese Lösung längst schon klar vor aller Augen in der ganzen Welt liegen. Dem ist aber nicht so. Der Verstand oder die Denkkraft kann nicht einmal überzeugend begründen, warum es *notwendig* ist, daß die Seele lernen *wollen* muß, ewige Liebe zu empfinden, wenn sie das Glück auf Erden und »das Heil danach« finden will. Die Denkkraft kann nicht eruieren, woher und wieso *Mozart* und *Beethoven* ihre melodischen »Einfälle« hatten und wie es ihnen gelungen ist, solch eine vollkommene Musik zu komponieren. Hierfür sind *andere Erkenntniskräfte* vonnöten, will man sich der Wirklichkeit *adäquat* annähern. So wie der Diamant zum Zerschneiden des Glases dient, aber unnütz wird, sobald es darum geht, Bäume zu fällen, so ist auch die Denkkraft dort »diamantenwert« und ein hervorragendes Werkzeug, wo es um die *Dinge im Außen* geht. In dem Augenblick aber, wo sich die gewaltige Frage – *Wer bin ich?* – erhebt, und der Mensch sich seiner *Selbst* bewußt zu werden beginnt, und zum ersten Male dieses sich selbst unbekannte »Ich« nach *Grund* und letztem Sinn des Da-seins fragend die Suchbewegung im Gang setzt, – dort also wird der Mensch vielleicht doch fühlend erahnen, daß die Lösung seiner durch das »Ich-Erlebnis« erwachten Frage einer *anderen Geisteskraft* vorbehalten ist, die zwar genauso wie die Denkkraft zu ihm gehört, aber im »Tumult des Forschertriebes« eingeschlafen zu sein scheint.

Punkt drei. Die hochentwickelten Religionen, ja auch die Philosophie *Platons*, vermitteln einstimmig, daß im Menschen selbst eine das Physische und Psychische überragende Kraft waltet, die er als seiner *Seele* und seines *Geistes Kräfte* betätigen (lernen) muß, um *Wirkliches im tiefsten Sinne* erfassen zu können. Darüber haben, je auf ihre Weise, zum Beispiel, *Lao tse*, *Jesus von Nazareth* und auch *Bô Yin Râ* gelehrt. Darüber gibt Auskunft – ganzheitlich fühlbar und mit innerer Gewißheit erlebbar – die große Musik des

Abendlandes, aber auch Kunstwerke von *Raffael, Michelangelo* und *Goethe*. Darüber haben *echte* Mystiker [es gibt nämlich auch Pseudomystiker] aller hochentwickelten Religionen – zu jeder Zeit, in jedem Kulturkreis und in zeitgerechten Symbolen – ihre Mitmenschen unterrichtet. Die *Formen* ihrer Offenbarung sind freilich – gemäß dem jeweiligen Kulturkreis – *verschieden*. Verschieden sind auch die *Namen*, die den Weg zum ewigen Geiste benennen. Doch die dazu *Berufenen* – wirkliche spirituelle Lehrer, Propheten und Meister – wußten zu allen Zeiten die innersten Offenbarungen substantiellen ewigen Geistes so zu vermitteln, daß [gewiß nicht alle, aber] *manche* Menschen das Geistesgut des Künders vernommen und in sich aufnehmen konnten. Nur so vermochten Religionen – als »irdische Helfer« des ewigen Geistes – ihre »Gläubigen« zum Wiedersuchen und Wiederfinden der *geistigen Urheimat* des Menschen aufzurufen. Nur so war es den Religionen »gegönnt«, den Menschen zu lehren, daß die Urheimat im Geiste – »das Paradies« – *nicht* den gleichen *Zustand* aufweist, in dem sich der Erdenmensch hier auf diesem Planeten befindet. Nur so war es den Religionen gegeben, in der Verkündigung ihrer Botschaft hervorzuheben, daß der *neu* zu erringende Urzustand – die Seligkeit, das ewige Heil, die *visio beata*, das ewige Himmelreich, die freudevolle Herrlichkeit, die kein Ende mehr hat usw. – nur erreicht werden könne, wenn der Mensch bestimmte Handlungen und *edle* Taten setzt, wenn er seinen Haß, Neid, seine Schadenfreude und Eifersucht irgendwie verwandelt und sich in den Dienst der »ewigen Liebe« stellt, wenn er seine Seelenkräfte um seinen innersten geistigen Kern [um den »Geistesfunken«, um sein innerstes »Ich-Bewußtsein] durch nüchterne, pflichtbewußte Tätigkeit im Alltag so *harmonisch* bündelt, daß er sein irdisches *Gehirn*-Bewußtsein mit seinem innersten, ewigen *Geistes*bewußtsein vereint.

Im Lehrwerk von Bô Yin Râ steht vor uns ein vom ewigen Geiste her Berufener, ein *geistiger Meister* und ein Lebens-Lehrer, ein Weiser, – dem unter Einsatz aller Erkenntniskräfte zuzuhören sich lohnt. Darum geht es in dieser Arbeit.

Punkt vier. Der *Geist* nun, als *substantielle Wirklichkeit*, durchleuchtet das ganze Weltall. Der Geist ist nicht nur so »wirklich«, wie ein Gegenstand der irdisch-kosmischen Welt – wie ein Berg, ein Blitz oder ein Fluß, – sondern *allein in ihm* kann unser herkömmlicher, gewohnter Begriff der »Wirklichkeit« seine irdisch nicht zu findende *vollkommene Entsprechung* fassen. Etwas in diese Richtung Hinweisendes hat auch *Karl Rahner* (1904–1984) gemeint, als er geschrieben hat:

»Es gibt das Wort ›Gott‹. Das allein ist schon bedenkenswert. (...) Man muß anderswoher wissen, was oder wer damit gemeint ist. Das fällt uns meistens nicht auf; aber es ist so. (...) Hier [im deutschen Wort ›Gott‹] sieht es zunächst so aus, als ob das Wort uns anblicke wie ein erblindendes Antlitz. Es sagt nichts *über* das Gemeinte, und es kann auch nicht wie ein Zeigefinger fungieren, der auf ein unmittelbar außerhalb des Wortes Begegnendes hinweist und darum selber nichts darüber sagen muß, so wie wenn wir ›Baum‹, ›Tisch‹ oder ›Sonne‹ sagen. Dennoch ist diese schreckliche Konturlosigkeit dieses Wortes (...) doch offenbar dem Gemeinten angemessen. (...) Jedenfalls spiegelt die jetzige Gestalt des Wortes das wieder, was mit dem Wort gemeint ist: der ›Unsagbare‹, der ›Namenlose‹, der nicht in die benannte Welt als ein Moment an ihr einrückt; das ›Schweigende‹, das immer da ist und doch immer übersehen, überhört und – weil es alles im Einen und Ganzen sagt – als Sinnloses übergangen werden kann.«[15]

Nun: »Geist« und »Gott« miteinander in Verbindung zu bringen, entspricht einer dem Menschsein selbst inhärenten *Erfahrung*. In Anlehnung an Karl Rahner läßt sich feststellen: Würde der Mensch die Worte »Geist« und »Gott« vergessen, dann würde er das Ganze und seinen gründenden Grund vergessen, und zugleich vergessen, daß er vergessen hat, und somit würde er aufhören, ein Mensch zu sein: »Er hätte sich zurückgekreuzt zum findigen Tier.«[16]

Es geht also um den *Geist* und um *geistige Kräfte*, die dem Menschen das Erlebnis *seelisch-geistigen Geschehens* verschaffen können, wobei *dieses* alle Resultate des Denkens, die wir Abendländer so ehrfurchtsvoll – fast abgöttisch – bestaunen, himmelhoch über-

---

[15] Karl Rahner, Grundkurs des Glaubens. Einführung in den Begriff des Christentums, Freiburg: Herder Verlag 1976, S. 56.
[16] Ebd., S. 58.

18

ragen. *Die letzte erreichbare Kenntnis der Wahrheit* ist nicht der Denkkraft, sondern einer *anders gearteten*, – einer anderen ontologischen Dimension zugehörenden und dennoch dem Menschsein inhärenten – *Kraft* vorbehalten, die wir *Seelenkraft* und *Geisteskraft* nennen wollen.

Punkt fünf. Wenn der Mensch auf Erfahrungen achtet, die sich nicht grundsätzlich und auf Dauer verdrängen lassen, weil sie den Kernbereich des Menschseins – den *heilen, unzerstörbaren, geistigen Personkern* – betreffen und heilsam erschüttern bzw. wachrütteln, dann kommt er auf die Spur einer Geisteskraft. Gemeint sind Erfahrungen, die den mühsamen Weg zum Geistigen darstellen und die der »normale Bürger«, normalerweise, zu vermeiden sucht, weil sie nicht angenehm sind.

Gemeint sind in etwa folgende, von *Karl Rahner* thematisierte, *das Geistige* sehr prägnant umschreibende Erfahrungen:

»Haben wir schon einmal *geschwiegen*, obwohl wir uns verteidigen wollten, obwohl wir ungerecht behandelt wurden?

Haben wir schon einmal *verziehen*, obwohl wir keinen Lohn dafür erhielten und man das schweigende Verzeihen als selbstverständlich annahm?

Haben wir schon einmal *gehorcht*, nicht weil wir mußten, und sonst Unannehmlichkeiten gehabt hätten, sondern bloß wegen jenes Geheimnisvollen, Schweigenden, Unfaßbaren, das wir Gott und seinen Willen nennen?

Haben wir schon einmal *geopfert*, ohne Dank und Anerkennung, selbst ohne das Gefühl einer inneren Befriedigung?

Waren wir schon einmal restlos *einsam*?

Haben wir uns schon einmal *zu* etwas *entschieden*, rein aus dem innersten Spruch unseres Gewissens heraus, dort, wo man es niemand mehr sagen, niemand mehr klarmachen kann, wo man ganz einsam ist und weiß, daß man eine Entscheidung fällt, die niemand einem abnimmt, die man für immer und ewig zu verantworten hat?

Haben wir schon einmal versucht, Gott zu *lieben*, dort, wo keine Welle einer gefühlvollen Begeisterung einen mehr trägt, wo man sich und seinen Lebensdrang nicht mehr mit Gott verwechseln kann, dort, wo man meint zu sterben an solcher Liebe, wo sie erscheint wie der Tod und die absolute Verneinung, dort, wo man scheinbar ins Leere und gänzlich Unerhörte zu rufen scheint, dort, wo es wie ein entsetzlicher Sprung ins Bodenlose aussieht, dort, wo alles ungreifbar und schein-bar sinnlos zu werden scheint?

Haben wir einmal eine *Pflicht getan*, wo man sie scheinbar nur tun kann mit dem verbrennenden Gefühl, sich wirklich selbst zu verleugnen und auszustreichen, wo man sie scheinbar nur tun kann, indem man eine entsetzliche Dummheit tut, die einem niemand dankt?

Waren wir einmal *gut* zu einem Menschen, von dem kein Echo der Dankbarkeit und des Verständnisses zurückkommt, und wir auch nicht durch das Gefühl belohnt werden, ›selbstlos‹, anständig usw. gewesen zu sein?«[17]

Bestimmte Erfahrungen müssen nach diesem mystagogischen Text bewußt erlebt, gekostet, geordnet, geformt und ausgewertet werden, will der Mensch neben seiner Denkkraft auch *Seelen-* und *Geisteskräfte* in sich selbst wahrnehmen und zum Fließen bringen. Vor dem normalen Durchschnittsdenken gelten solche »merkwürdig-komischen« Erfahrungen des Geistes als verpönt, vermeidungswürdig, ja – fremd, nicht wahr? Ist das alles »logisch denkbar« und »logisch einsichtig«? Ist das alles »denkgerecht« nachvollziehbar? Ist das alles nicht allzu mühsam? Ich wiederhole mit Absicht:

Einmal schweigen. ...

Einmal verzeihen. ...

Einmal gehorchen. ...

Einmal opfern. ...

Einmal sich *zu* oder sich *für* etwas entscheiden. ...

Einmal im scheinbar Sinnlosem, Gott (zu) lieben. ...

Einmal eine Pflicht tun, die einem niemand dankt. ...

Einmal gut sein zu einem Menschen, von dem kein Verständnis und keine Dankbarkeit zurückkommt. ...

Das Gewicht und die *existentielle Wahrheit* dieser Sätze läßt sich mit dem bloßen Verstand nicht erspüren und nicht erkennen. Einen Zugang zu ihrer Wahrheit findet man am besten aus dem ureigenen,

---

[17] Karl Rahner, Über die Erfahrung der Gnade, in: Schriften zur Theologie, Einsiedeln–Zürich–Köln: Benziger Verlag 1962, Band 3, S. 106 f.

persönlich-individuellen Erleben: Aus den eigenen Erfahrungen der *Ego-Überwindung* und der Selbstüberbietung, der selbstlosen Hingabe an eine Aufgabe, aus einer nicht egozentriert gelebten Liebe und aus der Erfahrung der Alltagspflichterfüllung.

Bedenkt man das Gesagte, so läßt sich feststellen: Im Modus der individuell-persönlich zu gestaltenden Form kommt so der Mensch mit dem »Unfaßbaren«, mit dem *Geheimnis* – und darin mit der Wahrheit seines Lebens – in Berührung, denn, wie *Karl Rahner* schreibt, es handelt sich hier »um die Erfahrung der Ewigkeit, (um) die Erfahrung, daß der Geist *mehr* ist als ein Stück dieser zeitlichen Welt, (um) die Erfahrung, daß der Sinn des Menschen nicht im Sinn und Glück dieser Welt aufgeht, (um) die Erfahrung des Wagnisses und des abspringenden Vertrauens, das eigentlich *keine* ausweisbare, dem Erfolg dieser Welt entnommene Begründung mehr hat.«[18]

Punkt sechs. In dem Zusatz zu seinem geistigen Lehrwerk, im sogenannten *Kodizill* hat Bô Yin Râ in dem vierten Abschnitt auf die enorme Schwierigkeit, sprachlich das zu Offenbarende zu formulieren, hingewiesen und verraten, daß ihm jede sprachliche Formulierung eine »rechte Qual« war, da der Inhalt, den er mitteilen mußte, sich der Sprache nicht willig fügt. Und auch an weiteren Stellen seines Lehrwerks geht er auf dieses schwierige Problem ein, sagend, im Bereich der irdischen Dinge können wir uns nur verständlich machen, »indem wir das, was wir sprachlich erkennbar darstellen wollen, mit bereits Dargestelltem *vergleichen.* Eine solche Vergleichsmöglichkeit auf der selben Ebene fehlt uns, sowie wir *Ewiges* schildern wollen, und doch drängt unser Erleben auch hier zum Wort, auch wenn wir das Erlebte *nur für uns selber* im Worte aufzeichnen wollen.«[19] Bei ihm aber war nicht nur ein irdisches oder bloß schriftstellerisches Anliegen vorhanden, und nicht nur ein Drängen zur Selbstmitteilung hat veranlaßt, daß er *das Lehrwerk* in Wort und [als Kunstmaler] in »geistlichen Bildern« in

---

[18] Ebd., S. 107. Hervorhebung im Text von mir – O. Zsok.
[19] Bô Yin Râ, Briefe an Einen und Viele, Bern: Kober Verlag 1971, S. 230. (2. Aufl.)

»die Materie hinein« formen mußte, sondern, so expliziert sich *Bô Yin Râ*:

»Die einzelnen Lehrtexte und Hilfstexte mußten in immer neuer Weise die Offenbarung ewigen Geistes zur Darstellung bringen, die fordernde Ursache der Verkündung war, aber zugleich sollten sie der Seele in solcher Weise dienen, daß jedem Seelenzustand und jeder individuellen Sehnsucht der Einzelseelen Genüge geleistet würde. Es handelt sich nicht darum, ein Lehrgebäude zu errichten, bei dem jedes neue Stockwerk aus dem vorher erbauten erwächst, oder das, was ich zu bringen hatte, durch möglichst schlüssige ›Beweise‹ gedanklicher Art der Annahme zu empfehlen, sondern darum: – das, was sich offenbaren wollte, *in Reihen lebendiger Sprachdarstellungen aufzuzeigen*. Was nicht sagbar war, mußte durch Bild und Gleichnis gegeben werden, und was auch Bild und Gleichnis nicht umfassen konnte, in der weiteren Spannung einzelner Abhandlungen oder erzählender Stücke Ausdruck finden. Die Seele des Lesers sollte nicht durch die Darlegungen ›überzeugt‹, sondern *wiedererweckt* werden, durch Aufruf ihrer eigenen, bis dahin noch schlafenden Erinnerung.

Das Geistmenschliche in mir hat wahrhaftig nicht durch meine Verkündung zu einem Glauben im Sinne eines Fürwahrhaltens überreden und ›bekehren‹ wollen, was mir gleichzeitig auch in meiner *allerirdischesten* Menschlichkeit gegen allen Geschmack gegangen wäre. Ich habe nie ein Wort niedergeschrieben in der Absicht, ›überzeugen‹ zu wollen. Es muß der freien Entscheidung der einzelnen Seele überlassen bleiben, mein Lehrwerk anzunehmen oder abzulehnen. Sie allein kann auch entscheiden, was von den einzelnen Lehrstücken speziell ihrer Eigenart entspricht, und was offenbar anderer Seelenart zubestimmt ist.«[20]

Die Offenbarung des ewigen Geistes war *fordernde Ursache* dieser Lehrtexte und der »geistlichen Bilder«, heißt es. Zumindest den Texten, und vor allem einigen der in ihnen entfalteten *Hauptthe-*

---

[20] Bô Yin Râ, Kodizill zu meinem Lehrwerk, Bern: Kober Verlag 1969, S. 75–77. (2. Aufl.)

men, welche in besonderer Innigkeit mit der religiösen Ur-Quelle zu tun haben, widmet sich nun die vorliegende religionsphilosophische Abhandlung.

2. EIN PRÄLUDIUM, IN DEM DIE HAUPTTHEMEN »ANKLINGEN«

Die allerersten Äußerungen des Mannes, dessen geistiges Lehrwerk das Zentrum dieser Arbeit bildet, und der nie Philosophie oder Theologie studiert hat, sondern Kunstmaler war, kamen 1913 in Druck. Er war damals 37 Jahre alt und es handelte sich um die kleine Veröffentlichung »Das Licht vom Himavat«. Er unterschrieb mit den Initialien B. Y. R., da er nicht als Joseph Anton Schneider, sondern als *Initiierter* und *Eingeweihter* im Namen und im Auftrag der verborgenen Lichtgemeinchaft zu schreiben hatte.[21] Darum heißt es in der obigen Schrift, hier spricht »der Leuchtende zu dem Suchenden«, nämlich: »SUCHST DU DAS LICHT, SO WISSE: DASS DEIN WEG BEHÜTET IST DURCH DIE LEUCHTENDEN IM EWIGEN TAG!«[22] Die Anrede ist überall in den 32 Büchern des Lehrwerks in Du-Form. Der Leser fühlt sich von einem *Lebens-Lehrer* angesprochen, der im Medium des Wortes und der Lautmagie der (deutschen) Sprache *neue* und doch *uralte* Töne zum Klingen bringt, der harmonische, in die Sprache hineinverwobene »Melodien« zum Fließen bringt, so, daß der aufmerksame Leser (Leserin immer mitgemeint) zwar nicht sofort, aber mit der Zeit etwas Kristall-Helles und Ganzes vernimmt, als befände er sich plötzlich an der Ur-Quelle aller Philosophie und aller Religion.

---

[21] Vgl. Wolfgang **Nastali**, URSEIN – URLICHT – URWORT. Die Überlieferung der religiösen »Urquelle« nach Joseph Anton Schneiderfranken Bô Yin Râ, Münster: AT Edition 1999, S. 110. (2. Aufl.). Sein Familienname war ursprünglich *Schneider*. Später, 1920, wurde der Künstlername *Schneiderfranken* als Familienname amtlich beglaubigt. – Hier soll erwähnt werden: Diesem überaus wertvollen und dokumentierten Buch von W. *Nastali* verdanke ich manche Anregungen, die der Kundige in dieser Arbeit entdecken wird.

[22] Bô Yin Râ, Das Buch der königlichen Kunst, Bern: Kober Verlag 1932, S. 11. (2. Aufl.)

24

Das *Ursein* ist der »*Anfang*«, und das Ursein zeugt aus sich selbst das *Urlicht*, und das Urlicht zeugt das *Urwort*, heißt es in einer genauso einfachen wie hymnisch feierlichen Sprache. Und weiter: »Was wir dir aus dem *Wort* verkünden, ward nicht von Menschenhirnen ersonnen ... Es ist Aufschluß der *Ewigkeit* und hat nichts mit *erdachter* Erdenweisheit zu schaffen. Was du *hier empfängst, ist Licht aus dem Wort!*«[23]

»Wir« – das ist die einzigartige, auf Erden seit Jahrtausenden verborgen wirkende geistige Gemeinschaft derer, die aus dem »Vater« wirken und in deren Auftrag auch Bô Yin Râ sein Lehrwerk für den westlichen Kulturkreis und für die kommenden Jahrhunderte schreiben und veröffentlichen *mußte*. »Wir« – das sind die wirkenden Brüder, die geistigen Meister, von denen an einer Stelle gesagt wird:

---

[23] Ebd., S. 16. Die Hervorhebungen sind hier, wie in allen weiteren Zitaten aus dem Lehrwerk, im Original. Sie dienen der Betonung, der bewußten Empfindung der *Musikalität*, die in der Sprache dieses originellen Lebens-Lehrers mitfließt. – In der ersten Fassung des Textes (1920) erklärt Bô Yin Râ im Nachwort: »In einer verborgenen Hirtenhöhle, hoch über tiefblauem, südlichem Meer, wurde einst der größte Teil dieses Buches geschrieben. Als ich dann vor Jahren in vier kleinen Schriften die Einzelstücke gab, glaubte ich nur in einem besonders vorbereiteten Kreise dafür Verständnis erwarten zu dürfen. [Gemeint waren die deutschen Schüler der Theosophie – O. Zs.] Erfahrung zeigte aber, daß die kleinen Schriften fern von jenem eingeengten Kreis mancherlei bedeutende Verehrer fanden. (...) Weit über jeden engbegrenzten, oder dogmatisch gebundenen Kreis hinaus, wenden sich diese Lehren, denen ich hier *Former* und *Vermittler* werden durfte, an alle Menschen, deren stille Sehnsucht sie ein Reich der Überwelt erahnen läßt, das allenthalben geistig wirksam ist, und diese Erdenalltagswelt durchdringt mit unsichtbaren Wellen. Es liegt in der Natur der Dinge, die in diesem Buch behandelt werden, daß sie nur in symbolischer Verschleierung sich zeigen sollen. Ich war bestrebt, die Hüllen so durchschaubar zu gestalten, daß die Wahrheit unter ihnen leicht erkennbar wird. Trotzdem muß vieles ungesagt verbleiben, weil es unsagbar ist und nie zu Worte werden kann. – Dieses Buch soll nur die Saiten auf der Harfe stimmen. Die Seele, die sich ihm ergibt, wird dann ihr eigenes Lied auf dieser Harfe selber spielen müssen, will sie Ewiges in sich erklingen lassen.« (Das Buch der königlichen Kunst, München: Verlag der Weißen Bücher 1920, S. 82ff.). – Ein wundervoll musikalisches Bild der Wahrheit!

»Wir, die wir hier auf Erden mit euch dieser Erde Leben teilen und doch zugleich vom *Geiste* euch zu künden kommen, – wir leben wahrlich in einer *anderen* Welt als ihr, obwohl auch wir mit unseren Füßen fest auf dieser Erde stehen.

Es mag euch scheinen, als seien wir euch allzuferne, und doch könnte keiner euch näher sein als wir.

Wohl leben wir nicht allein in *eurer*, sondern auch in der ewigen Welt des reinen, wesenhaften *Geistes*, aber auch *eure* Welt wird von der ewigen Welt des Geistes *durchdrungen*, – wie ein Schwamm, der im Meere wächst, vom Wasser des Meeres durchdrungen wird ...

Gewiß könnt ihr die reine, wesenhafte Geisteswelt in der wir *geistig* leben, nicht *mit Erdensinnen* fassen. Ihr müßt erst *geistig* zur Wahrnehmung fähig werden, wollt ihr Geistiges *erfahren*!

Und selbst dann noch werdet ihr erst alle *niederen* geistigen Welten *übersteigen* müssen, bevor ihr in das *innere* Reich gelangt aus dem die Kunde zu euch dringt, die euch allhier erreicht ...«[24]

So spricht keiner, der nur ein »Spinner« oder ein »Phantast« ist. Hier läßt sich eine »Stimme« vernehmen, deren Klarheit und Gewißheit anderer Natur ist, als die eines herkömmlichen spekulativen Textes. Hier spricht einer, dem es aufgetragen wurde, aus der geistigen Erfahrung eine Lehre in Worte zu fassen. Hier, um noch ein Beispiel zu bringen, spricht der Leuchtende [zu] dem Suchenden:

»Zerstöre die *falschen* Götter, du Suchender, willst du dem *Einzigen, Ewigen* nahen: – deinem *lebendigen* Gott!
Dein Gott ist *in dir selbst*, und nur in dir selber kannst du seiner innewerden!
Nur *in dir selber* kann er sich dir gebären ...
Nur *in dir selber* sich dir vernehmbar machen!
Du sollst keinen ›Gott‹ suchen *außer* dem Gotte in dir!
Du sollst keinem *anderen* ›Gotte‹ *dienen* wollen!

---

[24] Bô Yin Râ, Das Buch vom Jenseits, Bern: Kober Verlag 1990, S. 73 f. (7. Aufl.)

26

Höre die uralten, irrig gedeuteten Worte!
Höre sie *neu im Verstehen!*
Höre mit bebendem Herzen: –
»I C H« – »bin der Herr!« – spricht dein Gott ...
»Du sollst keine *anderen* Götter suchen!« –
»Du sollst dir keine *Vorstellung* gestalten, um dir selber einen ›Gott‹
zu schaffen, der als monströses Zerrbild deiner selbst in *nur durch
dich* bedingtem Dasein wäre, bis du selbst dem Irdischen ent-
schwunden bist! – –«
*Hier, o Suchender, stehst du vor aller Wahrheit Anfang und niemals
endendem Ende!*
Wohl dir, wenn du erkennst, was dir die Worte dessen, dem sein
Gott einst also sprach, – zu sagen haben. –
Mit Absicht gab ich dir hier dieser Worte ewigkeitsgezeugten
Sinn!«[25]

Noch ist hier nicht der Ort, die *neue* – und doch *uralte* – Botschaft von Gottes Gegenwart darzulegen. Aber, mit den Worten
von *Rudolf Schott*, sei vorwegnehmend gesagt:
»Daß der Weg zu Gott ein Weg nach Innen und nicht nach Außen
ist, darin sind Alle einig, die wirklich in Betracht kommen und die
wirklich erkannt und gewußt haben. Es leuchtet mithin ohne weite-
res ein, daß Bô Yin Râ auch keinen anderen als eben diesen Weg
anzugeben hat. Aber seine Angaben sind so deutlich und konkret,
daß auch hier wiederum alles in alten und neueren Zeiten über die
Immanenz Gottes Vorgebrachte nun erst eine taghelle Ergänzung
findet. Er zeigt uns nicht nur, wo und wie Gott zu finden ist, sondern vor allem auch, wer und was Gott ist. Er vermochte, geistige
Tatsachen zu enthüllen, die bisher unsagbar schienen.«[26]

Das geistige Lehrwerk von Bô Yin Râ ist *ein Ganzes*. Die einzelnen »Stücke« (Kapitel) wie die Bücher – jedes für sich – bilden
solch ein Ganzes, daß sie nur mit den Sätzen einer *klassischen*

---

[25] Bô Yin Râ, Das Buch der königlichen Kunst, Bern: Kober Verlag 1983, S.
19 f.
[26] Rudolf Schott, Bô Yin Râ. Leben und Werk, Bern: Kober Verlag 1979, S.
102. (2. Ausgabe: Ursprüngliche Fassung).

Symphonie verglichen werden können. Man überlege sich genau: Niemand kann sagen, warum eine bestimmte Melodie bei *Mozart* so vollkommen klingt, aber jeder, der die Melodie wirklich gehört hat, weiß mit in seinem innersten Hörerlebnis begründeten *Gewißheit*: Es ist so![27]

Wie der große Komponist die inspirierten Werke niederschrieb, um *gehört* zu werden, *analog* mußte Bô Yin Râ ein Lehrwerk in deutscher Sprache veröffentlichen, das »Erkenntnis im ewigen Geiste« vermittelt für diejenigen, »die *in erster Linie* Leser meiner Bücher werden sollten.«[28] Diese Art von Erkenntnis aber »entstammt wahrlich anderen und unermeßlich höheren Regionen als das, was man in den Bezirken irdischen *Denkens* und gehirnlichen *Forschens* wohl auch gewohnterweise als ›Erkenntnis‹ bezeichnet. Erkenntnis im ewigen Geiste ist eine lebendige, ihrer selbst, auch außer dem Bewußtsein des Erdenmenschen, bewußte Kraft, die ewigem Geist entsrahlt, und wie das Urgute selbst, alles Gute, alle Liebe und alles Lichte in sich umfaßt.«[29]

Und damit niemand in Zweifel bleibt, daß Erkenntnis im ewigen Geiste, die er zu bringen hat, etwas wesentlich anderes ist, als östliche oder westliche Philosophien und religiöse Lehren, bekräftigt *Bô Yin Râ* das vorhin Gesagte mit den Worten:

»Was hier gemeint ist, hat nichts zu tun mit den Denktriumphen, die das manische Grübeln überzüchteter östlicher Gehirne schon vor Jahrtausenden als ›Erkenntnis‹ pries! Erkenntnis im ewigen Geiste ist ein *Ewiges*, das sich im Zeitlichen menschlichem Bewußtsein zu eigen gibt. Nichts, was durch Folgerungen aus Gedanken entstanden ist! Nichts, was durch Denken etwa zu ›beweisen‹

---

[27] Vgl. dazu Otto Zsok, Musik und Transzendenz. Ein philosophischer Beitrag zur Eruierung der geistig-spirituellen Inhalte der großen abendländischen Musik (Gregorianik, Bach, Beethoven und Mozart), Sankt Ottilien: EOS Verlag 1999 (2. Aufl.).

[28] Bô Yin Râ, Warum ich meinen Namen trage, Broschüre 1927, S. 6. (Zitiert nach der 4. Auflage 1987. Abgedruckt auch in: Nachlese, Band I. Gesammelte Prosa und Gedichte aus Zeitschriften, Bern: Kober Verlag 1990, S. 25.)

[29] Bô Yin Râ, Kodizill zu meinem geistigen Lehrwerk, Bern: Kober Verlag 1969, S. 121. (2. Aufl.)

28

wäre oder solchen Beweises bedürfte! Aber nach *dieser* Erkenntnis verlangt alles Sehen im Menschen, auch dann, wenn sein Denken alle Reiche der äußeren Natur und gedanklicher Spekulation durchwandert, oder die Meere der Gedanken, die jemals von Menschen gedacht worden sind, mit geschwellten Segeln durchfährt.«[30]

Auch die hier vorliegende Arbeit will nichts »beweisen« im wissenschaftlichen Sinn, sondern vielmehr hat sie die Absicht, die Aufmerksamkeit einzelner Leser darauf zu richten, *was* dieser »Leuchtende des Urlichtes« – eine Bezeichnung, die noch zu erörtern ist – in den Jahren 1919 bis 1939 in etwa 40 Büchern veröffentlicht hat. Daß sogenannte theologische und philosophische Lexika wenig bis gar keine Notiz von Bô Yin Râ genommen haben, sagt gar nichts über den Wert seines *Lehrwerks* aus. Die Tatsache, daß es mittlerweile in sechzehn Sprachen übersetzt wurde und die Zahl der Sprachen, in denen die Bücher erscheinen, kontinuierlich wächst, besagt freilich, daß ein Interesse für die »religiöse Urquelle« besteht, welche in diesen Büchern abgetastet werden kann. *Quod demonstrandum est.*

Genau darum geht es in dieser Arbeit, wobei, das sei nochmal betont, »Beweise« im engeren Sinn genauso wenig erbracht werden können, wie nicht streng zu beweisen ist, daß Werke der großen abendländischen Musik *Offenbarungen* des ewigen Geistes sind – wenn jemand dies *hören* kann. Weder sensationelle Geheimnistuerei noch drapierende Aufmachung gehören zum Lehrwerk. Bô Yin Râ hat für nüchterne, Gott suchende Menschen Offenbarungsbücher geschrieben, weil er keine andere Wahl hatte, wollte er nicht vor sich selbst untreu werden gegenüber der übernommenen Verpflichtung.

Was die sogenannte *methodologische Reflexion* der Vorgehensweise anbelangt, die in solch einer Arbeit üblich ist, läßt sich – in Ergänzung zum Bisherigen – in wenigen Sätzen sagen, wie ich das Thema angehen will. Ich werde, ausgehend von Zeugen des Lebens

---

[30] Ebd., S. 121 f.

eines Mannes, der ein einzigartiges *geistiges* Lehrwerk in *deutscher Sprache* geschrieben und hinterlassen hat, aufzeigen, daß es andere Menschen – sogenannte »Rezipienten« oder Empfänger dieser Botschaft aus dem religiösen Ur-Quell – gibt, die über Bô Yin Râ und über sein geistiges Lehrwerk schon Kenntnis haben, und, daß all diese Zeugen im Sinne einer *Konvergenz* folgendes bestätigen:

Hier, im Lehrwerk von Bô Yin Râ, haben wir es mit etwas Außerordentlichem und Außergewöhnlichem, ja mit etwas überaus Erhabenem zu tun, was für das irdische und ewige Leben, für die Erneuerung *jeglicher* Religion und religiöser Gemeinschaft, für die echte *Gotteserfahrung*, ja auch für eine neu zu konzipierende *sinn- und wertorientierte* Politik überaus wichtig, essentiell und notwendig ist.

Ich werde zur Unterstützung dieser »These« keine »Beweise« liefern können, wie ich genauso wenig dafür »Beweise« liefern könnte, daß *Bach*, *Mozart*, *Beethoven*, *Schubert*, *Haydn* und *Bruckner* die allergrößten und bedeutendsten »Meister des tönenden Geheimnisses« waren, sind und bleiben werden. Es soll aber versucht werden, – nachdem frühere Pressestimmen zitiert und die »Zeugen« zur Sprache gekommen und befragt worden sind, – den *geistigen* Inhalt des Lehrwerks – gruppiert um einige Hauptthemen, ähnlich der Aufbau einer klassischen Symphonie – so darzustellen, daß der unbefangene, vorurteilsfreie Leser erspüren kann: Das ist harmonisch und lichtvoll, kristallklar, stimmig und wahr. Da spricht ewiger Geist aus dem Ewigen, und seine Botschaft *könnte* auch »einen« als diesen konkreten Erdenmenschen angehen, – »einen«, der um den Sinn ringend, philosophierend und strebend, sein irdisches Leben wertorientiert zu formen sich bemüht. Oder so, daß man erkennen kann: Dieses Lehrwerk hat für eine *neu* zu gestaltende Religionsphilosophie und eine tiefer zu begründende Theologie [als sinnvolles Reden vom Göttlichen] einen unvergleichlichen Wert und eine zentrale Bedeutung.

In diesem Sinn soll mit der Kurzbiographie des Mannes begonnen werden, dessen geistiges Lehrwerk der eigentliche »Gegenstand« dieser Untersuchung ist. Danach werden die Zeugen befragt, und schließlich, in einem nächsten Hauptteil wird *das geistige Lehrwerk selbst* in den Vordergrund gestellt.

Zu erwähnen ist noch die Tatsache, daß der *Kober Verlag* in *Bern* seit 1927 fast ausschließlich nur das geistige Lehrwerk von Bô Yin Râ nachdruckt. Gemäß einer Mitteilung des Verlages an mich, wurden zwischen 1990 und 2000 nur im *deutschen Sprachraum* etwa 40.000 Bücher von Bô Yin Râ verkauft. Sein Lehrwerk umfaßt 32 Bände und 8 ergänzende Schriften.

3. DER IRDISCHE LEBENSWEG
VON BÔ YIN RÂ (1876–1943)

3.1. Jugend und Entfaltung: Die Zeit bis 1915

Er wurde mit dem bürgerlichen Namen Joseph Anton Schneider – später in Schneiderfranken amtlich umgeändert – am 25. November 1876 in Aschaffenburg am Main geboren. Sein Vater war Bauer und Handwerker aus Bürgstadt bei Miltenberg. Seine Mutter, Maria Anna, geborene Albert, stammte aus Hösbach bei Aschaffenburg. Beide waren römisch-katholisch und sehr fromm. Über seine Eltern und den in seiner Familie herrschenden Geist schreibt *Bô Yin Râ*:

»Ich entstamme einer gänzlich unliterarischen Familie. Bauern, Förster und ländliche Handwerker waren die Vorahnen meines Blutes. (...) Von meinem Vater kann ich berichten, daß er sehr gerne las. (...) Es war eine genau *umgrenzte* Literatur, der er seine Aufmerksamkeit schenkte. Er fragte nicht nach dem *Autor* (außer bei den Schriften seines geliebten *Alban Stolz*, dessen ›Weckstimmen‹ für das katholische Volk er mit Freuden immer wieder las), sondern sein erster Blick in ein Buch galt immer dem bischöflichen ›Imprimatur‹, das Sicherheit gab, daß der Katholik den Inhalt vertragen könne ohne Schaden an seinem Glauben zu nehmen. So wurde auch ich über zwanzig Jahre alt und hatte, außer meinen Schulbüchern und Werken über Anatomie, Perspektive, Maltechnik oder dergleichen, noch kein Buch ohne kirchliche Zensur gelesen. Auch dann noch holte ich mir, in peinlichster Befolgung kirchlicher Vorschrift, erst beim erzbischöflichen Ordinariat in München *Dispens*, um nun mit gutem Gewissen etwas mehr von deutscher Literatur erfahren zu dürfen, als was im Schullesebuch stand. – «[31]

Und über seine Mutter schreibt er: »Ich kannte eine bejahrte christlich-fromme Frau bäuerlicher Herkunft, die sehr gerne lachte,

---

[31] Nachlese. Gesammelte Prosa und Gedichte aus Zeitschriften, Bern: Kober Verlag 1990, Band I, S. 22 f. (2. Aufl.)

aber jeden Ausdruck spontaner Fröhlichkeit gleichsam ›rückgängig‹ zu machen suchte durch den Ausruf: ›Gott verzeih' mir mein' Sünd'!‹ (...) Diese Frau war meine leibliche Mutter und sie hätte keinen geringen Platz eingenommen unter den einfachen bäuerlich bestimmten Frauengestalten Gotthelfs, wäre er ihr in seinem Leben begegnet.«[32] Maria Anna Schneiderfranken war eine tief religiöse Frau, voll echter Mystik. Sie lebte, wie der Sohn später sagen wird, »in ständiger Gemeinschaft mit den heiligen Wesen, die sie nach katholischer Lehre verehrte, und ihre Andacht war mehr ein Schauen als bloßer Glaube.«[33]

Das religiöse Leben, in der Art wie die Mutter es pflegte, übte große Anziehungskraft auf den heranwachsenden Jungen aus. Im übrigen war er ein völlig normaler Junge, mit allen guten und üblen Eigenschaften. Wie er selber rückblickend schreiben wird:

»Tollkühn und waghalsig trieb ich mich viel im Freien, im Wald und Feld herum, und lebte des Glaubens, daß mir nie etwas geschehen könne. Kein Baum war zu hoch, kein Abgang zu steil zum Erklettern, kein Mensch und kein Tier wurde gefürchtet. Im religiösen Leben aber war der ganze Junge ein Anderer. Alle die Worte der Liturgie, alle Symbole des Ritus wurden von mir mit einer tiefen klaren Bedeutung erfüllt und es wurden mir in dieser Weise Dinge klar, über die ich gelegentlich von Erwachsenen als von ›unerklärlichen Rätseln‹ sprechen hörte. Ich fürchtete mich, etwas von dem zu verraten, was ich ›wußte‹, denn es war so ganz anders als die Erklärungen der Predigt, oder die des Katechismus. Nicht im geringsten aber konnten mich diese anderen Meinungen irre machen an dem, was ich auf diese innere klare Weise schaute.«[34]

1880 wechselt die Familie Schneider den Wohnort und zieht nach Frankfurt am Main (Nähe Merianplatz). Joseph Schneiderfranken besucht dort die Merianschule, die er bereits 1890 verläßt, um an der Drehbank und bei einem Steinmetz zu arbeiten. 1892 bis 1895 Ausbildung als Kunstmaler am Städel'schen Kunstinstitut. 1896 bis

---

[32] Kodizill zu meinem geistigen Lehrwerk, Bern: Kober Verlag 1969, S. 61. (2. Aufl.)

[33] Nachlese. Gesammelte Texte aus Zeitungen und Zeitschriften, Bern: Kober Verlag 1990, Band II, S. 187. (1. Aufl.)

[34] Ebd., S. 192.

1898 ist er als Maler am Frankfurter Stadttheater tätig und erfährt liebevolle Förderung durch den berühmten *Hans Thoma* (1839–1924). Später findet er in dem anderen großen Künstler, *Max Klinger* (1857–1920) einen verständnisvollen Freund und Förderer.

1900 bis 1901 folgen Studien an der Kunstakademie in Wien. Hier lernt Joseph Anton Schneiderfranken seine spätere (erste) Frau und den Architekten *Adolf Loos* (1870–1933) kennen und kommt mit ostjüdischen Kabbalisten in Berührung. In seiner Wiener Zeit mit 24 Jahren beginnen sein Wanderleben und damit die Studienjahre der männlichen Ausreifung, die siebzehn Jahren umfassen und ihn mit Ländern wie Schweden, Italien und Griechenland bekannt machen.

1902 setzt er seine Malstudien an der Académie Julian in Paris fort. 1903 heiratet er in Wien *Irma Schönfeld* (1876–1915), die aus alter jüdischer Gelehrtenfamilie stammt und vermutlich die erste Frau in Deutschland war, die Medizin studierte (in München).

1904 bis 1908 folgt ein erster Aufenthalt in Berlin, sowie später nochmals 1915 bis 1916. Auch die Kunstsammlungen der Stadt München haben ihn stark geprägt. 1909 bis 1915 lebt Joseph Schneiderfranken in München. Sein Aufenthalt in der Hauptstadt Bayerns wird unterbrochen durch die *Griechenlandreise* (Athen, Delphi, Pentelikon, Insel Syros und andere Orte), von September 1912 bis August 1913. Es entstehen hier nicht nur zahlreiche Malstudien und Griechenlandskizzen, sondern in Hellas »erreichte Bô Yin Râ die Höhe, das eigentliche Dach seines Lebens.«[35] Durch seine asiatischen Seelenverwandten und seinen indischen Lehrmeister erlangt er die spirituelle Meisterschaft und die endgültige Einweihung (auf der nördlichen Kykladeninsel Syros) in das Urzeiterbe als »Leuchtender des Urlichtes« mit dem unübersetzbaren Namen Bô Yin Râ. *Vor* diesem geheimnisvollen Tag war er noch Schüler, »*Chela*«, seine geistige Schulung vollzog sich im Verborgenen. Es ist hier nun der Ort, Näheres dazu – zu seinem *inneren* Werdegang – in Erinnerung zu rufen. Über die erste Begegnung mit seinem *nichteuropäischen* Lehrer berichtet Bô Yin Râ so:

---

[35] Rudolf Schott, **Bô Yin Râ.** Leben und Werk, Bern: Kober Verlag 1979, S. 58. (2. Aufl.)

»Ich war etwa 7 Jahre und einige Tage alt, als zum erstenmal ein Bote jener Gemeinschaft, deren Bruder ich heute bin, sichtbar in mein Leben trat. – An einem strahlend schönen Sonntag-Morgen lag ich, erfrischt durch einen gesunden Kinderschlaf, bereits völlig erwacht in meinem kleinen Bette. (...) Plötzlich, ohne daß eine Türe sich geöffnet hätte, stand zu Füßen meines Bettes ein alter Mann im Sonnenschein, angetan mit seltsamen und mir recht ärmlich erscheinenden dicken Wintergewändern. (Heute weiß ich, daß es die im Innern Hochasiens übliche Wintertracht war). Ich sah sein braunes durchfurchtes Gesicht und glaubte zuerst, es sei ein alter Bettler, der öfter ins Haus kam um ein Essen zu erhalten. Erschreckt schrie ich auf. (...) Die Gestalt jedoch kehrte sich nicht an meinen Angstschrei und der Gesichtsausdruck des alten Mannes hatte etwas so unbeschreiblich Gütiges, daß ich sogleich darauf mich völlig sicher fühlte.«[36]

In dieser ersten *realen* Begegnung, die später in München mehrmals sich wiederholen wird, ereignet sich etwas überaus Bedeutsames, was man wohl die Erweckung einer ruhenden, latent vorhandenen *geistigen* Kraft nennen kann. Mit einem Gefühl der Neugierde und des Vertrauens zugleich betrachtete der Bub Joseph Anton »das faltige, und so unendlich gütige Gesicht, bald den seltsamen Mantel, der mir besonders merkwürdig war, weil die Ärmel viel zu lang und weit über die Hände herabreichten. Bilder, auf denen so etwas dargestellt gewesen wäre, hatte ich niemals gesehen. Da hob er langsam und bedächtig den Arm, streifte den überlangen Ärmel zurück, und kam zur Seite meines Bettes. Ich war so unerklärlich vertrauensvoll, daß ich es diesmal, ohne zu schreien und ganz von Angst befreit, geschehen ließ, daß er mit der rechten Hand, einer Hand mit vornehmen feinen Fingern, langsam über meine Decke strich. Dabei verweilte er Augenblicke über meinen Füßen, über den Knien, dann über dem Herzen und zuletzt legte er die feine zarte Hand auf meine Stirne. Dabei schlief ich ein. – –«[37]

---

[36] Nachlese, Band II, S. 188 f.
[37] Ebd., S. 189 f.

Das geschah 1883 in Frankfurt am Main. *Derselbe* Mann wird Joseph Schneiderfranken in seiner Münchener Zeit um 1909 mehrmals aufsuchen und ihm Aufschlüsse geben, die »Fleisch und Blut« nicht hätten offenbaren können.[38] Es wird noch davon die Rede sein. In diesem Zusammenhang soll nur die Essenz dieser Begegnung in München (im Englischen Garten) geschildert werden, so, wie darüber Bô Yin Râ selbst 1923 berichtet hatte:

»Es war in jener großen Stadt, [München], in der ich, seelisch zerrüttet, ja an aller geistigen Erkenntnismöglichkeit verzweifelnd, nun aufs neue zu studieren begann. (...) An einem warmen, schönen Sommerabend befing mich die Lust, eine nicht allzuweit gelegene, große Parkanlage aufzusuchen, wo ich (...) dann fast jeden Abend zu finden war und bald alle die verschlungenen Wege kannte. (...) Eines Abends bemerkte ich, daß ich *nicht allein* diese Einsamkeit aufgesucht hatte. Eine hohe dunkle Gestalt – soweit man noch gerade erkennen konnte, ein weißbärtiger Alter – schien, wie ich mich auch wenden mochte, meinen Schritten in mäßiger Entfernung zu folgen. (...) Kurz entschlossen kehrte ich plötzlich um, wandte mich meinem stillen Verfolger entgegen, erreichte ihn, und wurde zu meinem maßlosen Erstaunen unter Nennung meines Namens begrüßt.«[39]

Es zeigte sich in jener Begegnung und in dem darauf folgenden Gespräch – in den Gesprächsreihen, – daß Joseph Schneiderfranken dem alten weißbärtigen Mann total vertraut war, daß der Alte ihn *von innen* her kannte und ihm in ruhigem Ton und charmant »entwaffnend« eröffnete: »Ich habe Ihnen einiges zu sagen und bitte um Vergebung, wenn ich Sie durch mein beharrliches Nachschreiten auf Ihren Wegen beunruhigt haben sollte!«[40]

Der Alte klärt ihn auf: Es gibt wirklich noch Dinge zwischen Himmel und Erde, »von denen sich die Schulweisheit nichts träumen läßt – – wenigstens die eurer westlichen Lehrer nicht! (...) Ich

---

[38] Vgl. Bô Yin Râ, Das Geheimnis, Bern: Kober Verlag 1982, S. 113–122. (4. Aufl.)

[39] Bô Yin Râ, Das Geheimnis, Bern: Kober Verlag 1982, S. 110–112. (4. Aufl.)

[40] Ebd., S. 113.

bin hier völlig fremd, und nur hierhergekommen, weil ich einen *Auftrag* auszuführen habe, der – *Sie* betrifft. Ich komme vom Aufgang der Sonne her, (...) es ist nur *Pflicht*, die mich zu der mir sonst wenig erfreulichen Reise nach Europa bewog.«[41]

Das Erstaunen des Joseph Anton Schneiderfranken wuchs ins Grenzenlose. Was der Alte ihm sagte, war ja beinahe »heller Wahnsinn!« Doch dann sprach der Alte:

»Er sei ein Glied einer geistigen Gemeinschaft, die mitten in Asien gleichsam ihren Hauptsitz habe, aber ihre unsichtbaren Fäden über die ganze Erde zu spinnen wisse, und jeden Menschen erreichen könne, der aus der tiefsten Inbrunst seines Herzens heraus nach *Gott* suche. –

Man wisse dort längst von mir auf geistigem Wege, und ich sei durch eine Art von naturgegebener psychophysischer Begabung dazu bestimmt, in eine ganz besonders nahe Verbindung zu seiner Gemeinschaft zu treten. Dann erzählte er mir geradezu meine eigene Lebensgeschichte und ließ mich erkennen, daß er beinahe mehr von mir wissen mußte, als ich selbst, obwohl er in äußerlichen Details dabei offenbar unsicher war, aber um so sicherer *seelische* Momente enthüllte, die mir noch kaum selbst zu Bewußtsein gekommen waren. Mich überlief es eiskalt und ich wäre am liebsten entflohen, um nur zuerst wieder Herr meiner eigenen Gedanken zu werden ...«[42]

Nicht nur in biblischen Zeiten gab es »Auserwählte«, die von Oben für eine besondere Mission ausgesucht worden sind. Nicht nur im Orient und in alten Mythen kommt es vor, daß »Boten der Gottheit« an irdische Menschen herantreten und ihnen spezielle Aufträge übermitteln. Auch Anfang des 20. Jahrhunderts geschah es in München, daß ein Mann, dessen Vorahnen Bauern, Förster und ländliche Handwerker aus der Gegend von Würzburg waren, ein Mann, der nicht Theologe und nicht Philosoph, nicht Priester und nicht Sektenprediger, sondern vom Beruf (von Berufung) Kunstmaler war, einen *geistigen* Auftrag übernommen hat, um der Menschheit zu dienen.

---

[41] Ebd., S. 117.
[42] Ebd., S. 118 f.

Als einziger Europäer wurde Joseph Anton Schneiderfranken in Griechenland in die sogenannte Lichtgemeinschaft »Leuchtende des Urlichts« als *Meister* initiiert (August 1913) und seitdem wurde er Träger des nicht übersetzbaren geistlich-geistigen Namens Bô Yin Râ. Über dieses Ereignis äußerte er sich zwanzig Jahre später (1934) folgendermaßen:

Das war am Meer –
Das war an nächtlichem Gestade –
Als ich zum erstenmale aus geweihtem Mund
Mich selbst in meinem Namen nennen hörte, –
Als Wahrheit wurde zugesagte Gnade,
Und kein Ersehnen mehr
Die Stunde störte.

Nun fühlte ich,
bewußt in meinem Namen,
Zum erstenmal die Schwere meiner Bürde.
Daß Hochgeheiligte aus fernen Zonen kamen,
War Folgeleistung ihrer eigenen Würde.

Das war am Meer –
An griechischem Gestade –
Als keine Bindung mehr
Der Weihe wehrte, –
Und unerfaßlich lichterfüllte Gnade
Ewiger Urkunft mich erinnern lehrte ...[43]

Exkurs I. Was ist ein »Meister«?

Bevor der Lebenslauf dieses Mannes weiter geschildert wird, muß hier ein kleiner *Exkurs* eingefügt werden. Was ein Meister ist und wer ein Meister werden kann, soll nun zumindest im Ansatz

---

[43] Bô Yin Râ, Meereserinnern, in: Über dem Alltag, Bern: Kober Verlag 1979, S. 11. (2. Aufl.)

skizziert werden. Später wird dieser Begriff ausführlich erörtert. An dieser Stelle ist wichtig zu erwähnen, daß erst eine *geistige* Schulung neue Dimensionen vom Wesen eines wahren »*Namens*«, der Ausdruck einer später erlangten »Meisterschaft« wird, offenbart. Dieses »Wissen« ist zwar auch in der großen abendländischen Tradition aufbewahrt – in der Bibel, in der griechischen Philosophie und in den Traditionen der Ordensgemeinschaften, – nur daß wir Heutigen kaum mehr Notiz davon nehmen bzw. nur einen schönen symbolischen Akt darin sehen. Doch dahinter steckt mehr. Wie Bô Yin Râ selber schreibt:

»Ich hatte erfahren, daß man von einem ›Namen‹ zum anderen *fortschreiten* könne, daß gewisse Buchstaben in einem wirklichen ›Namen‹ wie geistige Antennen wirken können, und anderes mehr. Ich hatte selbst als geistiger Schüler ›Namen‹ getragen, die ich erst ›überwinden‹ mußte, um *meines* Namens würdig zu sein, und ich kannte mich selbst nun *nur* in diesem, ›*meinem*‹ Namen, so daß ich mich zuweilen, wenn auch nur in Bruchteilen einer Minute, erst *besinnen* mußte, wie ich denn *nach dem Adreßbuch* genannt werde, und den äußeren Ruf- und Familiennamen: Joseph Schneiderfranken, seit dieser Zeit stets nur ohne jedes innere Verbindungsgefühl niederschreiben konnte ...«[44]

Nun, was und wer ein Meister ist, läßt sich zunächst nur andeutungsweise umschreiben. Man kennt im Abendland *Meister Eckhardt*. Er war ein philosophisch-mystisch Denkender und Fühlender, dessen Größe erst im 20. Jahrhundert begriffen wurde. Aber *nicht* in diesem Sinn ist Bô Yin Râ ein Meister. Man kennt im Abendland *Mozart*. Auf seinem Gebiet, im Reich der Töne, war und ist er ein *absoluter Meister*, ein König. Auch *nicht* in diesem Sinne kann Bô Yin Râ Meister genannt werden. Sondern wie, in welchem Sinne ist er ein Meister?

In dem Sinne ist er ein Meister, daß er zum Kreise der *Leuchtenden des Urlichtes* gehört, deren Hilfe und innere Lenkung gänzlich unabhängig ist davon, ob ein Mensch, der sie empfängt, »von die-

---

[44] Bô Yin Râ, Nachlese, Band I, S. 24. Siehe auch in: Briefe an Einen und Viele, Bern 1971, S. 243–255. (2. Aufl.)

ser Instanz innerhalb der Struktur des ewigen Geistes etwas vernommen hat oder nicht. Da es jedoch für zahlreiche Menschen Zeit dazu geworden war, daß sie Authentisches darüber erfahren sollten, mußte ich, als der einzige dazu Befähigte unter den mir Geeinten, der Wirklichkeit die ihr gemäßen Worte sprechen und mein geistiges Lehrwerk bringen. Nicht ohne Bedeutung war hierbei, daß ich zugleich der einzige Mensch des Abendlandes unter ihnen bin. Sollte die Offenbarung wirkliche Hilfe bringen, so mußte einer sie formen, der europäisches Denken und seine Schwierigkeiten geistigen Dingen gegenüber aus eigener Erfahrung von Jugend auf kennt.«[45]

Wenn wir Abendländer zwar durch die Sagen vom *Gral* und König *Artus'* Tafelrunde, durch Bekundungen von *Jakob Böhme*, aber auch durch die tiefsinnige spirituelle Bedeutung der Oper *Die Zauberflöte* von *Mozart*, ferner durch das sonderbare Fragment ›*Die Geheimnisse*‹ aus *Goethes* Mannesjahren, sowie durch manche Anspielung der Romantiker nicht ganz unvorbereitet waren, solch eine Botschaft zu empfangen, hat es doch einigermaßen überrascht und wohl auch skeptisch gestimmt, als vor nicht ganz hundert Jahren ein deutschsprachiger Mann, der sich Bô Yin Râ nannte, in rasch aufeinanderfolgenden, 1919 bis 1939 veröffentlichten Büchern nicht müde wurde, die Kunde von »den älteren Brüdern der Menschheit«, die Botschaft von den »Leuchtenden des Urlichtes« zu verbreiten, die für die Menschen Mittler und Brückenbauer sind, damit sie auf dem Rückweg zum ewigen Geist die nötige Hilfe nicht entbehren müssen. »Nicht genug damit, daß er zu diesem irgendwo im Himalaya-Gebiet lokalisierten Erlöserkreis aus lebenden, aber auch aus abgeschiedenen, in geistiger Gestalt weiterwirkenden Menschen sogar *Laotse* und *Jesus* rechnete, [sondern, darüber hinaus] bezeugte er, selber ein Abgesandter und Zugehöriger dieser weisen Männer des Ostens zu sein und als deren Mitbruder den geistigen Namen Bô Yin Râ zu tragen.«[46]

Zugegeben: Allzu rationalistisch geschulte Abendländer mögen darin eine phantastische »Esoterik«, eine krankhafte Vision, einen

---

[45] Ders., Kodizill zu meinem geistigen Lehrwerk, S. 50 f.
[46] Rudolf Schott, Bô Yin Râ. Leben und Werk, Bern 1979, S. 51.

Größenwahn usw. erblicken und ungläubig den Kopf schütteln, aber der aufmerksame Leser des gesamten Lehrwerks kann nicht übersehen, daß in diesen Büchern ein irdischer Mensch nüchternen Geistes spricht, der zugleich – während er auf Erden voll tätig ist – eine gewaltige *Präsenz des Ewigen* ausstrahlt. Wie Professor Max *Nuss* in einem Vortrag 1976 sagte:

Eine geistige Strahlkraft in ausgewogener Schlichtheit sei in Bô Yin Râ uns entgegengekommen. Und dann heißt es wörtlich: »Man würde ihm nicht gerecht, ohne seines Autorennamens zu gedenken, unter dem er sein Werk veröffentlicht hat. Bô Yin Râ ist sein geistiger Name. Darauf einmal von mir mit einer gewissen Skepsis angesprochen, sagte er:

›*Ich bin nur der derzeitige Interpret von etwas Uraltem. Ich müsste einen wahren Eiertanz aufführen, wollte ich verbergen, woher ich mein Wissen habe. Wenn ich einmal 50 Jahre tot bin, wird man sich an diesem Namen nicht mehr stören. Dann aber ist es wichtig, dass man mich nicht unter die Dichter oder Philosophen einreiht.*‹

Der Autorenname bezeichnet also seine geistige Sonderstellung, und dies nicht nur in Bezug auf das, was er geschrieben hat, sondern auch auf das, was er gemalt hat, im besonderen auf seine geistlichen Bilder.«[47]

Eine unbefangene religionsphilosophische Betrachtung, der es um das wahre Geschehen, um das authentisch Religiöse geht, wird ohne Mühe anerkennen, daß es immer schon Menschen gab, die im Geistigen eine *Sonderstellung* inne hatten. Sie weiß auch von einer Uroffenbarung, die im Laufe der Jahrtausende weitertradiert wurde. Josef *Pieper* zufolge sind wir nicht nur im Recht, »sondern auch genötigt, die uns in Christus zuteilgewordene Offenbarung und Verheißung irgend verknüpft zu denken mit dem allerfrühesten Uranfang der Menschengeschichte und auch mit dem, was die vor- und außerchristliche Menschheit von altersher als heilige Wahrheit

---

[47] Bô Yin Râ. Vortrag zu seinem 100. Geburtstag und zur Gedenkausstellung seiner Gemälde und seines Lehrwerks im Schloßmuseum in Aschaffenburg. Gehalten am 20. 11. 1976 von Prof. Max Nuss in Darmstadt. Herausgeber: Deutsche Bô Yin Râ-Stiftung, Darmstadt 1976, S. 2 f.

geglaubt und bewahrt hat.«[48] Nicht nur das, sondern, so glaubt Josef Pieper, es läßt sich »nicht wenig dafür anführen, alle ›heilige Überlieferung‹, auch die mythische Tradition, mit dem Ursprung einer göttlichen Rede verknüpft zu denken, mit Offenbarung also, mit einer ›Uroffenbarung‹.«[49] Und die letzte Quelle einer Uroffenbarung, der Heiligkeit, »die in solcher Wirklichkeitsmitteilung, auch in der menschlichen, aufleuchtet, ist das ungeschaffene Ur-Licht, die Erste Wahrheit, Gott selber, aus dessen schöpferischem Entwurf die von uns erkannten und kenntlich gemachten Dinge nicht allein ihre Realität und ihre Gestalt, sondern auch ihre Lichtheit und Erkennbarkeit empfangen haben. Erst recht ist dann alles ausdrückliche Reden Gottes zum Menschen immer zugleich *locutio* und Durchlichtung der Wirklichkeit, der kreatürlichen wie auch der göttlichen selbst: ›omnis Dei locutio [...] est *illuminatio*‹.«[50]

Bei Bô Yin Râ bekommt man eine klare Auskunft darüber, was Josef Pieper oben mit kongenialem Einfühlungsvermögen des Philosophierenden formuliert hat. Man versteht plötzlich, daß die »Uroffenbarung« von einem bestimmten, geistig geprägten Kreis und für die ganze Menschheit auf Erden in jeder Zeit aufbewahrt und tatsächlich weitergegeben wurde, wenn auch nicht genau so, wie manche konfessionell verfaßten religiösen Lehren es sich vorgestellt haben. Zu seiner *Sonderstellung* heißt es bei Bô Yin Râ:

Mich selber *zu mir selber*
Zu bekennen: –
Hier mit mir Lebenden zu sagen,
Daß ich *anders* bin als sie: –
Zu sagen, daß ich *bin*
Was ich nun einmal bin
Seit Ewigkeiten,

---

[48] Josef Pieper, Gefährdung und Bewahrung der Tradition (1974), in: Werke in 8 Bänden, hier Band 7: Religionsphilosophische Schriften, hrsg.v. Berthold Wald, Hamburg: Felix Meiner Verlag 2000, S. 199.

[49] Josef Pieper, Theologie – philosophisch betrachtet (1964). In: A.a.O., S. 134.

[50] Josef Pieper, Was heißt »Gott spricht«? (1965). In: A.a.O., S. 157. Das lateinische Zitat ist von Thomas von Aquin, STh, I, 107, 2 ad 3.

Und aus dem *Ewigen* zu zeugen
Für des Menschen Ewigkeit, –
Vermochte ich erst dann,
Als ich, gedrungen,
Den Widerspruch des *Irdischen*
In mir bezwungen.

Nachdem ich harte Jahre
Mit mir selbst gerungen,
Ist endlich Überwindung
Mir gelungen,
Und *mußte* mir gelingen,
Sollte ich mein Werk vollenden,
Noch ehe es der *Zeit* gelang,
Mein Irdisches zu *enden*.[51]

Nicht nur in diesem, sondern in vielen anderen Büchern steht am Anfang, mit großen Buchstaben gedruckt, die merkwürdige Selbstbeschreibung zu lesen:

UM DEN FORDERUNGEN DES URHEBERRECHTES ZU ENTSPRECHEN, SEI HIER VERMERKT, DASS ICH IM ZEITBEDINGTEN LEBEN DEN NAMEN JOSEPH ANTON SCHNEIDERFRANKEN FÜHRE, WIE ICH IN MEINEM EWIGEN GEISTIGEN SEIN URBEDINGT BIN IN DEN DREI SILBEN:

BÔ YIN RÂ

Solche Sätze können nur von jemandem stammen, der nüchtern, mit beiden Füßen auf Erden und dennoch schon jetzt hellwach im ewigen Geiste lebt, während seines körperlichen Daseins. Ein solcher aber ist – ein Meister.

In knappen Worten bringt Bô Yin Râ auch die Auskunft über seinen chinesischen Mitbruder: *Lao tse*, der von dem größten weltli-

---

51 Bô Yin Râ, Bekenntnis, in: Leben im Licht, Bern: Kober Verlag 1986, S. 7. (2. Aufl.)

chen Weisen seiner Zeit Bestaunte, »war einer der wenigen wirkenden Meister jener geistigen Gemeinschaft, die man symbolisch: die ›*Weiße Loge*‹ nennt, der alle alten *Mysterienkulte*, der auch *Pythagoras* und *Plato* ihr Bestes dankten. –

Während aber diese geistige Gemeinschaft als solche durch alle Jahrtausende hin stets nur in *geistiger* Weise *aus völliger Verborgenheit heraus* wirkte, fanden sich doch zu Zeiten, wenngleich *äußerst selten*, einzelne ihrer Glieder, die ›in der Welt‹ lebten, bereit und willens, *auch durch das gesprochene* und *geschriebene Wort* höchste geistige *Lehre* zu erteilen, und einer dieser Seltenen war (...) *Lao tse*.«[52]

Nach diesem Exkurs zurück zum irdischen, äußeren Lebenslauf des Mannes, dessen Lehrwerk im Zentrum dieser Arbeit steht.

3. 2. Die Reife: Die Zeit von 1915 bis 1943

1915 stirbt des Meisters erste Ehefrau: Irma Schneiderfranken-Schönfeld. 1916 wird Bô Yin Râ zum waffenlosen Verwaltungsdienst nach Königsberg eingezogen. 1917 wird er als Dolmetscher für Neugriechisch nach Görlitz an der Neiße verpflichtet. 1918 heiratet er die Witwe Helene Hoffmann aus Görlitz, die zwei Töchter in die Ehe mitbringt: Ria (geb. 1909) und Ilse (geb. 1912). – 1919 kommt die jüngste Tochter Devadatti auf die Welt.[53] Zugleich erscheint in seiner ersten Fassung »*Das Buch vom lebendigen Gott*« beim Kurt Wolff-Verlag in Leipzig, nunmehr mit der vollständigen Verfasserangabe Bô Yin Râ. Er wird dazu schreiben:

»Mit dem ›*Buch vom lebendigen Gott*‹ und dem ›*Buch vom Jenseits*‹ [1920] soll das ›*Buch vom Menschen*‹ [1920] eine *Trilogie* gestalten, denn obwohl jedes einzelne dieser drei Bücher in sich

---

[52] Bô Yin Râ, Das Mysterium von Golgatha, Bern: Kober Verlag 1992, S. 22 f. (5. Aufl.)

[53] Der Autor dieser Arbeit hatte im August 2000 die Gelegenheit, Frau Devadatti Schneiderfranken und Ria in der Villa Gladiola in Massagno (Lugano) zu besuchen und dort Originalbilder anzuschauen. Das Gespräch mit den zwei Frauen (Ria 92 und Devadatti 81), das Erleben der ganzen Atmosphäre im Haus zählt für den Autor als ein *besonderes* Erlebnis. Tochter Ilse ist mittlerweile verstorben.

abgeschlossen ist und ein für sich bestehendes Ganzes bildet, stehen sie doch alle auch in einem inneren Zusammenhang miteinander, und es werden sich viele Stellen finden, die einander erläutern. Solche gegenseitige Erläuterung aber wird die Einwirkung der Worte auf die *Seele* nur *vertiefen* können.«[54]

»*Das Buch vom lebendigen Gott*« gilt, wenn man das so sagen kann, als das Hauptwerk des Autors. Die seelische Aufnahme der Trilogie bereitet dem nicht in Vorurteile Gefesselten keinerlei Schwierigkeiten, schreibt Bô Yin Râ sinngemäß. Damit ist, nebenbei gesagt, eine der Hauptvoraussetzungen des einfühlenden Verstehens dieser Bücher genannt. Ein Konfessionsgebundener aber wird große Mühe haben, sich aus seinen »Fesseln« zu lösen.

In der Görlitzer Periode (1918–1923) eröffnet sich ihm ein reiches Arbeitsfeld. Nach der Trilogie folgen 1920 drei weitere Bücher: »*Das Buch vom Glück*« und »*Das Buch der Gespräche*« und »*Wegweiser*«. Im letzteren hat er sehr wichtige und wesentliche Dinge über *Jakob Böhme*, der ja 1575 zu Alt-Seidenberg, in der Nähe von Görlitz geboren wurde, offenbart. Den »Philosophus Teutonicus« begreift man erst dann richtig, wenn man nachvollzieht, »wie Böhme zu seinen Erkenntnissen der Geisteswelten gekommen ist.«[55] Genau darüber gibt Bô Yin Râ präzise Auskunft. Bevor er zitiert wird, soll eine Zwischenbemerkung eingeschaltet werden.

Über die Welten des ewigen Geistes – der ewigen Gottheit, aus der des Menschen unzerstörbarer innerster Kern entspringt – kann man philosophisch oder theologisch schreiben, das heißt, so, wie ein Gelehrter der Kirche oder einer anderen religiösen Gemeinschaft mit Hilfe seines ihm gegebenen Auffassungs-, Einsichts- und

---

[54] Bô Yin Râ, Das Buch vom Menschen, Bern: Kober Verlag 1992, S. 7 f. (4. Aufl.).

[55] Vgl. Wer war Jakob Böhme? In: Bô Yin Râ, Wegweiser, Bern: Kober Verlag 1992, S. 105–122. (3. Aufl.). Da heißt es: Böhme sei der »abgründig tiefe *Geisteskünder*«. In ihm hatte »das Geistesgut sich seinen irdischen Schrein geschaffen«. Seine Erkenntnis der rein *geistigen* Welt ruft *Ehrfurcht* hervor, gerade dort, wo eigener Seele Tiefe aufklingt. Trotz der Fehlgriffe in die Gebiete des physisch-sinnlichen Universums steht in Böhme »einer der *Weisesten* vor uns, unter denen, die jemals die letzten Urtiefen menschlichen Erkennens zu ergründen suchten!« (Ebd., S. 108–111).

Formulierungsvermögens es tut. Jakob *Böhme* (1575–1624), so zeigt Bô Yin Râ, ist eine Ausnahme, denn nicht nur, daß er *kein* Theologe war, sondern er hatte, von Beruf Schuster, Einblicke in die rein geistige Welt, die nur *ganz wenigen* Menschen in der Christenheit zuteil wurden. In seinen Lehrjahren hat sich zugetragen, »dass ein fremder Mann vor den Laden kommen, welcher ein Paar Schuh für sich zum Kauf begehret. Weil aber weder Meister noch Meisterin zu Hause [waren], hat Jakob Böhme als ein Lehrjunge selbige zu verkaufen sich nicht erkühnen wollen, bis der Mann mit Ernst darauf gedrungen. Und als er ihm die Schuh (der Meinung, den Käufer abzuschrecken) ziemlich hoch und über rechte Billigkeit geboten, hat ihm der Mann dasselbe Geld alsobald und ohne eine Widerrede dafür gegeben, die Schuh genommen, ist fortgegangen, und als er ein wenig von dem Laden abgekommen, stille gestanden und mit lauter und ernster Stimme gerufen: ›Jakob, komme heraus!‹ Worüber er in sich selber erschrocken hat, dass ihn dieser unbekannte Mann mit eigenem Taufnamen genennet, und sich doch erholet, aufgestanden und zu ihm auf die Gasse gegangen ist. Da hat ihn der Mann eines ernst-freundlichen Anschens gerade und stark in die Augen gesehen und gesprochen: ›Jakob, du bist klein, aber du wirst groß und gar ein anderer Mensch und Mann werden, dass sich die Welt über dich verwundern wird‹.«[56]

---

[56] Jakob Böhme, Das Fünklein Mensch. Ausgewählte Texte. Hrsg. v. José Sánchez de Murillo, München: Kösel Verlag 1997, S. 16 f. Diese hervorragend geschriebene *Einleitung* von José Sánchez de Murillo kann mit dem geschilderten Ereignis trotzdem nichts anfangen. Es heißt zwar, daß diese Begegnung mit dem unbekannten Mann »über die bloß historische Wahrheit hinausgeht« und »die rückwirkende Vergewisserung des Lebenssinnes« sei, aber der Verfasser, ein Karmelit und Philosophie-Professor kann nicht sagen, *wer* der unbekannte Mann war. Demgegenüber heißt es bei Bô Yin Râ: »Was ich (...) über Jakob Böhme gesagt habe, will (...) darauf hinweisen, daß Böhme angenommener, geistig berufener *Schüler der Leuchtenden des Urlichtes* war. Ihm selbst war dieser Umstand etwas so Heiliges, daß er eine Wolke von Geheimnis darüber zu legen wußte. So viel auch über Böhme geschrieben wurde, so war doch niemand in der Lage, dieser geistigen Beziehung gerecht zu werden. Allerdings gibt Jakob Böhme die Schilderungen seiner geistigen Erlebnisse und Einsichten auch in so barocker und eigenwilliger Form, (...) daß man schon selbst sehr genau um solches Erleben

Wie in der Fußnote erwähnt, kann der Karmelit *José Sánchez de Murillo* keine präzise Deutung der Begegnung mit dem unbekannten Mann geben. Die Frage, *wer* der Unbekannte war, ist aber deshalb wichtig, weil, um nur ein Beispiel zu nennen, auch der Apostel *Paulus* sich bei einem unbekannten Gerechten aufhielt, bevor er die Botschaft des Gekreuzigten und »Auferstandenen« in die Welt trug. Böhmes und Paulus' *geistige* Herkunft, so Bô Yin Râ, läßt sich nur dann gemäß der Wirklichkeit erfassen, wenn man weiß, »daß Göttliches nur *durch den Menschengeist* dem Menschen faßbar werden kann, und daß aller Einfluß, den die Erdenmenschheit *aus dem Reiche des wesenhaften Geistes* empfängt, von einem unsichtbaren Tempel *hier auf Erden* ausgeht, dessen fundamentbildende Bausteine *Menschen dieser Erde* sind, die *gleichzeitig*, vollbewußt und ohne jeden Unterbruch – trotz allem irdischen Tun, – im *reinen Geiste* leben. – – Von *dort* her ward auch *Böhme* zu seinem Wirken geführt! Als geistiger ›Schüler‹ des von mir so oft bezeichneten verborgen wirkenden geistigen Kreises erstieg er Stufe um Stufe, soweit es ihm während dieses Erdenlebens möglich war, und er selbst wußte wahrlich, woher ihm seine Erleuchtung kam.«[57]

Und so versteht man die Konklusion: Auch die besten Erklärer des geistigen Phänomens *Jakob Böhme* vermögen weder den *Menschen* noch die *Schriften* restlos zu deuten, »solange sie nicht um die Beziehungen Böhmes zu dem geistigen Kreise der ›*Leuchtenden des Urlichts*‹ wissen.«[58]

1921 gründet Bô Yin Râ in Görlitz für Künstler und Kulturschaffende den »Jakob-Böhme-Bund« und greift wirkend und leitend in die Kunstfragen jener Provinz ein. 1922 erscheinen »*Das Mysterium von Golgatha*« und »*Das Buch der Liebe*«, die Jehoschuah (Jesus) in ein neues Licht stellen. Das »Bild« Jesu wird später ergänzt durch die geistige Interpretation bzw. Rekonstruktion dessen, was wir im Christentum unter dem Namen »Johannesevangelium« kennen. Es wird noch darüber zu sprechen sein. Im Rhein-Verlag in

---

wissen muß, um zu erkennen, was er jeweils darstellen wollte.« (Briefe an Einen und Viele, Bern: Kober Verlag 1971, S. 132 f., 2. Aufl.)

[57] Wegweiser, S. 113 f.

[58] Ebd., S. 119.

Basel erscheint das Buch »*Welten*« (Eine Folge kosmischer Gesichte), mit zwanzig verschiedenen geistlichen Bildern, die der Autor selbst deutet. 1923 erfolgt die Umsiedlung in die Schweiz. Zunächst wohnt die Familie Schneiderfranken in Horgen am Zürichsee. Das Buch »*Worte des Lebens*« wird veröffentlicht.

1924 erscheinen die Bücher: »*Der Weg zu Gott*« und »*Das Buch des Trostes*«, »*Die Weisheit des Johannes*« sowie »*Kultmagie und Mythos*«, außerdem »*Psalmen*« und »*Geist und Form*«. In der »*Weisheit des Johannes*« zeigt Bô Yin Râ, »was mir aus der Wirklichkeit des Lebens und Sterbens *Jesu*, als unangreifbar geistig gesichert bekannt ist.«[59]

1925 wird endgültig die Villa Gladiola in Massagno bei Lugano (Kanton Tessin) bezogen (Mitte Mai). Heute noch [im Jahre 2001] wohnen die Töchter Ria und Devadatti dort. In jenem Jahr erscheint »*Die Ehe*« und 1926 legt er die Lehrschrift »*Das Gebet*« vor. Hier kann jemand wirklich lernen und begreifen, was denn eigentlich Gebet ist, und wie die gesamte Erdenmenschheit durch wirkliches Gebet eine geistige Erneuerung ohnegleichen erfahren kann.

1927 findet Bô Yin Râ in Dr. Alfred *Kober-Staehelin* seinen idealen Verleger. Der Kober Verlag ist bis heute der Herausgeber des Lehrwerks in der (deutschen) Ursprache, dessen endgültige Formung und Fassung Bô Yin Râ selber noch besorgen konnte. – 1928 erscheint das Büchlein *Funken/Mantra-Praxis*, in dem eine Reihe von Wortgebilden dem Suchenden an die Hand gegeben werden. Durch ihre Einwirkung auf jede sich ihnen eröffnende Seele zeigen sie wieder und wieder, daß die geistige Kraft gewisser Lauteformungen, die altindische Weisheit entdeckte, durchaus nicht nur an das Sanskrit gebunden ist, schreibt Bô Yin Râ.

1930 erscheint »*Das Gespenst der Freiheit*«: ein grundlegendes Werk über die irdischen Dinge, wie Fatamorgana (über die wahre bzw. falsche Freiheit), Notwendigkeit und Gemeinsamkeit, Autorität und Parteisucht, Fehlwirtschaft und Konkurrenz, Schlagwortwahn und Selbstdarstellung, Religion und Wissenschaft sowie Wirklichkeitsbewußtsein. Es folgen noch: »*Der Weg meiner Schü-*

---

[59] Siehe in: Über die Gottlosigkeit, Bern 1939, S. 87 f.

ler« (1932), dann 1934 drei Gedichtbände: »*Über dem Alltag*«,
»*Ewige Wirklichkeit*«, »*Leben im Licht*«, außerdem die außerordentlich tiefsinnige Sammlung von Abhandlungen »*Mehr Licht!*«
(1935) sowie »*Briefe an Einen und Viele*« (1935).

Im Herbst 1936 erscheint der letzte Band des Lehrwerks »*Hortus
conclusus*« (Verschlossener Garten). Damit sind 32 »Offenbarungsbücher« auf dem Markt, über die man folgende einzigartige, verblüffende, seiner Sendung bewußte, überaus erstaunliche Charakterisierung lesen kann:

»Im Grunde verstanden, kann man jedes Buch, das ich geschrieben habe, ein Geheimbuch nennen, denn in jedem sind geistige
Wahrheiten niedergelegt, nur den wenigen Lesern erkennbar, die
bereits dort zu *fragen* begonnen haben, wo meine Bücher die *Antwort* bringen. In diesen Büchern finden Wahrheiten ihren Ausdruck, die von dem ersten Erklingen menschlicher Sprache an bis
auf meine Erdentage nie in solcher Offenheit mitgeteilt werden
konnten. Was da gesagt wird, war immer Geheimnis weniger Wissenden, wie es auch weiterhin allen geheim bleiben wird, die nicht
für solches Wissen geboren sind. (...) Es sind hier Bücher entstanden, die sich selber öffnen oder sich selber verschließen, je nach
dem geistigen Zustand des Menschen, der die Seiten abfragt. In
keiner Felshöhle unwegsamer Gebirge und in keinem Versteck der
Wüsten Asiens wären diese Bücher besser verborgen als auf den
Tischen der Buchhändler und in den Händen unberufener Leser!«[60]

Diesem Mann bekannte Etiketten – wie »gnostisch« oder »neu-
gnostizistisch«, »pantheistisch« oder »theosophisch«, »synkreti-
stisch« oder »esoterisch« – anzuhängen, ist, trotz wiederholter Versuche, unmöglich. So etwas zu behaupten, wäre ähnlich jener Aussage, derzufolge *Mozart* seine Melodien nur aus den Tonarten und
musikalischen Formen seiner Zeit »geschaffen« bzw. komponiert
hätte.

---

[60] In eigener Sache. Eine Richtigstellung vieler Fehlmeinungen, Bern: Kober
Verlag 1990, S. 15 f.

Auch das *Lexikon für Theologie und Kirche* (Ausgabe 1958, Bd. 2, Sp. 634 f.) hat so etwas Ähnliches behauptet in dem Artikel von Konrad *Algermissen* über Bô Yin Râ. Der Verfasser des Artikels ist solch einem fatalen Fehler zum Opfer gefallen. Sein Artikel ist sehr irreführend. Aufgrund der 15 Zeilen läßt sich feststellen: K. Algermissen hat das Lehrwerk *nicht* aufmerksam gelesen, sonst hätte er gewußt, daß Bô Yin Râ *kein* »Pseudonym«, sondern sein »geistlicher« [geistiger] Name ist, der die endgültige Initiation in die spirituelle, geistige Meisterschaft kennzeichnet. Mehr noch: Die Lautwerte der sieben Buchstaben entsprechen der *Wesensart* seiner ewigen Individualität. Algermissen hätte, wenn er das Lehrwerk gelesen hätte, auch diese Zeilen finden können:

»Wenn du Anstoß daran nimmst, daß ich in *dem* Namen schreibe, in dem allein ich mich lauthaft *erkenne*, und wenn dir dieser Name zu ›exotisch‹ klingt, dann nenne mich meinetwegen wie du willst, aber *lies*, was ich *auch für dich* geschrieben habe! (...) Wenn du dir unbedingt bei meinem Namen ›etwas denken‹ mußt, dann übe einstweilen Geduld, bis du *Lautwerte* innerlich so *erfassen* kannst, wie der Musiker *Klangwerte* erfaßt, die in Noten dargestellt sind!«[61]

Auch das Lehrwerk muß mit dieser Einstellung gelesen werden, damit es dem Leser jene Fülle hergibt, die in den überaus *musikalisch fließenden* Texten eingefangen ist. Völlig richtig hat *Rudolf Schott* festgestellt: »Musik durchtönt alle seine Schriften, Musik erfüllt und verklärt vor allem seine Bilder derart bis in jede Formkomponente, daß man schier verwundert ist, wenn sie hier nur dem geistigen und nicht auch dem leiblichen Ohr vernehmbar wird.«[62]

Nicht zu seinem geistigen Lehrwerk, wenn auch aufs engste daran anschließend, gehört die Abwehrschrift »*In Eigener Sache. Eine Richtigstellung vieler Fehlmeinungen*« (1935), ferner das kleine Bändchen »*Aus meiner Malerwerkstatt*« (1932), außerdem »*Das Reich der Kunst*« (1921), sowie die kleine Schrift »*Okkulte Rätsel*« (1923), deren Themen »*außerhalb* der mir obliegenden Lehrver-

---

[61] Nachlese, Band I, S. 27.
[62] Rudolf Schott, Der Maler Bô Yin Râ, Bern: Kober Verlag 1997, S. 17. (3. Aufl.)

pflichtungen liegen«, schreibt dazu Bô Yin Râ im »Endgültigen Verzeichnis meines gesamten Lehrwerkes.«[63]

In den Jahren 1937–1939 schrieb Bô Yin Râ noch folgende, an das Lehrwerk anschließende Bücher: »*Kodizill zu meinem geistigen Lehrwerk*« (1937), »*Marginalien*« (1938), »*Über die Gottlosigkeit*« (1939), »*Geistige Relationen*« (1939, 2. Aufl. 1967), und »*Mancherlei*« (1939).

Am 14. Februar 1943 stirbt Bô Yin Râ in Massagno. Unter dem Patronat von Frau Helene Schneiderfranken wird im Jahre 1974 die »Stiftung Bô Yin Râ« errichtet mit Rechtsdomizil in Basel, zum Zwecke der unverfälschten Erhaltung und Förderung des Gesamtwerks von Bô Yin Râ sowie der Erhaltung der Villa Gladiola in Massagno (Via Praccio 24, CH – 6900 Massagno), die seit ihrem Bestehen die Familie Schneiderfranken beherbergt.[64]

Das geistige Lehrwerk von Bô Yin Râ wurde teilweise oder ganz in folgende Sprachen übersetzt: Französisch, Englisch, Holländisch, Dänisch, Schwedisch, Spanisch, Portugiesisch, Polnisch, Rumänisch, Ungarisch, Tschechisch, Bulgarisch, Estnisch, Russisch und Finnisch.[65]

Mit diesem Überblick zum irdischen Lebenslauf und in bezug auf das geistige Lehrwerk, das den »Gegenstand« dieser Arbeit bildet, habe ich den Kontext gekennzeichnet, in dem ich mich bewege. Zur Methode der Arbeit gehört es, Stimmen der Presse, der Zeitge-

---

[63] Siehe in Hortus conclusus, S. 269–279, hier S. 279.

[64] Zum Überblick des Lebenslaufes von Bô Yin Râ habe ich vielfach den Zeittafel von Wolfgang Nastali benutzt bzw. zitiert, in: URSEIN – URLICHT – URWORT. Die Überlieferung der religiösen »Urquelle« nach Joseph Anton Schneiderfranken Bô Yin Râ, Münster: AT Edition 1999, S. 108–113. Außerdem: Otto G. Lienert, Weltwanderung. Bô Yin Râ (Joseph Anton Schneiderfranken 1876–1943). Lehre und Biographie, Bern: Kober Verlag 1994, sowie Rudolf Schott, Bô Yin Râ. Leben und Werk, Bern: Kober Verlag 1979. – Im August 2000 wurde ich in der Villa Gladiola von Frau Devadatti und Ria Schneiderfranken mit herzlicher Gastfreundschaft empfangen und so konnte ich u.a. Originalbilder anschauen. Die zwei Stunden dort bleiben wohl als ein außerordentliches Erlebnis für immer in meiner Erinnerung.

[65] Der Autor dieser Untersuchung hat von 1998 bis einschließlich 2001 vierzehn Bücher von Bô Yin Râ ins Ungarische übersetzt.

nossen, der Freunde und Bekannten zu zitieren, die Joseph Anton Schneiderfranken Bô Yin Râ persönlich erlebt und gekannt haben während seiner irdischen Zeit, oder ihn bzw. sein Lehrwerk nur gelesen und verstanden haben.

In dem folgenden Abschnitt sollen einige in der zeitgenössischen Presse veröffentlichten Meinungen – ohne Anspruch auf Vollständigkeit – aufgezählt und zitiert werden.

4. PRESSESTIMMEN ZUM LEHRWERK VON BÔ YIN RÂ

Über die zu den Schriften des Lebens-Lehrers veröffentlichten Pressestimmen, die in den Jahren 1945 bis 1960 entstanden sind, weiß man heute nur aus den Klappentexten der Bücher der *späteren* Auflagen. Nach einer Mitteilung des Kober Verlages an den Autor dieser Arbeit (am 02. Januar 2001), sind die nun folgenden Zitate im Original – zumindest beim Verlag – nicht mehr vorhanden und manche Zeitungen wie *Der Bund* existieren nicht mehr. Darum werden die hier aufgezählten Zitate aus den Klappentexten übernommen, ohne die genaue Quelle (Erscheinungs-Tag und Jahr der Zeitungen) angeben zu können. Bekannterweise verlegt der Kober Verlag seit 1927 fast ausschließlich nur die Bücher von Bô Yin Râ, die alle in endgültiger, manchesmal von ihm selbst überarbeiteten und genehmigten Form in der *deutschen Ursprache* je nach Bedarf nachgedruckt werden. Aus den Klappentexten der späteren Auflagen sollen nun einige Pressestimmen zitiert werden.

So hat die *National-Zeitung*, Basel, geschrieben:

»Diese Bücher sind wie die verschiedene Seiten eines Kristalls, sie spiegeln immer dasselbe und enthalten immer das ganze Licht, nur in anderer Brechung. Da ist alles in einer solch letzten Schlichtheit und Klarheit dargelegt, da ist eine solch unmittelbar spürbare Sicherheit dahinter, daß man möglichst vielen Menschen diese Führung wünschen möchte. Hier öffnet sich der Weg zu einer zentralen Lebensgewißheit und Selbstbejahung, die weder Todes- noch Lebensangst mehr kennt.«[66]

Die *Neue Zürcher Zeitung* hat folgende Sätze über die Bücher geschrieben:

»In aller Stille und mitten im tätig ausgefüllten Alltag ist hier in den ersten Jahrzehnten unseres [des 20.] Jahrhunderts ein noch viel

---

[66] Klappentext in: Briefe an Einen und Viele, Bern: Kober Verlag 1971.
(2. Aufl.)

zu wenig beachtetes und gewürdigtes Zeugnis lebendigen Geistes entstanden, eine Botschaft, welche das irdische Dasein des Menschen als einen sehr kleinen – wenn auch sehr wichtigen – Abschnitt aus einem weit umfassenderen und unvergänglichen Geschehen begreift.«[67]

Die Zeitung *Der Bund* schrieb:
»Wer dieses große Ja zu allem Leben ernsthaft und mit dem gesamten Einsatz der Person mitbejaht, der wird aus einem Suchenden zu einem Findenden.«[68]

In der Zeitung *Literarisches Echo* stand zu lesen:
»Ein einzigartiges Dokument, dazu bestimmt, das zerrissene Antlitz unserer Zeit neu zu formen.«[69] Und: Dieses Buch zeigt »jedem Menschen und jeder Gruppe den einzig möglichen Weg, auf dem für jedes Zeitproblem die Lösung zu suchen ist. Eine Andeutung der äußeren Gedankenfolge läßt nicht entfernt die Mächtigkeit des Unterbaues ahnen.«[70]

Die *Tägliche Rundschau* schrieb:
»Bô Yin Râ ist ein heimlicher Grieche, ein Formbeherrscher, der unsagbaren geistigen Gehalt in ein vollendetes Gefäß gießt.« Und *Der Quell* schrieb: »Das Buch ist wie eine Offenbarung zu lesen.«[71]

In der *Ostsee-Zeitung* konnte man folgendes lesen:
»Der Zeitpunkt des Erscheinens der Bücher ist kein zufälliger. Die Zeit war reif dafür. In eine Untergangsstimmung treten sie wie leuchtende Sterne.«[72] Und im *Achtuhr-Abendblatt* stand zu lesen: »Bô Yin Râ will den Menschen vom TierMenschen der Materie,

---

67 Ebd.
68 Klappentext in: Wegweiser, Bern 1992. (3. Aufl.)
69 Klappentext in: Kodizill zu meinem geistigen Lehrwerk, Bern 1969. (2. Aufl.)
70 Ebd.
71 Klappentext in: Mehr Licht, Bern 1989. (4. Aufl.)
72 Klappentext in: Das Buch der königlichen Kunst, Bern: Kober Verlag 1983. (2. Aufl.)

des Zufalls, der Blindheit zum GottMenschen der Bewußtheit, der Klarheit, des Schauens leiten.«[73]

In der Zeitung *Die Lese* konnte folgende Charakterisierung über Bô Yin Râ gelesen werden: »Die Gestalt Bô Yin Râ's steht an einer Wende der Zeiten. Auch wenn viele ihn erst finden lernen müssen, viele noch von ihm abseits stehen, so wird sich doch seine Bedeutung und Wahrheit aus dem neuen religiösen Werden unserer Zeit niemals ausschalten lassen.«[74] Und weiter wird die *Literarische Rundschau* zitiert: »Es sind Bücher, die dem Köstlichsten, was wir an metaphysischer Literatur besitzen, zuzuzählen sind. Bücher, wie wir sie gerade jetzt brauchen.«[75] [In Form einer Zwischenbemerkung muß hier eingefügt werden: »Mir ist gewiß bewußt«, schreibt Bô Yin Râ, »daß wissenschaftlich bestimmter Sprachgebrauch mit dem Worte ›*Metaphysik*‹ recht wesentlich Anderes bezeichnet, als was dieses Wort *bei mir* bedeutet, der ich seinen Sinn dahin verstanden wissen will, daß es die erdensinnlich unwahrnehmbaren *Dinge* meint, die *hinter* der Physik des Universums *verborgen* sind. – Wenn ich also von meinem ›metaphysischen‹ Lehrwerk spreche, so will das gewiß nicht besagen, daß seine Aufschlüsse einen Platz im Bereich der besonderen Betätigung des *Denkens* beanspruchten, die man als ›Metaphysik‹ von rein philosophischem Denken zu scheiden sucht. Mir ist das Wort ›Metaphysik‹ im *etymologischen* Verstande zu einem *Notbehelf* geworden.«[76]]

Die Zeitung *Die schöne Literatur* schrieb: »Eindringlich spricht das wesenhafte Licht selbst zu uns und unseren Finsternissen.«[77]

Im November 1976 fand zum 100. Geburtstag von Bô Yin Râ eine Gedenkausstellung seiner Gemälde und seines Lehrwerks im Schloßmuseum in Aschaffenburg statt. Über dieses Ereignis berichtete damals die Lokalpresse. Auch eine Kurzbiographie sowie »journalistische Würdigungen« des Lehrwerks konnten gelesen

---

[73] Ebd.
[74] Klappentext in: Das Geheimnis, Bern: Kober Verlag 1982. (4. Aufl.)
[75] Ebd.
[76] Bô Yin Râ, Geistige Relationen, Bern: Kober Verlag 1967, S. 71 f. (2. Aufl.)
[77] Ebenda wie 74.

werden. Die verschiedenen Zeitungsartikeln haben *verschiedene* Qualität. Der eine Artikel hat Joseph Anton Schneiderfranken zum »Freimaurer«, der andere zum »Philosophen« deklariert. Wenn, dann trifft letzterer zu, aber auch nicht ganz. Zum ersten Begriff bzw. zur Titulierung kam ein Leserbrief an die Zeitung *Main-Echo* (30. November 1976), in dem zu lesen war:

»Anläßlich der im Schloß Johannisburg [im Schloßmuseum Aschaffenburg] gezeigten Ausstellung zum 100. Geburtstag des Malers und Schriftstellers Bô Yin Râ ist unter dem Titel ›Künstler Schneiderfranken zum Freimaurer deklariert‹ ein Bericht in Ihrer Zeitung erschienen, zu dem eine Richtigstellung angebracht erscheint. Bô Yin Râ hat niemals einer Freimaurerloge oder irgendeiner religiösen Bewegung angehört noch eine solche gegründet.« – So ist es. Eine schlechte journalistische Nachforschung ergibt ein schlechtes Ergebnis. Das hat die Korrektur auf den Plan gerufen. Die Richtigstellung von Kai Kuhlmann und Ronald Steckel wird dann mit einem Zitat von Bô Yin Râ fortgesetzt. Damit soll dieser Teil abgerundet werden. In *Über meine Schriften* heißt es:

»Mit allem Nachdruck muß ich mich hier denn auch dagegen verwahren, etwa eine neue ›geistige Bewegung‹ oder eine neue Religionsform ins Leben rufen zu wollen.

Die Menschheit dieser Tage hat wahrlich eine reiche Auswahl an Religionsgemeinschaften zur Verfügung, und jedes Gemüt kann die Formen wählen, in denen seinem Verehrungsbedürfnis, dem Göttlichen gegenüber, Genüge geschieht. Wir brauchen gewiß keine ›neue Religion‹ und noch weniger neue Sektenbildungen!

Was hingegen bitter nottut, ist ein Erwecken der lebendigen geistigen Kräfte, die der Erdenmensch auch heute noch in sich selber finden kann, genau wie sie jene Früheren in sich fanden, die als erste Gläubige sich um die heute jahrtausendealten religiösen Symbole scharten. (...)

Gewiß sind die Mitteilungen meiner Bücher in erster Linie für Menschen bestimmt, die vergeblich versuchten in den überkommenen religiösen Formen zur wahren Gottverbundenheit zu gelangen, und die dennoch das Bedürfnis in sich fühlen, ihr Dasein im Einklang mit dem geahnten, ewigen Lebensgrunde zu empfinden.

Darüber hinaus aber wollen die gleichen Mitteilungen aus den Erfahrungsbereichen ewiger Wirklichkeit auch jene Menschen erreichen, die zwar in den altehrwürdigen Formen religiöser Überlieferung verharren, aber aus einer Gewissensnot in die andere geraten, weil konventionelle Wortgebundenheit sie hindert, die ewigen Kräfte der Seele in sich zu lösen, die ursprünglich durch das Aufnehmen der Glaubenssymbole erweckt und gelöst werden sollten. Was ich an Mitteilungen über geistiges Erfahren gebe, soll nicht etwa die alten religiösen Fassungsformen urständiger Wahrheit ›überflüssig‹ machen, sondern ihren kostbaren *Inhalt* für das Bewußtsein wieder erkennbar werden lassen.«[78]

Nach diesen Pressestimmen und der Stimme von Bô Yin Râ sollen nun kundige Leser, Freunde und mit dem Lehrwerk Vertraute zur Sprache kommen. Es liegt in der Logik und Natur der Sache, daß diejenigen Gewicht haben, – und deshalb zitiert werden, – die das Lehrwerk wirklich gelesen, fühlend verstanden und es aufgenommen haben. Damit wird sichtbar, daß es Rezipienten für diese besondere Form der Wirklichkeitsaufhellung gibt.

---

[78] In: Nachlese I, Bern: Kober Verlag 1990, S. 13 f. (2. Aufl.)

5. ZEUGEN UND KENNER DES LEHRWERKS

5.1. Carl Albrecht Bernoulli (1868–1937)

Der erste und wohl einzige (evangelische) Theologe, der über Bô Yin Râ geschrieben hat, war der Basler Universitätsprofessor Carl Albrecht *Bernoulli*.[79] Die Anschauung menschlicher und göttlicher Dinge, heißt es, fordert »Hochachtung vor diesem Bô Yin Râ«, der mit seinen Büchern als »ein reifer Mensch, in seinem Beruf als Künstler erfolgreich und geachtet, im erfüllten Mannesalter« der Welt entgegentritt. Seine Schriften verdienen »in durchaus schlich-

---

[79] Carl Albrecht **Bernoulli** (1868–1937) war protestantischer Theologieprofessor, Dichter und Publizist. Er hat in einer Reihe von Schriften auf Bô Yin Râ und Jesus aufmerksam gemacht: Bachofen als Religionsforscher, Basel 1924; Carl Albert Bernoulli über Bô Yin Râ, in: National-Zeitung, Basel 1924 (in der literarischen Beilage). Außerdem Rezension von Bô Yin Râ: Das Gespenst der Freiheit, 1930, in: Blätter für Deutsche Philosophie 4, 1930, S. 413 f. In seinem bemerkenswerten Buch »Jesus, wie sie ihn sahen« (Basel 1928) hat sich Bernoulli bemüht, ausgehend von den *Synoptikern* (Markus, Matthäus und Lukas), eine persönliche Jesusgestalt darzustellen. Dieses Buch hat sogar die Aufmerksamkeit von **Bô Yin Râ** gewonnen, der in einer lobenden Besprechung (Rezension) geschrieben hat: Bernoullis Buch könne als »Brücke« zwischen dem Schriftwort der Synoptiker und der Aufklärung in seiner [Bô Yin Râs] eigenen Schrift *Die Weisheit des Johannes* (zuerst 1924) betrachtet werden (vgl. Bô Yin Râ, Nachlese, Bd. I, Bern: Kober Verlag 1990, S. 79–85. Da heißt es: »Carl Albrecht Bernoulli ist nicht nur *Historiker* und *souveräner Wortgestalter*, sondern auch sicherer Psychologe, der in allen Sondergebieten dieser Spezialwissenschaft die benötigten Schächte und Stollen genauestens kennt. (...) Es ist allen notwendig, dieses überaus bedeutsame Buch zu lesen, denen bisher noch die Brücke fehlen mag zwischen dem in der Kindheit schon vernommenen ›Wort der Schrift‹ und den Mitteilungen über Jesu Leben, Wirken und Tod, die ich in meiner Aufhellung des vierten Evangeliums (›*Die Weisheit des Johannes*‹) seinerzeit gegeben habe.« (AaO, S. 84.) – Den Hinweis auf diesen wichtigen Zusammenhang verdanke ich dem – nochmal sei betont – ausgezeichneten Buch von Wolfgang Nastali, URSEIN – URLICHT – URWORT. Die Überlieferung der religiösen »Urquelle« nach Joseph Anton Schneiderfranken Bô Yin Râ, Münster: AT Edition, 1999, S. 83, Anmerkung 95. (2. Aufl.)

ter und sympathischer Weise« die Bezeichnung: »Offenbarungsbücher«. Der Verfasser dieser Bücher ist »im europäischen Süden zuhause, er ist seine wie so vieler anderer Maler Heimat. Wo er weilt, umgibt ihn ein Ursprüngliches. Es ist an ihm organisch da. Die Bücher sind gut geschrieben. Ihr Deutsch ist ordentlich, es herrscht im sprachlichen Ausdruck ein bestimmter, sicherer Geschmack, der aber nicht die geringsten Absichten verfolgt. Es geht vollkommen unliterarisch zu. Wer sich in einzelnen getragenen, volltönenden Spruchfolgen an den Zarathustra erinnert fühlt, täuscht sich. Es ist ja für eine Sagekunst dieser Art als gemeinsamstes Vorbild noch immer die Bibel da.«[80] Mit Bezug auf das Buch »*Psalmen*« (in der ersten Auflage 1924 im Verlag der Weißen Brüder [Kurt Wolff], München erschienen), heißt es: Es ist ein Buch, in dem »evangelische Wesenszüge« anklingen, in dem einfach Stufen erstiegen werden. »Die erstiegene Höhe ist die uralte brahmanische Landschaft Indiens. Aber es wird nichts davon vorgefilmt, (...) nirgendwo flattert der grauseidene Führertalar des Tagore. Wäre dieses Einfache gekünstelt – die erzeugte Schlichtheit ließe sich nicht raffinierter ausdenken. Aber da es sich von selbst so gab und auch alles bloß Kulturhafte, etwa die altklugen Ermahnungen des edlen und älteren Orients an das zerfallene Europa, sich nirgendwo geltend macht, so ist dieser leise Augenaufschlag in das feierliche Ätherblau der Ewigkeit schon dazu angetan, auch die Draußenstehenden heimlich zu erschüttern.

Vieles an der vorgetragenen Lehre könnte auch in alltäglichen Erbauungsbüchern stehen oder klingt an landesübliche Sittenregeln an. Und doch ist jeder einzelne Spruch an einem unsichtbaren Goldfaden aufgereiht, der ihn mit allen anderen verbindet. Und wieder stehen wir außerhalb von allem, was uns umgibt, und begreifen es wohl, daß wir es hier mit etwas zu tun haben, das nur die besonders Eingeweihten näher angehen darf. Warum zögern wir? Es wird kein Fußfall gefordert – es genügt, vom sanften magischen

---

[80] Carl Albrecht Bernoulli über Bô Yin Râ. Separatdruck eines Aufsatzes, der ursprünglich in der literarischen Beilage der *National-Zeitung*, Basel erschienen ist. Aus diesem beim Kober Verlag publizierten Separatdruck zitiere ich.

Strom sich hinziehen zu lassen. Also warum? Wer vermag zu antworten.«[81]

Bernoulli erwähnt noch, in den Schriften des Lehrwerks seien auch »scheinbar ungeordnete, unklar disponierte« Weisen der Mitteilungen zu finden. Es kommt zu Wiederholungen oder ein Thema wird später variiert, ohne daß dazu deutliche Rückverweise vorliegen: »Das wäre bei einer wissenschaftlichen Darlegung ein Mangel; nach den Beispielen der Religionsgeschichte ist das aber die typische Überlieferungsweise von (echten oder angeblichen) Offenbarungen. Ihr Empfänger kann nicht verfügen wie ein literarischer Autor.«[82]

Damit ist etwas Wesentliches gesagt. Bô Yin Râ ist *nicht* ein herkömmlicher Autor oder Schriftsteller, der beliebig über sein Material verfügen kann.

5.2. Felix Weingartner (1863–1942)

Felix *Weingartner* (1863–1942), ein österreichischer Musiker und Dirigent, hat schon 1922 »Eine umfassende Darstellung der Lehre« von Bô Yin Râ veröffentlicht.[83] Es geht ihm dabei um die Lehre »aus dem Siebengestirn der Bücher« beginnend mit dem »*Buch vom lebendigen Gott*« bis zum »*Buch der Liebe*«.

Auf die Frage, wer Bô Yin Râ ist, antwortet Weingartner in schlichten Worten: »Ein Mensch wie wir alle, ein Familienvater, seinem Berufe ergeben. Nichts Äußerliches an ihm zeigt an, was er in Wahrheit ist. Wer sich ihn etwa in einem mit magischen Zeichen verbrämten Mantel vorstellt, irrt gewaltig. Wer geistig zu ihm findet, ist mit ihm verbunden, auch ohne ihn persönlich zu kennen.«[84] *Geistig* zu Bô Yin Râ zu führen, zum richtigen Lesen seiner Bücher anzuregen und vielleicht ihr Verständnis durch eine gedrängte Darstellung seiner Lehre zu erleichtern, sei der Zweck dieser Schrift –

---

[81] Ebd., S. 7 f.
[82] Ebd., S. 8 f.
[83] **Bô Yin Râ** von Felix Weingartner. Eine umfassende Darstellung der Lehre, Leipzig: Richard Hummel Verlag 1932, 2. durchgesehene Ausgabe.
[84] Ebd., S. 8 f.

schreibt Weingartner im Vorwort zur ersten Auflage seines Buches (im Juni 1922).

Mit sicherem Gespür beginnt Weingartner die Darlegung des Zugangs zu Bô Yin Râ mit der Trilogie: »*Das Buch vom lebendigen Gott*«; »*Das Buch vom Menschen*« und »*Das Buch vom Jenseits*«.

In diesen Büchern sei das *Wichtigste* enthalten, »sie stellen gewissermaßen den ersten Satz der Symphonie vor, deren erhabene Töne hier angestimmt werden.«[85]

Für meine Begriffe ist es nicht bloß »Poesie«, wenn ein bedeutender Musiker das Lehrwerk mit einer *Symphonie* vergleicht. In einer inspirierten Symphonie von *Beethoven*, um hier nur ein Beispiel zu nennen, gibt es keine Willkür. In ihr ist jede Note, jede Harmonie am richtigen Platz. In ihr klingt alles zusammen. Nichts kann da beliebig geändert werden, ohne die Wahrheit des musikalischen Geschehens zu verfälschen. Es war *Theodor Wiesengrund Adorno* (1903–1969), der geäußert hat: Beim Hören großer Musik [Beethoven war sein Leitstern] glaube er zu wissen, »daß das, was diese Musik sagt, nicht die Unwahrheit sein kann.«[86] Denn die Beethovensche Musik sei die *Stätte des Humanums*, und: »Humanität heißt bei ihm: du sollst dich so verhalten wie diese Musik sich verhält.«[87] Nun, etwas sehr Ähnliches will auch Felix Weingartner zum Ausdruck bringen.

Die Wahrheiten dieser Bücher von Bô Yin Râ »durchdringen sich, halten sich gegenseitig im Gleichgewicht und die eine lebt durch die andere, sowie im menschlichen Organismus Herz und Hirn nicht leben können ohne den Magen, und umgekehrt.«[88]

Das »Lesen« dieser Bücher, so Weingartner, sei kein gewöhnliches Lesen, denn diese Bücher bieten gewiß keine Unterhaltung, auch kein verzwicktes philosophisches System »und ganz sicherlich auch keine Handhabe zur Erlangung okkulter Kräfte. Was sie

---

[85] Ebd., S. 13.

[86] Theodor W. Adorno – E. Kogon, Offenbarung oder autonome Vernunft, in: Frankfurter Hefte 13 (1958), S. 498.

[87] Theodor W. Adorno, Beethoven. Philosophie der Musik. Fragmente und Texte hrsg. v. Rolf Tiedemann, Frankfurt/Main: Suhrkamp, S. 28. (2. Aufl.)

[88] **Bô Yin Râ** von Felix Weingartner. Eine umfassende Darstellung der Lehre, Leipzig: Richard Hummel Verlag 1932, S. 13.

bieten, liegt auf einem viel ferneren und doch gleichzeitig ganz nahen Gebiete. – Es liegt *in uns selbst*.[89]«

Das richtige Lesen fordere eine Einstellung des *Gemütes*, denn es handelt sich nicht um das (verstandesmäßige) Wissen des Inhalts dieser Bücher, sondern es geht um das *Aufgehen* dieses Inhalts in das eigene innerste Wesen, es geht um Verschmelzung mit dem Inhalt. Immer noch aktuell sind die Ausführungen, denen zufolge Bô Yin Râ *keine* neue Religion im Sinne einer Konfession gibt. Er will auch nicht mit allgemeiner Versöhnung und Ausgleich der Widersprüche verschiedene Konfessionen zu einer gemeinsamen Religion verschmelzen, das heißt: er will *keinen Synkretismus*. Weingartner trifft den Kernpunkt, wenn er schreibt:

»Was Bô Yin Râ gibt, ist neu und doch uralt, weil es besteht, seit es Menschen gibt – und zwar nicht nur Menschen in unserem Sinne. Aber ein heiliges Geheimnis umhüllt dieses uralt erhabene Wissen, und nur zuweilen, in langen Zwischenräumen, wird einem Auserwählten gestattet, aus Gründen, die uns höchstens ahnungsweise zugänglich sind, einiges davon mitzuteilen. *Ein solcher Auserwählter ist Bô Yin Râ.*«[90]

Für mich ist es eine Kostbarkeit, daß Felix Weingartner am Ende seines Buches über das Verhältnis der Kunst zur Religion Reflexionen anstellt, indem er mit Bezug auf des Meisters Buch über das Reich der Kunst, das ja *nicht* zum Lehrwerk gehört, folgende geniale Gedanken niederschreibt:

»In der Galerie von Bologna steht die ›*Heilige Cäcilie*‹ dieses, ›wie eine Erscheinung aus der Überwelt wirkenden Künstlergenius‹. Die Handorgel, auf der sie soeben präludiert hat, entsinkt ihren Händen, und einzelne Pfeifen sind im Begriffe, dem Instrumente zu entgleiten. Sie selbst aber blickt lauschend in den rätselhaft blauen Himmel hinauf, wo Engelsköpfchen ihren Sphärengesang begonnen haben. Was sollen ihr, die bereits Klänge aus ihrer Urheimat vernimmt, noch die Handgriffe und Tonerzeuger des technischen Instruments? Wer die unsagbare Herrlichkeit diese Bildes in sich zu erleben vermag, wird fühlen, daß *Raffael* aus einem

---

[89] Ebd.
[90] Ebd., S. 14 f.

Reiche stammt, wo Hören und Sehen auf das innigste verbunden sind, wo alles trennende Denken aufhört und die Welt der strahlenden Wirklichkeit nicht mehr durch irdische Träume getrübt wird. Er wird auch dieses Kapitel im Buche Bô Yin Râs,[91] mit Ausnahme der historischen Andeutungen, mit ähnlichen Empfindungen lesen, als ob es etwa über *Mozart* geschrieben wäre.«[92]

Es nützt nichts, wenn man diese Sätze und das darauffolgende Zitat aus dem Buche von Bô Yin Râ nur liest, wenn man nicht die Atmosphäre des *Raffael-Bildes* oder der *Mozartschen Musik* erlebend in sich selbst im wachen Bewußtsein voll präsent hat. Es nützt aber sehr viel, wenn eine religionsphilosophische Lektüre an solchen Stellen unterbrochen wird, um der erlebenden – sehenden und/oder hörenden – Wahrnehumng des Bildes oder der Musik oder des Textes in sich selbst Raum zu geben. Denn dort, wo die »Argumentation«, die diskursiv vollzogene »Darstellung« zu Ende ist, – dort erst eröffnet sich ein neuer Weg der Wahrheits- und Wirklichkeitsaufhellung durch die große Kunst: im Medium eines *Raffael-Bildes* oder eben im Medium des *tönenden Geheimnisses*, wie es bei Mozart (aber nicht nur bei ihm) der Fall ist.

Und Felix Weingartner schließt mit den Sätzen: »Der ›Zeitgeschmack‹ hat ein reines und hingebungsvolles Genießen so hoher Werke fast unmöglich gcmacht, denn der Mensch der heutigen Zeit *haßt* beinahe das Vollkommene, ›weil es ihm unwahr erscheint gegenüber der eigenen, *bruchstückhaft* empfundenen Natur‹ (Bô Yin Râ). Wird aber einmal Vollkommenheit zum *Lebensideal* erhoben, dann wird gerade die Kunst *Raffaels* sowie die *Mozarts* als ›hoher Meilenstein erscheinen, der, wie die Kunst der *Antike*, den Weg in die Unendlichkeit bezeichnet‹ (Bô Yin Râ). – Das kleine Buch vom Reiche der Kunst ist (...) eine wundervolle Ergänzung zu den übrigen Schriften Bô Yin Râs.«[93]

---

[91] Gemeint ist: **Die Kunst Raffaels**, in: Das Reich der Kunst, Bern: Kober Verlag 1989, S. 223–231. (3. Aufl.)

[92] **Bô Yin Râ** von Felix Weingartner. Eine umfassende Darstellung der Lehre, Leipzig: Richard Hummel Verlag 1932, S. 141 f.

[93] Ebd.

5.3. Großherzogin Elisabeth von Oldenburg (1879 – 1955)

Diese bemerkenswerte Aristokratin und Schülerin von Bô Yin Râ, hat 1924 ein Büchlein veröffentlicht, in dem sie ihren persönlichen Zugang zum Lehrwerk und wesentliche Lehren des Meisters dargelegt hat.[94] Schon im Titel deutet sie an, daß sie im Lehrwerk des Meisters »die Lehre der WIRKLICKEIT« erkannt hat. Nach Jahren seelischer Leere, nach Wanderungen auf Wegen und Irrwegen, die ihr zu leuchten schienen, »beim Nähertreten aber nur grell blendeten« führte sie der Weg »an einen feuererfüllten Abgrund, den ich auf einem Seile überqueren sollte. Da – streckte sich eine Hand aus, und fasste die meine sanft, aber fest, mich von dem schon mit einem Fuss betretenen Seil zurückhaltend, und auf einen kleinen geraden Weg führend; sie öffnete eine unscheinbare Pforte und schloss sie hinter uns ab. Ich stand in einfachem Garten, mit einfachen Blumen, lachend blau und sonnenhell leuchtete der Himmel darüber. Es wehte mich eine kraftvolle Luft voll reiner Frische an, die mir die Lungen frei blies von dem künstlichen Duft der vorher durchwanderten Gefilde. Je tiefer ich in den Garten geführt wurde, desto mehr staunte ich über seine Größe, desto beglückter empfand ich seine Schönheit, desto seliger wurde mir um's Herz.

Und der, der mich hierher geführt, sagte mit stillen, gütigen Augen (...): *Hier* sei ich in der *Wirklichkeit*, und keine einzige trügerische Giftpflanze sei in diesem Garten zu finden. Wenn ich in ihm verweilen wolle, würde ich *selbst* erproben können, ob er mir die Wahrheit gesagt. Nichts habe für die Seele Wert, das Andere glauben machen wollen, sondern nur das, was man in sich selbst als Wahr*eit erprobt* habe. (...) So begann ich mich in dem Garten selbständig umzusehen. (...) Wohler und immer wohler ward mir, und ein Neues gewann die Oberhand – ein Neues – das doch ein Altes war!

---

[94] Einblick in die uns durch **BÔ YIN RÂ** übermittelte Lehre der WIRKLICH-KEIT von E. v. O., Basel 1924, 64 Seiten. Biographische Angaben über die Großherzogin sind mir nicht bekannt. Ich weiß nur, daß sie im Dezember 1921 Bô Yin Râ begegnet ist und ihn dann 1928 bis 1930 in der Schweiz öfters besucht hat.

Es sind nun drei Jahre vergangen, daß ich in diesem Garten lebe. Oft stehe ich stundenlang vor einzelnen Blumen. (...) Was ich ›ahnte‹, ward hier zum ›Schauen‹, was ich ›vermutend‹ empfand, ward hier bestätigende Wirklichkeit.«[95]

Daß Elisabeth von Oldenburg ihre Erfahrungen (1921–1924) mit Bezug auf das Lehrwerk mit dem *Garten* vergleicht, scheint mir eine tiefe *Intuition* zu sein. Sie konnte damals nicht wissen, daß der Meister selbst 12 Jahre später von einem besonderen Garten sprechen wird. Erst 1936 nämlich nannte Bô Yin Râ das, was er in den Büchern der Welt hinterließ – »*Hortus conclusus*«, verschlossener Garten, schreibend: »Jede Belehrung, die von mir meinen Mitmenschen gegeben wurde, ist umschlossen von der Mauer dieses ›Hortus conclusus‹, so daß ich mit Fug und Recht mein *gesamtes* Lehrwerk unter diesem, mich selbst mit ihm zusammenfassenden Namen hinterlassen kann, der mir aus guten Gründen angemessen erscheint, um das hier vorliegende *Abschlußwerk* symbolisch zu bezeichnen. (...) Nur einer, der selbst des Ewigen bewußt, in dem aller irdischen Zudringlichkeit unerbittlich verschlossenen Garten aus eigener Geistnatur *heimisch* ist, vermag die geheimnisvolle Pforte *von innen her* zu öffnen, die jedoch, auch wenn sie so geöffnet wurde, *keinen* einläßt, der nicht *alle Belastung mit den Ergebnissen gedanklicher Spekulation*, und alle Verkleidung in die er sich bisher gehüllt hatte, *von sich wirft*, um nackt und bloß, wie er aus seiner Mutter Leibe hervorging, einzutreten. Meine ganze Lebensarbeit ist ein von innen her erfolgendes, immer wieder erneutes Öffnen der Pforte, von der aus ich dann auf mannigfachen Wegen, alle, die nichts anderes mit sich nehmen wollen, als was an ihnen *ewigem* Leben zugehört, zu den von mir auferbauten Lehrtempeln und von mir gesetzten, mit Worten ewig gültiger Lehre beschrifteten Bildsäulen führe.«[96]

Nun kommen wir zurück zu Elisabeth von Oldenburg. Sie berichtet in nüchternen Worten, daß sie durch des Meisters Bücher die Bibel nun mit geöffneten Sinnen lesen könne, um voll Staunen

---

[95] Ebd., S. 5–7.
[96] Bô Yin Râ, Hortus conclusus, Bern: Kober Verlag 1979, S. 12 und 11. (2. Aufl.)

zu erkennen, »daß uns die Weisheit von Kind auf hätte bekannt sein *können*, wäre sie uns nicht in dichten Hüllen menschlicher Hypothesen ferngehalten worden.«[97] Denn, was wir aus der Bibel auswendig können und kennen, ist eben nur »*aus*wendig«! Es kommt aber darauf an, biblische Worte, die den *Geist* tragen, »*in*wendig« zu erkennen.[98]

Elisabeth von Oldenburg zitiert einen privaten Brief von Bô Yin Râ, in dem er geschrieben hat:

»Ich bin weder allwissend, noch soll ich als ein Phänomen des Hellsehens bestaunt werden, sondern ich soll nur meinen Mitmenschen eine Lehre geben, die man als die Urreligion der Menschheit bezeichnen darf, und die jeden, der sein *Leben* darauf einstellt, mit absoluter Gewißheit zum ewigen Lichte führt.«[99] Nur ein Meister kann solche Worte sprechen – oder ein Größenwahnsinniger. Gegenüber diesem Phänomen ist man tatsächlich als Einzelner herausgefordert, eine persönliche Stellungnahme zu vollziehen. Wie Elisabeth von Oldenburg schreibt: Der Leser *selbst* sollte *erproben*, ob in diesen Büchern Wahrheiten der Urreligion ausgesprochen werden oder nicht, und wer nichts von dem Inhalt wissen will, soll die Bücher weglegen bis seine Stunde kommt, wo sie ihm etwas zu sagen haben. Und dann heißt es: »Gegenwärtig ist Bô Yin Râ in Europa und Amerika der einzigste ›Meister‹, die anderen alle sind in Asien. Er betont immer wieder, daß sie dieser Art in Erdengestalt nur sehr wenige sind.«[100]

Für eine abendländisch geprägte Religionsphilosophie kann nicht gleichgültig sein, daß das Phänomen der geistig-spirituellen Meisterschaft im 20. Jahrhundert und im deutschen Sprachraum zur *Inkarnation* wurde. Da Philosophie mit der ganzen Wirklichkeit zu tun hat, und demnach für die durch Offenbarung erfolgte »Mitteilungen« *offen* ist, darf sie nicht so tun, als hätte Bô Yin Râ nicht gelebt und hätte das Lehrwerk nicht hinterlassen. All die Zeugen, die bisher und weiterhin genannt und zitiert werden, dienen dem

---

[97] Einblick in die uns durch **BÔ YIN RÂ** übermittelte Lehre der WIRKLICHKEIT von E. v. O., Basel 1924, S. 9.

[98] Vgl., ebd., S. 7.

[99] Ebd., S. 10.

[100] Ebd., S. 40.

Ziel, die Aufmerksamkeit der sich »christlich« nennenden Kreise für etwas Neues und doch Uraltes, Kristall-Helles und Erfrischendes zu erwecken. Danach ist der Einzelne gefragt, sich zu entscheiden.

5.4. Alfred Kober-Staehelin (1885–1963)

Erstmals 1930 veröffentlichte Dr. Alfred Kober-Staehelin eine kleine Flugschrift, in der er seine Stellung zu Bô Yin Râ erörtert.[101] Praktische Notwendigkeit war der Anlaß für die Publikation der kleinen Schrift. Wie Kober Staehelin bemerkt: Eine große Zahl von Lesern und Leserinnen hätten ihn, als den Verleger der Bô Yin Râ-Bücher (seit 1927) immer wieder gefragt, wer eigentlich hinter diesen merkwürdigen Büchern stehe. Dazu kommt, heißt es weiter, »daß es mir an der Zeit schien, der immer üppigeren Legendenbildung entgegenzuwirken, mit der menschliche Phantastik das äußere Leben des Mannes zu umspinnen begonnen hat, von der irrtümlichen Voraussetzung befangen, daß das wesenhafte Geheimnis echter geistiger Berufenheit sich mit unauffälliger bürgerlicher Lebensführung und Erwerbsarbeit nicht vertrage, während doch alle Erfahrung lehrt, daß das zweifellos Echte immer nur auf natürlichstem Boden wächst. Die letzte Rechtfertigung meines vom Herkommen abweichenden verlegerischen Hervortretens ist mir dabei die einmalige, jede Ausnahme begründende *Außergewöhnlichkeit* des Mannes selbst und seines Werkes.«[102]

---

[101] Alfred Kober-Staehelin, Meine Stellung zu Bô Yin Râ, Nachdruck/Flugschrift beim Kober Verlag. Kober-Staehelin genoß als regelmäßiger Mitarbeiter der *Basler Nationalzeitung*, deren außenpolitische Leitartikel er lange Zeit schrieb, einen internationalen Ruf. In seiner *Weitsicht* hat er den Druck und die Herausgabe des Lehrwerks von Bô Yin Râ in der Schweiz ermöglicht, indem er die Bücher seit 1927 in die Produktion seines Verlages aufgenommen hat. Hier ist anzumerken: Während des Dritten Reiches waren die Werke von Bô Yin Râ in Deutschland verboten. – Siehe auch: Alfred Kober-Staehelin, Weshalb Bô Yin Râ?, Bern: Kober Verlag 1930. Viele schreiben ihm, dem Verleger, daß diese interessanten Bücher von Bô Yin Râ gekennzeichnet sind durch einen »noch nie gehörten Klang von unbeirrbarer Sicherheit.« (S. 3).

[102] Ebd., S. 3 f.

Der Legendenbildung tritt Kober-Staehelin entgegen, indem er klarstellt: Bô Yin Râ heißt mit seinem bürgerlichen Namen Joseph Anton Schneiderfranken, sei in jener fränkischen Landschaft um den Main aufgewachsen, »der wir schon so viele bedeutende Künstlerpersönlichkeiten verdanken, einen Meister Matthias Nithart (Grünewald), einen Dürer, Riemenschneider, Jean Paul, Rückert (...). Er ist also weder ein Chinese, noch indischer Fakir, pensionierter Pfarrer, buddhistischer Mönch, geflüchteter Sektenprediger, freimaurerischer Großwürdenträger oder wie alle die abenteuerlichen Gerüchte lauten mögen (...). Die drei Silben des Namens Bô Yin Râ sind zwar alten Sprachen des Orients entnommen, sollen aber weder eine orientalische Herkunft vortäuschen, noch etwa den Inhalt der Bücher mit irgendwelchen religiösen Gedankensystemen des Ostens verknüpfen.«[103]

Am ehesten läßt sich dieser Name mit einem sogenannten *Initiationsnamen* vergleichen. Seit ältesten Zeiten werden solche Namensbezeichnungen verliehen in menschlichen Verbänden, die hohe ethische oder künstlerische Ziele anstreben, etwa Klosterorden, Künstlerverbänden usw. Die individuelle Eigenart eines Neuaufgenommenen oder seine besondere Bedeutung innerhalb der Vereinigung wird dadurch deutlich gemacht, wobei im Falle des Lebens-Lehrers »auf die gefühlsmäßige *Klang*bedeutung ankommt.«[104]

Es kommt darauf an, schreibt Kober-Staehelin, den Inhalt der Bücher auf sich wirken zu lassen, um darin lebensbejahende Werte und aufschlußreiche Antworten entdecken zu können. Er habe, wie jeder Käufer, diese Bücher in einem Buchladen kennengelernt. Mit einer gewissen Skepsis habe er in den Büchern geblättert, in der Überzeugung, daß Wahrheit über die geistigen Tatsachen mindestens während dieses Erdenlebens dem Menschen nicht erlangbar sei. Als Kaufmann und Jurist, von Natur vorsichtig, sei er grundsätzlich an nüchterne *Prüfung aller Tatbestände und Behauptungen* gewöhnt. Mehrjährige Erfahrung als Richter habe ihm schon zweifelhaft gemacht, daß objektive Erfaßbarkeit *rein erdensinnlicher* Wahrheit möglich sei. Wie sollte das denn erst möglich sein, wenn

---

[103] Ebd., S. 4 f.
[104] Ebd., S. 5.

es sich um geistige Wahr-heiten und Wirklichkeiten handelt? Doch Kober-Staehelin gab sich neugierig der Lektüre hin. Zu seinem Erstaunen habe er gesehen, heißt es, »daß alles, was ich an kritischen Vorbehalten, an Einsicht in Täuschungsmöglichkeiten, an Wissen um suggestive Beeinflussungsarten und Abwehrwillen gegen solche zu besitzen glaubte, weit überboten und vorweggenommen war von der kristallhellen Nüchternheit dieses Mannes, dessen Geist schon längst alles durchmessen hatte, um was sich unsere psychologische Forschung in Rede und Gegenrede müht. Und von jenseits dieses ganzen Bereichs des Fragbaren und Bestreitbaren sprach aus den Büchern eine Gewißheit von der ewigen Begründetheit des Menschen, eine Gewißheit von so ungeheuerer, schon in der Sprache erfühlbarer Kraft, wie ich sie sonst nirgends gefunden hatte.«[105]

Die Bekundungen Bô Yin Râs vermitteln die Gewißheit einer *praktischen Erfahrung* und dürfen deshalb niemals eine Angelegenheit des Denkens bleiben. Die Bücher des Lehrwerks wollen den Leser »*in das Geschehen* selbst hineinführen und ihn fähig machen, daran bewußt teilzunehmen. Man kann deshalb nicht von einer philosophischen oder religiösen Lehre Bô Yin Râs sprechen. Seine Bekundungen sind trotz der imponierenden Geschlossenheit, in der sie aus seinem einheitlichen Wirklichkeitserleben herauswachsen, keine Weltanschauungslehre, sondern eine das Wohlbefinden des Lesers direkt angehende Angelegenheit praktischen *Handelns*. (...) ›*Alles Übel ist Furcht*‹. Dieses Wort Bô Yin Râs war für mich nicht nur die Bestätigung, daß ich es mit ernsthafter Wahrheitserkenntnis zu tun habe, sondern auch stärkste Anregung zu einer vertieften Auffassung der Lebenserscheinungen. Die Wahrheit dieses lapidaren Satzes hat sich mir dabei auf Schritt und Tritt bestätigt.«[106]

Kober-Staehelin wurde von den praktischen Wahrheiten des Lehrwerks zutiefst angesprochen. Er empfand im Lehrwerk und dessen Verfasser *heitere Lebensfreude, Humor* und ein »religiöses

---

[105] Ebd., S. 7 f.

[106] Ebd., S. 9 f. Hier läßt sich **Gabriel Marcel** (1889–1973) in Erinnerung rufen: Der Mensch ist kein »Problem«, sondern immer schon in die geschehende Wirklichkeit des Geheimnisses hineingetaucht. Philosophie konkret, eine die »den Biß des Wirklichen« (*la morsûre du réel*) in sich trägt.

Fühlen«, das sich in der *Heiterkeit des Herzens* bestätigte. Die Lehre, daß der *Glaube* weder ein »lahmes Wahrheitssuchen« noch ein »Für-wahr-Halten«, sondern eine praktische *Seelenkraft* ist, bedeutete für Kober-Staehelin eine ganze neue Dimension. Auch im Christentum gab es schon genügend sogenannte »Glaubensgewißheiten«, die doch immer bloße Annahmen bleiben, »mögen auch ihre Träger dafür zu sterben bereit sein. (...) Den Wert und die Kraft eines Glaubens hauptsächlich daran bemessen zu wollen, ob man dafür *zu sterben vermag*, kommt mir als eine sonderbare Einseitigkeit vor. Viel wichtiger scheint mir, ob man damit in wirklicher Freude und zu wahrhaftem Nutzen für seine Mitmenschen *leben* kann.«[107]

Dem Protestanten Kober-Staehelin hat Bô Yin Râs Lehre von der »*mann-weiblichen Polarität* im göttlichen Urgrund allen Geschehens, die sich in allen Erscheinungswelten weiterzeugt, so daß auch in uns selbst das Göttliche nur in solcher Polarität, als Mann und Weib, erfühlbar und erlebbar ist«[108], enorm viel bedeutet. Endlich konnte er die protestantische, rein männliche Gottesvorstellung, die sein Empfinden immer gestört hat, korrigieren. Bevor er Bô Yin Râ kannte, ahnte er schon, den Katholiken müsse es leichter fallen, sich im *Vertrauen* Gott zuzuwenden, da sie in der Vorstellung der »Mutter Gottes« auch das *weibliche Element* im Bereich der Gottheit als gegeben annehmen durften. – Obwohl Dr. Kober-Staehelin seit 1927 der Verleger der Bücher von Bô Yin Râ wurde, ergab sich die persönliche Bekanntschaft mit ihm ungesucht. Die persönliche Begegnung mit ihm habe zwar nicht der Vertiefung des Verständnisses seiner Bücher gedient, aber: »Die Güte und Teilnahme, die mir diese königliche Persönlichkeit hat zuteil werden lassen, die humorvolle Heiterkeit, die Helle und Wärme, die von ihm ausstrahlen, bedeuten für mich eine so unendliche menschliche Bereicherung, daß ich die Stunden, die ich in seiner Gegenwart zubringen durfte, zu meinen schönsten rechne. Dabei geht es in seinem

---

[107] Ebd., S. 12.
[108] Ebd., S. 13.

Hause keineswegs etwa in getragenen Ton hoher Rede oder gar salbungsvoll, sondern sehr vergnügt und natürlich zu.«[109]

Es folgt nun die Schilderung über Bô Yin Râ »den Gärtner«, der seinen Gast im Garten herumführt und das Geheimnis der Pflanzen und der Bäume erklärt. Auch sein Verhältnis zur sogenannten »Tagespolitik«, wie sie sich in der Zeitung spiegelt, wird kurz charakterisiert. Er verfolgt auch jede technische Erfindung mit lebhafter Teilnahme, heißt es, »die von seinem eigenartigen Verständnis für physikalische Vorgänge besondere Farbe erhält. Sein kluges Urteil über die Gesprächsgegenstände des Tages hat nie den bitteren Nebenklang des Protestes gegen die Ungeistigkeit unseres technischen Zeitalters. (...) Nur wer ihn aus seinen Büchern kennt, kann erfühlen, wie weit er im Kern seines Bewußtseins, das in ewigem Geschehen mitschwingt, von einer Überschätzung der Fragen und Sorgen des Tages entfernt ist.«[110]

Dieser natürlichste und menschlichste Mensch habe also die Bücher geschrieben – heißt es in der Konklusion. Wer diese Bücher liest, spürt immer wieder: Ein unabweisbarer Ton absoluter Gewißheit verlangt hier – *Entscheidung*: »Nicht Entscheidung zu irgend einer Überzeugung oder gar zu einer Anhängerschaft persönlicher Art, sondern *Entscheidung zu uns selbst*. (...) Ich habe mich bemüht, über diese Bücher so Auskunft zu geben, wie ich es als Privatmann auf Befragen jedem Freunde gegenüber täte. (...) *Ob ich damit recht habe*, was ich über die Bücher und ihren Verfasser sage, kann für jeden ohnedies nur praktische Nachprüfung erweisen. Zu solcher Nachprüfung zu raten, weil sie wahrhaftig die Mühe lohnt, ist der eigentliche Sinn meiner Ausführungen.«[111] – So weit das Zeugnis von Dr. Alfred Kober-Staehelin über Bô Yin Râ.

5.5. Bô Yin Râ über sich selbst

Es ist an der Zeit, an diesem Punkt der Reflexion, in Form eines Intermezzos, den Meister selbst zu Wort kommen zu lassen. Auch

---

[109] Ebd., S. 15 f.
[110] Ebd., S. 17.
[111] Ebd., S. 19 f.

ein Selbstzeugnis ist Zeugnis. Dies geschieht mit der Absicht, dem Leser Gelegenheit zu geben, das Religionsphilosophische und das Religiöse *anders* abzutasten, als es in den herkömmlichen Schriften der Fall ist. Es genügt nämlich nicht, die musikalische Partitur anzuschauen oder von anderen zu hören, wie schön die Noten aneinandergereiht sind, sondern man muß die in der Partitur sichtbare Notenschrift zum Erklingen bringen. Der Urtext ist wichtig. Die Analogie mit der Musik soll begreiflich machen, wie essentiell es ist, wenn jetzt ein längerer Text des Mannes, dessen Lehrwerk uns interessiert, zitiert wird, in dem *er selbst* spricht. In seinem letzten Buch (1939) schreibt der Meister an einer Stelle:

»Ich sehe manche aus euch in ernster Gefahr, sich *selbst* Hindernisse zu bereiten durch Versuche, Unvereinbares zu vereinen. Und es ist wahrhaftig Gefahr für das konkrete Innewerdenkönnen der Struktur des ewigen substantiellen Geistes, wenn man um des eigenen Verstehens willen *der Mystik* oder gar der vor- und frühchristlichen Gnosis einordnen zu können meint, was so hoch über höchstem mystischen Erleben innerer Einheit, *im Urlicht selbst* gelebt wird, daß keine astronomische Zahl imstande wäre, die hier trennende Distanz vergleichsweise auch nur anzudeuten. Wohl können die Bekundungen wahrhaft echter Mystiker das Vorstellungsvermögen ›stimmen‹, so daß es fähig wird, die reinen Akkorde aus dem ewigen wiederzugeben, die auf ›den Harfen des geweihten Berges‹ für das Ohr der Seele zum Erklingen kommen, aber Beides ist sehr bestimmt zu trennen, so, wie man gewiß zu unterscheiden weiß zwischen dem bloßen Anschlagen der Töne beim Stimmen des Instruments, und der dann auf ihm erklingenden Sonate. –

So ist denn auch wahrhaftig jeder Leuchtende des Urlichtes ein ›Philos‹ der ewigen ›Sôphia‹: – ein *Freund* der göttlichen *Weisheit*, aber die Genesis der Lehren und Aufschlüsse, die er zur Offenbarung bringt, schließt kategorisch aus, das, was er darbietet, als ›*Philosophie*‹, im wissenschaftlichen Sinne, zu bezeichnen. Er gibt ja nicht etwa Resultate seines *Denkens*, und nicht aus *Schlußfolgerungen* besteht sein Erkennen! –

So schafft jeder aus uns, die wir im ewigen Urlicht Leuchtende sind, in Wahrheit ›Religio‹: – *Verbindung* des ›Außen‹ mit dessen allerinnerstem Ursprung, und zeigt die Relationen zwischen Zeit und Ewigkeit auf, aber die Spur der *historischen* Wahrheit wird verwischt, sobald man einem aus uns die persönliche Gründung eines von ihm geschaffenen, vorher unbekannten *Religionssystems* und eines, sodann es erhaltenden *Kultes* zuschreibt!

Auch ist mir gewiß bewußt, daß wissenschaftlich bestimmter Sprachgebrauch mit dem Worte ›*Metaphysik*‹ recht wesentlich Anderes bezeichnet, als was dieses Wort *bei mir* bedeutet, der ich seinen Sinn dahin verstanden wissen will, daß es die erdensinnlich unwahrnehmbaren *Dinge* meint, die *hinter* der Physik des Universums *verborgen* sind. – Wenn ich also von meinem ›metaphysischen‹ Lehrwerk spreche, so will das gewiß nicht besagen, daß seine Aufschlüsse einen Platz im Bereich der besonderen Betätigung des *Denkens* beanspruchten, die man als ›Metaphysik‹ von rein philosophischem Denken zu scheiden sucht. Mir ist das Wort ›Metaphysik‹ im *etymologischen* Verstande zu einem *Notbehelf* geworden.

Kurzum: – es gibt kein ›Rubrum‹ unter dem sich die Aufschlüsse ewiger Dinge, – die Offenbarungen der Struktur ewigen substantiellen Geistes, – die ich, meiner geistigen Wesenheit nach, meinen Mitmenschen und denen die *nach* meiner Erdenzeit kommen werden, zu bringen vermochte, als ein Spezielles, in Allgemeines *einreihen* ließen. Wer daher für alles was ihm begegnet, ein Rubrum: – eine Inhaltsdeklarierung und Einordnung in ihm schon Bekanntes, braucht, der wird zwangsweise meinem ganzen Lehrwerk eine *irrige* Ausdeutung geben und gerade an dem, was in meinen Worten *wesentlich* ist, achtlos vorübergehen oder das ihnen Fremdeste in sie hineininterpretieren. Ich vermag das nicht zu ändern, aber ich will nicht unterlassen haben, darauf hinzuweisen, daß man so in eine dunkle, stickichte und arg verwinkelte Sackgasse gerät, aus der durchaus nicht Jeder später noch wieder herauzufinden weiß! –

Und immer wieder muß ich daran erinnern, daß ich, meiner erd-bedingten Natur nach: – *Künstler* bin! *Nicht* Gelehrter, *nicht* For-scher, *nicht* Angehöriger irgend eines Glaubenskreises, und *nicht* Bekenner erdverhafteter Bekenntnisformen, auch wenn ich man-chen wohlverstehend *zugetan* bin, weil ich um den Erdensegen weiß, den sie Irdischen heranzuziehen imstande sind. – –

Auch das ist nur um *euretwillen* gesagt, denn als Künstler ›hänge‹ ich nicht – wie der Dilettant – an dem, was ich hervorgebracht ha-be, und es bleibt mir gleichen Wertes, einerlei ob man es achtet oder mißversteht. Nur um *euretwillen* empfinde ich Freude, wenn ich gewahre, daß euch mein Lehrwerk fehlen würde, wäre es nicht vorhanden! Um *euretwillen allein* bin ich besorgt, euch alle Rela-tionen aufzuzeigen, die zusammenwirken mußten, damit mein gei-stiges Lehrwerk für euch und die Kommenden entstehen konnte.

Nichts liegt mir ferner, als Menschen für meine Worte etwa ›gewinnen‹ zu wollen, aber wohl ist mir daran gelegen, vor mir selbst zu wissen, daß alles durch mich geschehen ist, was nötig war, um denen, die sie brauchen, die Aufschlüsse der Struktur des ewigen substantiellen Geistes, die ich in meinem geistigen Lehr-werk gebe, in höchstmöglichem Grade *seelennahe* zu bringen.

Ich will jeden Derer, denen zubestimmt ist, was ich hinterlasse, in der Lage wissen, sich selbst von der ewigen Wirklichkeit überzeu-gen lassen zu können, die ich ihm in sprachlichem Bilde vor Augen stelle!

Aber in allem, was ich durch mein geistiges Lehrwerk bewirken ›will‹, bin ich immer nur Vollbringer des *ewigen* Willens, aus dem ich lebe und dem ich mich eingefügt weiß für alle Ewigkeiten gei-stigen Willensbewußtseins.

Ich gebe nur weiter, was ich selbst geistig *besitze*, will aber gewiß nicht den mir Vertrauenden zur *Annahme* dessen, was ich ihm brin-ge, *überreden*! Er *selbst* wird vielmehr entscheiden lernen müssen, was ihm *vonnöten* ist und was *nicht*, denn was ich als homogenes

Ganzes in den Schriften des geistigen Lehrwerkes dargeboten habe, umfaßt viel zu Vieles, als daß der Einzelne für sich allein *Alles* in sich aufzunehmen *wüßte*.«[112]

5.6. Baron Robert Winspeare

Im Rahmen eines Vortrages auf dem Physikerkongreß in Paris 1929, hat Robert Winspeare einen Überblick »über die Lehre des großen Weisen Bô Yin Râ«[113] gegeben. Auch sein Anliegen war, wie bei den vorherigen Zeugen, die Aufmerksamkeit »auf diese Lehre lebendiger Weisheit und tätiger Liebe zu lenken, die auf die innerliche, klare und erlebbare Kenntnis der ewigen Gesetze des kosmischen Geschehens gegründet ist, welche in ihrer hierarchisch harmonischen Verkettung vom ewig verborgenen Urgrund bis zu seinen äußeren, fernsten, greifbarsten Auswirkungen gehen.«[114]

Der »Zufall« als »der Reisende des lieben Gottes« habe ihn zu dieser Lehre geführt, wodurch sein inneres Leben harmonisch umgeformt wurde und frühere intuitiv erahnte Wahrheiten Bestätigung fanden. Er habe zwar die 26 Bücher, (die bis zu jenem Zeitpunkt erschienen sind), gelesen und in einem längeren Prozeß habe er eingesehen: das Lesen allein genügt es nicht, um die Lehre »zu kennen und zu besitzen«. Denn: »Man muß diese Lehre stetig *erleben* und *leben*, um sie zu *kennen*, d.h. sie *erproben*, sie *prüfen*, die *innere Gewißheit* in ihr erlangen, denn diese Lehre ist *weder Wissenschaft, noch Religion* oder *philosophisches System*. Sie ist kurz gesagt: *das Leben, der Weg und die Wahrheit!* ...«[115]

Das zu erreichende Ziel sei, so Winspeare, das Erwachen des auf dem Grunde unseres »Ich« schlummernden göttlichen Funkens, »damit er das Bewußtsein seiner *geistigen Einheit, seiner Macht,*

---

[112] Bô Yin Râ, Geistige Relationen, Bern: Kober Verlag 1967, S. 69–75. (2. Aufl.)

[113] Robert Winspeare, **Bô Yin Râ** und sein Werk, Leipzig: Richard Hummel Verlag 1930.

[114] Ebd., S. 3.

[115] Ebd., S. 4.

seiner Aufgabe in der Liebe und *seiner Vereinung* mit dem ewigen Schöpfergeiste erlange.«[116]

Als Übersetzer des Lehrwerks ins Französische wußte Winspeare, wie sorgfältig der Meister seine Schriften ausgearbeitet habe, »um ja nicht das ungemein feine Gefüge der Seelen zu gefährden, die er belehren will. Ich wußte, daß er z.B. eines seiner Bücher bis zu siebenmal umgearbeitet hat, dessen Inhalt gewisse gut beglaubigte Dogmen berührt und das denen ketzerisch erscheinen konnte, deren Glaube an einer irrigen Interpretation gewohnheitsmäßig festhalten wollte.«[117]

Es war Baron Winspeare bewußt, daß, wie ein italienisches Wortspiel unübersetzbar andeutet »traduttore traditore« ist: daß also der Übersetzer auch ein Verräter ist, da er das Originale, Ursprüngliche – ungewollt – verfälschen kann. Darum ist ungemein wichtig: »*Ein System Bô Yin Râs gibt es nicht*«, denn: »Seine ›Erkenntnis‹ schöpft aus allen ›Systemen‹, die Begriffe und Symbole, die dem entsprechen, von dem er *aus sicherem Wissen weiß*, daß es die Wahrheit ist, und aus diesen ›Bausteinen‹ baut er seine Lehre, die die Lehre *der reinen kosmischen Wirklichkeit* ist!«[118]

Mit anderen Worten: Der Leser des Lehrwerks muß sich hochschwingen bzw. sich hochziehen lassen in jene Höhen, aus denen diese Lehre stammt. Er muß von der Kindheit an vertraute Vorstellungen aufgeben oder korrigieren lassen, will er das Eigentliche dieser Lehre in sich aufnehmen. Er darf aber Kraft schöpfen aus dem Worte des Meisters, wenn er verständnisvoll schreibt:

Der Suchende kann davon ausgehen, daß auch das Herumirren im Labyrinth moderner »theosophischer« oder »okkultistischer« [oder, wie man heute sagen würde »esoterischer«] Literatur ihn in gewisser Weise *gefördert* hat. Denn: »Es gibt keinen Irrtum, der nicht auf Umwegen doch zur Wahrheit führen könnte. Darum soll keiner die Zeit seines Irrens ›*verfluchen*‹, denn er ahnt vielleicht nicht, was er ihr zu danken hat.«[119]

---

[116] Ebd.
[117] Ebd., S. 4 f.
[118] Ebd., S. 5.
[119] Bô Yin Râ, Das Buch vom Jenseits, Bern: Kober Verlag 1990, S. 152 f. (7. Aufl.)

Man würde das Wesen der Lehre von Bô Yin Râ mißverstehen, so Winspeare, würde man ihm Intoleranz vorwerfen. Darum soll man von vornherein über die *Herkunft* seiner Lehre im Klaren sein und im Geiste der nüchternen Klarheit fügt Winspeare hinzu: »Bô Yin Râ ist *ein Meister, ein wirklicher Meister, durch geistige Gesetze dazu vorbestimmt,* und mit keiner anderen Aufgabe betraut als der, den Menschen mit Rat und Tat zu *helfen,* daß sie sich selber erkennen und *heimkehren* – auf den Wegen, die das tägliche Leben bietet – zur Gottheit, deren lebendige Manifestationen sie sind und von der sie sich einstmals freiwillig abgetrennt haben.«[120]

Bô Yin Râ ist demnach weder ein großer *Denker,* noch ein bedeutender *Philosoph,* noch ein tiefer *Mystiker* oder begabter *Schrifsteller,* obwohl sein nüchterner Stil und die klare Fassung der Gedanken vor jeder Kritik bestehen können. Die von ihm gebrachte Weisheit hat er nicht durch mühselige Studien alter hermetischer Schriften erlangt, er war auch nicht im Orient, sondern:

Er hat den Weg zur Urquelle der Weisheit »im geistigen, inneren Orient« sehr jung schon gefunden und ist ihn lange gegangen »unter der Leitung seiner Erhabenen Brüder, der ›Leuchtenden des Urlichts‹, die seine Schritte seit seiner Kindheit lenkten, wie sie von Jugend an immer die Wege derer unter ihnen leiten, die sie erwählen und bilden, um Führer von uns Gefallenen zu sein, bis auch der letzte von uns einstmals den Weg in sein himmlisches Vaterland zurückgefunden hat, nach dem wir alle ein mehr oder weniger zehrendes Heimweh in unserem Herzen tragen. Er hat diesen Weg vollendet bis zum *völligen Erwachen* seines göttlichen ›Ich‹, bis zur Erlangung der eingeborenen Meisterschaft, die er seit Jahrtausenden verborgen in sich trug und für die er heute hier auf Erden die kosmische Verantwortung unter dem Namen *Bô Yin Râ* zu tragen berufen ist; ein Name der *kein* willkürlich gewähltes *Pseudonym* ist, sondern den ihm seine Erhabenen Brüder offenbart haben als seinen wahren ›Namen‹ in der Ewigkeit, als den klanglichen

---

[120] Robert Winspeare, **Bô Yin Râ** und sein Werk, Leipzig: Richard Hummel Verlag 1930, S. 6.

Ausdruck seiner geistigen Individualität, durch die er ein ›Wort im Urwort‹ ist.«[121]

Der westlich geschulte Rationalist oder der Skeptiker wird nur ein müdes Lächeln übrig haben, hört er von einem Mann, der behauptet, in kosmische Gesetze eingeweiht zu sein bzw. »ein Wort im Urwort« zu sein. Und einem solchen kann niemand »beweisen«, daß die von Bô Yin Râ übermittelte Lehre *wahr* ist. Der Meister selbst nimmt die Haltung des Skeptikers voraus, wenn er anmerkt:

»Es liegt mir ferne, ›Beweise‹ zu führen. Ob meine Worte *Wahrheit* künden, müßt ihr *selbst erproben*! Nur *in euch selbst* wohnt jener stille Richter, der euch bekräftigt, was mein Wort in euch erregt …

Meine Beweise könntet *ihr nicht verstehen*, denn ihr seid nicht die Wege gegangen, die ich einst mühevoll durchwandern mußte! –

Hier gibt es auch keine ›*allgemein* gültigen‹ Beweise!

Hier findet ein jeder den für ihn bündigen Beweis nur *in sich selbst*! – – –«[122]

Robert Winspeare hat den »stillen Richter« in sich selbst gefunden und gefühlt, erprobt, daß die Quelle, aus der die Lehre fließt, rein und ohne Täuschung ist. Darum empfiehlt er, diese Bücher nicht wie Romane, Erzählungsbücher oder Doktorarbeiten zu lesen, sondern in der offenen, unbefangenen seelischen Haltung des Kindes, wie wenn man etwas völlig Neues liest. Man muß vorübergehend vergessen, was Begriffe wie Mystik, Okkultismus, Magie, Theosophie, Anthroposophie früher bedeutet haben, will man die von Bô Yin Râ dargestellten Weisungen und Lehren erfassen.

Die innere Erkenntnis der geheimnisvollen Gesetze des Geistes will innerlich erfüllt werden. Es ist *eine* Sache, Philosophisches und Theologisches zu lesen und in seinem Intellekt »befriedigt« zu sein. Und es ist eine *andere* Sache, das für den *innerlichen Gebrauch* bestimmte Lehrwerk von Bô Yin Râ mit dem ganzen Empfindungsbewußtsein zu verinnerlichen, damit es dort – im Innersten

---

[121] Ebd., S. 6 f.
[122] Bô Yin Râ, Das Buch vom lebendigen Gott, Bern: Kober Verlag 1996, S. 11. (8. Aufl.)

78

Inneren – jenes *Entsprechungsverhältnis* hervorrufen kann, daß dann für den Leser *Gewißheit* bedeutet.

Es ist äußerst wichtig, so Winspeare weiter, diese beiden völlig verschiedenen Arten von Bücher – sogenannte »esoterische Wissenschaftlichkeit« und die Schriften von Bô Yin Râ – nicht zu verwechseln, wenn man Irrtümer und Gefahren vermeiden will. »Ebenso wie man ein Lebensmittel von einem Pflaster oder einer Salbe unterscheiden muß, muß man von Anfang an *das Ziel* und *die Quelle* der Lehren unterscheiden, denen man sich hingibt.«[123]

Was nun weiterhin gesagt wird, ist freilich nicht auf den ersten Blick einzusehen, wie Vieles, was in dieser Arbeit noch zur Sprache gebracht werden wird. Da uns hier um Wahrheit und Wahrheiten zu tun ist, können wir nicht von vornherein etwas abweisen, weil es »unerhört« ist. Es geht, präzise ausgedrückt, darum, daß die Quelle, aus der Bô Yin Râ schöpft *dieselbe* ist, aus der *Lao tse* und *Jesus von Nazereth* geschöpft haben. Es geht darum, daß Bô Yin Râs Quelle *dieselbe* ist, aus der die sogenannten »Heiligen Schriften« aller Völker und Zeiten stammen. Doch *das Lehrwerk* hat vor allen diesen voraus, daß es von fremden Händen noch keinerlei historische Redaktionen, Korrekturen und Einfügungen erleiden mußte, da der Offenbarer selbst während seiner irdischen Lebenszeit maximale Sorge getragen hat, seine Texte in endgültiger Form der Welt zu hinterlassen.[124]

Darum klingt es wie Offenbarung und ist es auch, wenn Bô Yin Râ im *Kodizill* folgendes niederschreibt:

»Daß mein geistiges Lehrwerk schon in recht nahen Generationen als unzerstörbare, für alle irdische Zukunft außerordentlich nötige, man könnte in heutiger Sprache sagen: ›stählerne‹ Armierung eines *jeglichen* Gottesglaubens erkannt werden wird – wie eminent ›ketzerisch‹ konfessionell Satten, ahnungslos stumpf Befriedigten und engherzig traditionell Gebundenen meine Schriften heute auch noch erscheinen mögen –, ist mir ohne jedes Verlangen nach solcher Voraussicht zukünftigen irdischen Geschehens in tiefster Er-

---

[123] Robert Winspeare, **Bô Yin Râ** und sein Werk, Leipzig: Richard Hummel Verlag 1930, S. 9.
[124] Vgl. ebd.

griffenheit unbezweifelbar bewußt. Allerdings weiß ich auch von Wurzeln des Gottesglaubens zu künden, die *tiefer* im Leben des ewigen Geistes gesichert und unberechenbar *älter* sind als alle alten ›heiligen‹ Schriften aller Menschheit auf Erden, ja älter als diese Erde selbst! (...)

Seiner Notwendigkeit entsprechend, ist [mein Lehrwerk] längst schon tief ins Leben aufgenommen, wo immer Menschen leben, die sich die deutsche Sprache, falls sie nicht ohnehin die ihrer abstammungsmäßigen Heimat ist, zu eigen gemacht haben, und auch anderen Sprachbezirken durch Übersetzungen nicht mehr ganz fremd, wenn auch keine, noch so vorzügliche Übertragung seine Kenntnis *in der Ursprache* jemals ersetzen kann. Man wird eines Tages *Deutsch* lernen, wie man ehedem *Lateinisch* und *Griechisch* lernte, weil man die alten Autoren *in ihrer* Sprache verstehen wollte. Das ist keine ›Prophezeiung‹, sondern unabänderliches Blickbild geistig gesicherter Einsicht, das sich allerdings nur auf mein Werk und ausschließlich auf seine *Sprache* – um ihrer selbst willen – bezieht!«[125]

Es ist eine Sache, oberflächlich zu lesen und zu sagen: dem Wort nach ist mir das schon bekannt, und es ist etwas ganz anderes, die Lehre als »Symphonie« aufzunehmen. Robert Winspeare findet ein zutreffendes Bild für die hier gemeinte »Sache«:

»Ebenso wie ein Komponist eine musikalische Phrase entwickelt, durch die er uns seine Eingebung vermitteln will, indem er sie bald als Liebeslied, als Choral, als Ruhmeshymne aufklingen läßt, indem er sie Zug um Zug durch verschiedene Instrumente je nach ihrem Tonwert und Tonklang interpretiert, um sie zuletzt in einer machtvollen *Symphonie* zu vereinen, die alle Klänge in ihrer Harmonie zusammenschließt – ebenso läßt Bô Yin Râ in jeder möglichen Weise, durch alle Bilder in verschiedenen Sätzen und an verschiedenen Stellen seiner Lehre die Wahrheit *schwingen*, läßt das

---

[125] Bô Yin Râ, Kodizill zu meinem geistigen Lehrwerk, Bern: Kober Verlag 1969, S. 8–10.

Mysterium lebendig werden, dessen Tiefen er auslotet, um sie uns im Innersten unseres Seins erfühlbar zu machen.«[126]

Das Lehrwerk ist in der Tat symphonisch aufgebaut, deshalb kann man von keinem eigentlichen »System« (wie es z.B. bei Hegel der Fall ist) sprechen. Man kann aber Hauptthemen und Variationen von Themen namhaft machen. Das eine Hauptthema heißt: die Hohe Gemeinschaft der Leuchtenden des Urlichtes und deren legitim erwählte Mitglieder. Bô Yin Râ nennt sie auch: *die Weisen des Ostens, die inneren Helfer, die ältesten Brüder der Menschheit, die Brüder der Erde* und *die Priester des Tempels der Ewigkeit.* Oder es heißt auch:

»Sie sind die treuen Hüter eines geistigen Schatzes, den der Erdenmensch einst vor dem Falle in die Welt der physischen Materie besaß. Sie schaffen jene Macht, aus der die Wirkenden zum Wohl der Erdenmenschheit *handeln.* Ist es nicht *äußerste Torheit,* zu glauben, diese hohen Lenker seien ›*Buddhisten*‹ oder ›*Brahmanen*‹, – ›*Lamas*‹, ›*Pundits*‹, oder gar ›*Fakire*‹!?! –«[127]

Die Heilsgeschichte der Menschheit auf Erden hat mit diesen hohen Lenkern zu tun. Davon redet Bô Yin Râ in einem Grundthema seines Lehrwerks, das immer wieder variiert, entfaltet, dargestellt wird. Es ist das Geheimnis des Menschen: des *Geistesmenschen* und des *Erdenmenschen.* Es ist das Geheimnis der *Geburt des lebendigen Gottes* im »Ich«. Es ist das Geheimnis der ewigen substantiellen Wirklichkeit des Geistes. Es geht um die Zusammenhänge, die zwischen »Diesseits« und »Jenseits« bestehen, die im nächsten Kapitel dieser Arbeit aufgrund der Texte des Lehrwerks in Grundzügen gezeigt werden sollen.

Der Zeuge, der hier zitiert wurde, Baron Robert Winspeare, sagte zusammenfassend in seinem 1929 in Paris gehaltenen Vortrag: Er habe im Lehrwerk endgültig *das Licht, das ganze Licht* gefunden: das Licht des Lebens, das das ganze Wesen des Menschen durch-

---

[126] Robert Winspeare, **Bô Yin Râ** und sein Werk, Leipzig: Richard Hummel Verlag 1930, S. 10.

[127] Bô Yin Râ, Das Buch vom lebendigen Gott, Bern: Kober Verlag 1996, S. 20 f. (8. Aufl.)

leuchtet und dem Leben seinen *ganzen Wert* gibt und er sei nicht der einzige, der dies in der Lehre Bô Yin Râ gefunden habe.[128]

5. 7. Rudolf Schott (1891–1977)

Der in Mainz geborene Schriftsteller, Graphiker und Kunsthistoriker hat in den Jahren 1925/26 Bô Yin Râ persönlich kennengelernt. Rudolf Schott hat die erste große Biographie über Leben und Werk Bô Yin Râs geschrieben.[129] Die erste Auflage erschien 1954 in gekürzter Fassung. Die zweite und Originalfassung, aus der hier zitiert wird, wurde 1979 publiziert. Aus profunder Kenntnis heraus hat R. Schott die Lehre Bô Yin Râ nach bestimmten Gesichtspunkten dargestellt und er wagte sich an die Untersuchung von Charakter, Bildung, Stil und Gestalt heran, um sozusagen das äußere Leben des »Meisters unserer Zeit« sichtbar werden zu lassen. Außerdem hat Schott 1927 bei *Hanfstaengl* in München ein bemerkenswertes, äußerst wertvolles Buch über den »Maler Bô Yin Râ« veröffentlicht. Eine zweite erweiterte Ausgabe erschien 1960 in der Koberschen Verlagsbuchhandlung, Bern und die dritte Neuausgabe erschien ebendort 1997.[130] Dieses Buch hat Bô Yin Râ selber geschätzt und seiner Wertschätzung – über das Buch – auch Ausdruck verliehen:

»Ich sollte *Rudolf Schott*, der das Buch über den *Maler Bô Yin Râ* geschrieben hat, eigentlich recht ›böse‹ sein, denn er hat mich bis aufs Blut gequält, um alles das aus mir heraus zu holen, was er für sein Buch zu brauchen glaubte. Allein, das Resultat seiner unermüdlichen Arbeit zwingt mich denn doch, ihm vor aller Öffentlichkeit für die Tortur zu *danken*, der er mich so manchen Achtstundentag und manche Nachtstunde hindurch mit unerbittlicher Grausamkeit unterworfen hat. Es war lediglich die *Kunst seiner Frage-*

---

[128] Robert Winspeare, **Bô Yin Râ** und sein Werk, Leipzig: Richard Hummel Verlag 1930, S. 25.

[129] Rudolf Schott, **Bô Yin Râ**. Leben und Werk, Bern: Kober Verlag 1979, 193 Seiten. In Publikationen, die nicht Bô Yin Râ betreffen, nennt sich Schott – *Rolf* Schott.

[130] Rudolf Schott, Der Maler **Bô Yin Râ**, Bern: Kober Verlag 1997. (3. Aufl.)

stellung, die es mir ermöglichte, ihm tausend Dinge aufzuklären, die mir jedem anderen Menschen gegenüber als unsagbar erschienen wären.(...)

Das Buch ist mit einer Einfühlungssicherheit und genialen Erfassung des Wesentlichen geschrieben, die für mein eigenes Urteil sicher ans Wunderbare grenzt. (...) Daß in dem Buche nichts besprochen ist, was nicht auch *bildhaft* dargestellt wäre, dürfte zweifellos als besonderer Vorzug zu betrachten sein.«[131]

Die farbigen Reproduktionen dieses Buches sind – als Abbilder der Originale – von besonderer Bedeutung, denn das malerische Lebenswerk ist nicht nur eine optische Aussage über die in dem Lehrwerk behandelten Dinge – also Erkenntnis und Weisheit in künstlerischem Formengewand, – sondern auch eine organische Ergänzung dessen, was in Worten kaum oder nicht mehr sagbar ist. So betrachtet, ist Schotts Buch über den Maler Bô Yin Râ eine vom Künstler befürwortete Hinführung zur Welt des reinen Geistes und also in gewisser Hinsicht eine bildgestützte *Ergänzung zur Summe der eigentlichen Lehrschriften*. 1932 hat Bô Yin Râ selber erklärt: Er male gar nichts für »das große Publikum« und er habe nicht den mindesten Ehrgeiz, seine malerischen Werke in öffentlich zugängliche Ausstellungen zu geben, sondern: »Ich sehe mich nur immer stärker und unausweichlicher *meinem geistigen Lehrwerk gegenüber dazu verpflichtet*, Allen, die ich durch das Wort der Sprache zu ihrem ewigen Ursprung wieder hinzuleiten suche, auch zu zeigen, wie sich meine künstlerische Arbeit als Maler, die ja vielen der mir geistig Nahestehenden lange genug schon in hohem Grade bedeutsam wurde, meinem ganzen geistigen Wirken einfügt.«[132] Und weiter:

»Ich mußte malen lernen, damit von dieser meiner Zeit an die Realität der substantiellen geistigen Welt durch *augenfaßliche* Gestaltungen *vorstellbar* werden konnte, auch wenn erst ein viel später kommendes Geschlecht diese Möglichkeit werten können wird.

---

[131] Bô Yin Râ, Nachlese, Band II, Bern: Kober Verlag 1990, S. 147 f.
[132] Bô Yin Râ, Aus meiner Malerwerkstatt, Bern: Kober Verlag 1983, S. 8. (2. Aufl.).

Ich mußte malen lernen, um ein Zeuge *substantiellen geistigen Lebens* zu werden.«[133] – Die »geistlichen« Bilder von Bô Yin Râ sind nicht Wiedergabe von »Schauungen« und »Gesichten«, sondern eher »Seelenlandschaften«. Es handelt sich um die »Darstellung eines *Geschehens*, in dem man *mitteninne* steht, und das keineswegs nur in einer dem Sehen durch das körperhafte Auge analogen Weise aufgenommen, sondern im substantiell-geistigen Organismus nach aller Empfindungsweise hin *erlebt* wird. (...) Man wird vor allem zu verstehen suchen müssen, daß alle diese Formen, die auf den Bildern in lebendiger *Farben*-Dynamik dargestellt sind, in Wirklichkeit gleichzeitig *tönen*, und daß *Linienform, Farbe* und *Ton* nur die *Ausdruckswerte* substantiell-geistig *erlebbarer* innerer *Spannungen, Strebungen, Drohungen, Widerstände*, und schließlich: – *Erlösungen* sind, aus seelisch oft kaum noch ertragbarem Miterlebenmüssen der Urformen allen Geschehens.«[134]

Über die Verbindungen und Analogien zwischen den »geistlichen« Bildern und der großen abendländischen *Musik* wurde schon einiges geschrieben.[135] Es war Bô Yin Râ selbst, der in den Gesprächen mit Rudolf Schott und Felix Weingartner gewisse Hinweise gegeben hat, die durch die Vermittlung von R. Schott zu mir gelangt und mir im Verständnis der großen Musik eine *neue* Dimension eröffnet haben. Viel ist gesagt, wenn man, wie der Maler *Max Klinger*, in den geistlichen Bildern von Bô Yin Râ »*farbige Symphonien*« sehen will.[136] Jedenfalls sind die Bilder, genauso wie die große Musik der Meister [Bach, Beethoven, Mozart], niemals verstandesmäßig verstehbar und erklärbar, aber sehr wohl – erlebbar. Durch mein musikalisches Empfinden, so Bô Yin Râ, »muß ich an die Tonwerke *Johann Sebastian Bachs* erinnern, denn ich komme nicht von dem Eindruck los, daß der bedeutendste Teil seines

---

[133] Ebd., S. 48.

[134] Ebd., S. 59 f.

[135] Vgl. dazu Otto Zsok, Musik und Transzendenz. Ein philosophischer Beitrag zur Eruierung der geistig-spirituellen Inhalte der großen abendländischen Musik (Gregorianik, Bach, Beethoven und Mozart), Sankt Ottilien: EOS Verlag 1999, vor allem S. 16, 26, 268 f. 359 f., 367. (2. Aufl.).

[136] Bô Yin Râ, Aus meiner Malerwerkstatt, Bern: Kober Verlag 1983, S. 66 f. (2. Aufl.).

Schaffens, in dem alles unerfaßlich hohe technische Können nur *Seelischem* dienen muß, durch ein *Erleben* gleichartiger Erlebensbezirke bestimmt war, wie es mich, – der ich statt in Tönen, *in Linien und Farben* das sonst Unfaßliche faßbar zu machen suchen muß, – dazu veranlaßt, meine geistlichen Bilder zu malen. Hier ist zur Verständigung (...) die Erkenntnis vonnöten, daß meine Bilder ebenso Vorhandenem in der *Seele* begegnen, wie eine Bach'sche Fuge, die ja auch von Dingen erzählt, von denen nur die *Seele* weiß ...«[137]

Nur scheinbar bin ich vom Thema – von Rudolf Schott als Zeuge des Lebens von Bô Yin Râ – abgewichen, denn in Wirklichkeit haben die Zitate nur das begründet und gezeigt, was Schott als Kunsthistoriker und begabter Schrifststeller in seinen Schriften *über* und *zu* Bô Yin Râ doch mit genialem Einfühlungsvermögen vermittelt hat.[138]

Um einsichtig zu machen, was der Begriff der Meisterschaft mit Bezug auf Bô Yin Râ bedeutet, hat R. Schott eine Annäherungsweise gewählt, die jetzt nachgezeichnet werden soll.

Die Überlieferung des Wortes – aus dem Lateinichen *magister*, weiterhin aber auch aus dem Griechischen *megistos* – läßt erkennen, daß es auf einen Menschen gemünzt ist, der mehr und größer ist als irgendein anderer. Ein Handwerkmeister, ein hervorragender Künstler, ein im höchsten Maße schöpferisch Tätiger wird zunächst mit dem Meistertitel charakterisiert. Aber: »Je höher und allgemeiner, über ein Fach hinausreichend, die Meisterschaft ist, desto mehr gewinnt das Wort ›Meister‹ an Gewicht, desto mehr tritt es in seinen eigenen [eigentlichen] Sinn ein. (...) Handelt es sich vollends um einen Menschen, der alles Gesonderte und Fachliche hinter sich läßt, weil er das Allgemeine im weitesten und höchsten Sinne, nämlich nicht nur das Untermenschliche und Tierische und Materielle, sondern auch und besonders den seelischen Bereich, vom Geiste her zu meistern versteht und recht eigentlich ermächtigt ist, zu

---

[137] Ebd., S. 63 f.
[138] Zum Beispiel auch in: Rudolf Schott, Symbolform und Wirklichkeit in den Bildern des Malers Bô Yin Râ. Und: **BÔ YIN RÂ**. Brevier aus seinem geistigen Lehrwerk. Zusammengestellt und eingeleitet von Rudolf Schott, Bern: Kober Verlag 1987, (3. Aufl.). Hier vor allem S. 9–22.

binden und zu lösen, dann böte sich keine treffendere Bezeichnung für eine solche, das bloß Persönliche weit übersteigende Entelechie, als eben das Wort ›Meister‹. Da wir nach jahrzehntelangem Studium und praktischer Erprobung der von Bô Yin Râ gebotenen Lebenslehre und nach den in uns erfahrenen Einflüssen seiner Individualität zu dem Ergebnis gekommen sind, daß dieser Mensch dem oben Gesagten entsprochen hat, so werden wir uns erlauben, das Wort ›Meister‹ häufiger auf ihn anzuwenden.«[139]

Genau das überzeugend gezeigt zu haben, ist das Verdienst des Buches von Schott.

Mit sicherem Gefühl hebt er hervor: Meisterschaft schließt noch etwas Wesentliches ein, daß nämlich Werk und Leben eines Menschen zur Deckung gelangen. Schott hegt keinen Zweifel an diesem eigentlich Wesentlichen von Bô Yin Râs Meisterschaft: sie ist »der Inbegriff seiner geistigen Existenz und knüpft unmittelbar bei seinem Namen an.«[140]

Starke Zumutung für einen rationalistisch eingestellten Abendländer? Im Mittleren und Fernen Osten ist die Vorstellung von solchen Meistern, die Mittler und Brückenbauer zwischen dem reinen substantiellen Geistigen und dem Irdischen sind, durchaus geläufig. Nun, Bô Yin Râ sagt uns deutlich, so Schott, daß ohne diese Lichtgestalten – im Buddhismus als *Bodhisattvas* bezeichnet, – zu denen sowohl in den Erdenkörper ›gefallene‹, als auch nie auf Erden inkarnierte Geistesmenschen gehören, die seelische Erlösung des irdischen Menschen so gut wie unmöglich wäre. Der Aufstieg zum Urlicht wäre ohne Mittler (das Wort in *Pluralform* gemeint) so gut wie unmöglich.

Es gab manche Menschen, in deren Seele diese merkwürdige Botschaft wie verschüttete Erinnerung aufklang, »vielleicht sogar auch wie ein inwendiges Postulat im Herzen des verlorenen Sohnes, den es drängte, sich vom Schweinekoben loszumachen und den Rückweg zu seines Vaters Hause zu suchen. Denn als des Vaters Haus in gewisser Weise schildert Bô Yin Râ in schlichten und

---

[139] Rudolf Schott, **Bô Yin Râ.** Leben und Werk, Bern: Kober Verlag 1979, S. 49 f. (2. Aufl.)

[140] Ebd., S. 51.

nüchternen, gleichwohl feierlichen Worten jene hochheilige Gemeinschaft, weil, wer ihr angehört, eins mit dem Vater ist, von dem Jesus immer so eindringlich spricht, ohne daß er hätte verhindern können, daß die Doktoren der Kirche den Vater später mit der aus dem Leben in der Wüste geborenen Gottesvorstellung der Juden rettungslos vermengten.«[141]

Über diese zentrale Lehre wird noch zu sprechen sein. Bei allen bisherigen Zeugen des Lebenswerks von Bô Yin Râ klingt – notwendigerweise – das Hauptthema der einmaligen geistigen Gemeinschaft der Meister, die mit uns das Leben dieser Erde teilen und doch vom *Geiste* künden, denn diese Meister, obwohl auch sie mit ihren Füßen fest auf dieser Erde stehen, leben doch in einer *anderen* Welt. Wie Bô Yin Râ ausdrückt:

»Wohl leben wir nicht allein in *eurer*, sondern auch in der ewigen Welt des reinen, wesenhaften *Geistes*, aber auch *eure* Welt wird von der ewigen Welt des Geistes *durchdrungen*, – wie ein Schwamm, der im Meere wächst, vom Wasser des Meeres durchdrungen wird ...«[142]

Wiederum die Pluralform: »Wir«, gemeint als – Wir die Söhne des Vaters, Wir die Leuchtenden des Urlichtes. Oder:

»Wir geben nur weiter, was wir selbst *empfangen* haben, *damit* es durch uns die mit und nach uns Lebenden *erreiche*. Wir erheben nicht etwa den Anspruch, Urheber dieser Lehre zu sein«, heißt es im Buch vom Menschen.[143]

Es handelt sich keineswegs um einen Synkretismus, obzwar dieser Einwand schon erhoben wurde. Teile des geistigen Lehrwerks klingen zwar in anderen Mysterienlehren an, z.B. im altindischen Vedanta, im hellenistischen Mysterienwesen, im Platonismus, aber auch in manchen Formen des Christentums, wobei, so R. Schott, »auch der chinesische Taoismus, die Gnosis, die jüdische Mystik in

---

[141] Ebd., S. 52.
[142] Bô Yin Râ, Das Buch vom Jenseits, Bern: Kober Verlag 1990, S. 73. (7. Aufl.)
[143] Bô Yin Râ, Das Buch vom Menschen, Bern: Kober Verlag 1992, S. 9. (4. Aufl.)

ihren kabbalistischen und chassidischen Verzweigungen nicht vergessen werden dürfen.«[144]

Alle diese heterogene Elemente klingen im Lehrwerk an, nur daß Bô Yin Râ gewaltig studiert haben müßte, um fähig gewesen zu sein, aus all diesen Gebieten »die echten von den falschen Perlen zu sondern« (R. Schott). Aber gerade dieses gewaltige Studium, das notwendig gewesen wäre, um all das schreiben zu können, hat er nicht durchgemacht. Gewiß hat er nicht wenig – und schöpferisch – gelesen, aber studiert im herkömmlichen Sinn hat er nicht. Das, was er zu lehren hatte, kam zu ihm bzw. es gehörte ihm von Anfang an. Es war sein Besitz. Ein ähnliches Phänomen hat sich auch im Leben des Wolfgang Amadeus Mozart (1756–1791) ereignet. Gewiß beinhaltet seine Musik »Elemente« der italienischen Symphonie, der »Opera Buffa«, der französischen Hofmusik usw., aber, wie *Wolfgang Hildesheimer* genial formuliert:

»DER NAME MOZART ist, gleich den Namen Beethoven und Haydn, an eine einzige Gestalt gebunden und, ihr entsprechend, in anderer Verkörperung unvorstellbar; undenkbar, daß heute jemand einer solchen Vorgabe gewachsen wäre. Doch eindeutiger als die anderen beiden Namen ruft ›Mozart‹ bei all jenen, die das Prädikat ›musikalisch‹ für sich in Anspruch nehmen, (...) eine Art Verklärung hervor: Hier denn – so etwa lautet die unausgesprochene Begründung eines kollektiven Empfindens – steht eine einmalige und wahrhaft einzigartige Erscheinung unangefochten und für immer auf der Kreditseite des Lebens, so beherrschend und allgegenwärtig, daß sie mit manchem versöhnt, was das Leben uns schuldig bleibt. Ja, Mozart scheint die Versöhnung schlechthin zu sein, eine Art erlösendes Wunder.«[145]

Nun, es ist keine vermessene Analogie, im Duktus des gerade Gesagten hinzuzufügen: Der Name BÔ YIN RÂ steht für einen einzigartigen, einmaligen und unwiederholbaren Meister, für einen Einzigen aus dem Kreise der Leuchtenden des Urlichtes, dessen Aufgabe es war, seiner irdischen Herkunft gemäß als Abendländer

---

[144] Rudolf Schott, **Bô Yin Râ.** Leben und Werk, Bern: Kober Verlag 1979, S. 55 f.

[145] Wolfgang Hildesheimer, Mozart. Frankfurt: Suhrkamp Taschenbuch 1980, S. 18.

vom ewigen Geiste zu künden. Deshalb hat er in klaren Worten mehrmals betont:

»Ich bin weder ein Mensch der Antike, noch ein Asiate, obwohl ich, zeitlich wie räumlich, *beide* Lebenskreise *geistsubstantiell* in den meinen *einbezogen* finde, – aber als Europäer des nach der christlichen Zeitrechnung zwanzigsten Jahrhunderts, weiß ich leider um die *Ungeduld*, als Charakteristikum der Menschheit meiner Zeit, und weiß damit auch, daß nur recht Wenige der gleichzeitig Lebenden Hoffnung hegen dürften, aus meinem Lehrwerk Nutzen zu ziehen, wollte ich in meinen Lehrworten eine geheimnisverbündete Sprache sprechen, und möglichst verbarrikadieren, was ich allen zugänglich machen möchte. Wohl aber handelt es sich in all meinem Schriftwerk um Dinge, die sich gewiß nicht willig *der Sprache* ergeben.«[146] Und weiter heißt es:

»Ich weiß nur zu gut, was europäisch, oder auch amerikanisch gezüchtetes Denken an *Schwierigkeiten* zu überwinden hat, wenn es wirklich das erfassen will, was in den Lehrtexten meiner Bücher dargeboten wird: – *dargeboten* in meinen Worten, aber wahrlich nicht erst von mir *erdacht*, sondern vorgefunden im ewigen Geiste, wo es seit Beginn der Menschenverbreitung auf diesem Planeten allen zugänglich war, die sich zu meiner Art rechnen durften.«[147]

Die Boten aus dem Hause des Vaters, zu denen Bô Yin Râ gehört, sind, selbst wenn sie malen oder zeichnen, schreiben oder musizieren, in Wirklichkeit »Blitze aus dem Jenseits. (...) Die höchste Kunst wird immer beim religiösen Symbol eintreffen, aber der vollkommen religiöse Zustand erhebt sich über die Kunst in eine Welt der lebendigen schöpferischen Liebe. Aus dem Lehrwerk und den geistlichen Bildern von Bô Yin Râ sprudelt uns das lebendige Wasser aus den heiligen Felsgrotten ewigen Seins entgegen.«[148]

Zum Abschluß der Zeugen des Lebenswerks von Bô Yin Râ sollen noch drei Publikationen erwähnt und gewürdigt werden. Es

---

[146] Bô Yin Râ, Der Weg meiner Schüler, Bern: Kober Verlag 1983, S. 39. (2. Aufl.)
[147] Ebd., S. 75 f.
[148] Rudolf Schott, Der Maler **Bô Yin Râ,** Bern: Kober Verlag 1997, S. 218 f. Zitat leicht von mir geändert – O. Zs.

geht um die Beiträge von Prof. Max Nuss, Dr. Otto Lienert und Wolfgang Nastali.

5.8. Das Zeugnis von M. Nuss, Otto G. Lienert und W. Nastali

a) Professor Max *Nuss* hat zum 100. Geburtstag von Bô Yin Râ und zur Gedenkausstellung seiner Gemälde im Schloßmuseum Aschaffenburg einen bemerkenswerten Vortrag gehalten.[149]

Kritik vorzubringen und vor allem Skepsis zu zeigen, sind leicht, sagt M. Nuss, schwer dagegen ist es, für das Außerordentliche einzustehen. In einer Zeit, wo Oswald Spengler vom »Untergang des Abendlandes« (1918) sprach, tröstete eine außerordentliche Stimme im deutschen Sprachraum (1922 bzw. 1924) in *anderen* Tönen:

»Nicht vor dem ›*Untergang*‹ des Abendlandes ist die Menschheit angelangt, wie manche wähnen, sondern sein späterer höchster *Aufstieg* fordert die Opfer, die der wache Mensch des Abendlandes heute zu beklagen hat!!!« – zitiert Prof. Nuss den Meister.[150]

Niemand konnte damals ahnen, daß uns noch die Schrecken des Dritten Reiches und eines zweiten Weltkrieges bevorstehen, aber im Rückblick, Anfang des 21. Jahrhunderts haben wir gute Gründe, diese tröstende, außerordentliche Stimme wahrzunehmen. Dieselbe Stimme hat sich 1930 also vernehmen lassen:

»*Noch keine* Glaubenslehre wußte zu *verhüten*, daß die Menschen sich *erschlugen*, oder noch viel grausamer zerfetzen *vor* der endlichen Erlösung durch den Tod, als je ein Tiger seine Nahrungsbeute hungergierberauscht zerriß! –

»*Kein* Denkergebnis aus der hochgemuten Hirnarbeit der großen Philosophen war imstande, Völker von der gegenseitigen Zerfleischung *abzuhalten*, sobald durch *Haß* und *Neid* und *Herrsch*-

---

[149] Max Nuss, BÔ YIN RÂ, Herausgeber: Deutsche Bô Yin Râ-Stiftung, Darmstadt 1976.

[150] In: Bô Yin Râ, Das Buch der Liebe, Bern: Kober Verlag 1990, S. 78. (4. Aufl.)

sucht in Dreieinigkeit, die Tierinstinkte *überreizt,* und die Gedanken *dem Vernichtungstriebe verflochten* wurden!

Wir müssen *tiefer* graben, wollen wir die nährungsfrohe Erde in uns finden, in der wir alle *allverwachsen* sind!

Voll Ehrfurcht müssen wir das *Wirkliche* in uns ergründen, um den ›Grund‹ zu einer *Willenswandlung* zu erfühlen, die aller Erdenmenschheit *unerläßlich* bleibt, will sie nicht in rapider Rückbildung zu einem Schuttgezücht des Tiergestaltungswillens dieser Erde werden. – –

Der blutbesudelte, vom Schlammschleim der Verwesung überspülte Weg zu solcher Rückbildung in eine Tierart, der die Urwaldaffen dermaleinst als hohe ›Götter‹ gelten müßten, ist leider heute schon von Scharen selbstbetörter ErdenMenschen längst *beschritten,* so daß es wahrlich an der Zeit ist, laut vor der Gefahr zu *warnen,* die durch kein Verlachen aus dem Munde tollen Irrmuts aufzuhalten ist! – – (...)

Wer das Bewußtsein seiner *Wirklichkeit* in sich zu suchen unternimmt, der kann nur dann zu dem von ihm erstrebten Ziele kommen, wenn er vom Anfang an den Weg verfolgt, den ihm die Wirklichkeit *in seinem Erdendasein* dargeboten hat.

Hier gilt es nicht, in Parallele zu der Frage des Pilatus, nun die Frage aufzuwerfen: › *Was ist Wirklichkeit?* ‹ –

Wir wollen das getrost den ›*Neunmalweisen*‹ überlassen, die beim *zehntenmale* stets zu *Toren* werden!

Hier soll dir vorerst das als ›wirklich‹ gelten, was auch ein *Kind* als seine Wirklichkeit empfindet!

Benenne ruhig diese ›Wirklichkeit‹ mit Worten, die dir deine Schulung an die Hand gab um der Unterscheidung der im Denken nötigen ›Begriffe‹ willen! (...)

Auch wenn du *nicht* mehr ›wirklich‹ nennen magst, was deine Körpersinne dich erkennen lassen, so bleibt doch dieses körpersinnenhaft Erkannte Ausgangspunkt für den *Begriff* der Wirklichkeit, wie hoch du ihn auch denkend überhöhen mochtest. –

In gleicher Weise muß dir jetzt das *erdensinnlich* ›*Wirkliche*‹ zum *Ausgangspunkte* deines Weges werden!

Das *allernächste* erdensinnlich ›*Wirkliche*‹ ist dir *dein eigener Erdenleib,* und nur von ihm aus wirst du sicheren, gerade Weges

weiterkommen, willst du schließlich das *absolute* Wirkliche erreichen. – –

Es ist ein ziemlich langer Weg, den du *bedachtsam* und *gemesse-
nen Schrittes* nun erwandern mußt!«[151]

Den Menschen müssen wir näher, tiefer, umfassender kennenlernen, wenn wir zum wahren, lebendigen Gott kommen wollen. Das
ist das Außerordentliche, Neue und doch Uralte, worauf auch M.
Nuss aufmerksam machen wollte. Wahrlich nicht unbedeutend ist
seine, fast nebenbei eingeflochtene philosophische Bemerkung, daß
die hohen intellektuellen Anforderungen, die heute gestellt werden,
nicht zur Vernachlässigung des *Gemütes* führen dürfen. Wo das
Gemüt – als der Ankergrund der Seele – mißachtet wird, da verliert
der Mensch ein Kontrollorgan. Denn, so M. Nuss: »Vom Ewigen
her sind dem Menschen, und nur ihm, Ordnungsbilder in das Gemüt eingegeben, mit deren Hilfe er messen und wägen kann. Während die Fühler der Seele der Wahrnehmung dienen, trifft das Gemüt die Entscheidungen. Es ist der Sitz des Verantwortungsbe-
wußtseins. Die Probleme der Menschen [und der abendländischen
Philosophie – könnte man sagen] sind vielfach solche der Gemüts-
verfassung. Wenn sich das Denken vom Ankergrund der Seele ab-
löst und selbständig macht [wie vielfach in der universitären analy-
tischen Philosophie], gibt es Unordnung. Es ist immer wieder ein
Sturz aus dem Paradies, eine Bewußtseinsspaltung.«[152]
Auch die Bücher von Bô Yin Râ sprechen zur Seele, zum Gemüt,
zu den Ordnungsbildern, die in der Seele eines jeden Menschen ru-
hen. Er wirkt wie *das Salz.* Es teilt sich den Speisen mit, gibt ihnen
den besonderen Charakter und erhöht ihren Wert, ohne daß es dann
als solches noch in Erscheinung tritt (M. Nuss). Das, und das Bestreben, daß ein jeder Mensch sich seiner eigenen Individualität
und Geistigkeit bewußt werde, sei jenes große Geschenk, für das

---

[151] Bô Yin Râ, Das Gespenst der Freiheit, Bern: Kober Verlag 1990, S. 190-
194. (3. Aufl.)
[152] Max Nuss, BÔ YIN RÂ, Herausgeber: Deutsche Bô Yin Râ-Stiftung, Darmstadt 1976, S. 28 f.

wir besonders dankbar sein dürfen – sagte abschließend in seinem Vortrag Professor Nuss.[153]

b) Dr. Otto G. *Lienert*, ein Schweizer Geologe, hat in seinem 1994 veröffentlichten kleinen und feinen Buch die Bedeutung des Lehrwerks aus *naturwissenschaftlicher* Sicht gewürdigt.[154] Er legt den Schwerpunkt auf die *physikalisch überprüfbare* Seite der Schriften Bô Yin Râs, »obwohl diese keineswegs geschrieben wurden, um irgendwelche kosmologische, historische oder biologische Hypothesen zu modernisieren oder zu unterstützen.«[155] Dennoch, meine ich, ist es *Lienert* gelungen, Verbindungslinien aufzuzeigen zwischen der Welt der Naturwissenschaft und der Welt des ewigen Geistes – im Lichte des Lehrwerks.

Er bezeichnet die Bücher von Bô Yin Râ als »Reisebücher«, die den Leser und die Leserin in die Welt des lebendigen Geistes einführen, berücksichtigend, daß die LeserInnen verschiedene Charaktere und seelische Verfassungen haben. Und dann heißt es:

»Von einem der Wahrheit entsprechenden Bericht über unsern Erdensinnen nicht erkennbare Dinge ist zu erwarten, daß er keine logischen Widersprüche enthält und Aussagen über irdische Vorgänge mit den bekannten Naturgesetzen vereinbar sind. Des weiteren ist anzunehmen, daß die ›Lehre‹ mit authentischen Aussagen anderer in der transmundanen Welt – im Geiste – Bewusster, wie beispielsweise Jesus von Nazareth oder Lao Tse, sinngemäß übereinstimmen sollte, wenn man die Verschiedenheiten von Kultur und Sprache und die oft mangelhafte Überlieferung in Betracht zieht.«[156]

Dieser Ansatz ist deshalb attraktiv, weil er dem Intellekt des Europäers mehr entspricht. »Dem durch westliche Schulen gegangenen Menschen ist vor allem das physikalisch-mathematisch erfaßbare Weltbild vertraut. Bô Yin Râ hat in erster Linie für daheimgebliebene und ausgewanderte Europäer geschrieben, da er von seiner

---

153 Vgl. ebd., S. 35.
154 Otto G. Lienert, Weltwanderung. Bô Yin Râ. Lehre und Biographie, Bern: Kober Verlag 1994, 53 Seiten.
155 Ebd., S. 9.
156 Ebd., S. 11 f.

irdischen Herkunft, Erziehung und Umgebung her ein moderner Europäer war, der sich auch für Naturwissenschaften und Technik interessierte.«[157]

Möglicherweise eignet sich dieses gut geschriebene feine Büchlein eines Naturwissenschaftlers am meisten dafür, akademischen Kreisen die Einführung oder Hinfindung zu Bô Yin Râ zu erleichtern, falls solches Bestreben in akademischen Kreisen bei Einzelnen vorhanden ist.

Bemerkenswert ist, daß Lienert in der knappen und dichten Darstellung des Erlösungswerkes Jesu Christi im Lichte des Lehrwerks, in einer Zwischenbemerkung, scheinbar nebenbei erwähnt: »Daß die sich auf Christus berufenden Kirchen mit dem Werk von Bô Yin Râ eine ganz neue und unerhört tiefe Grundlage für einen heute so notwendigen Neuaufbau erhalten haben, ist erst von wenigen ihrer Vertreter erkannt worden.«[158]

Auch Lienert, wie Schott, Kober-Staehelin und anderen ist natürlich voll bewußt, daß die »allzu nüchterne Zusammenfassung des Lehrwerks von Bô Yin Râ« aus eher naturwissenschaftlicher Sicht in keiner Weise dem unerschöpflichen Inhalt seiner Bücher und Bilder gerecht werden kann.[159] – Die eigene Lektüre kann, in der Tat, keine Einführung, Hinführung und Annäherung ersetzen, denn das Lehrwerk selbst ist die Quelle, aus der jeder, der Deutsch kann, direkt schöpfen kann. Somit ist natürlich auch diese »religionsphilosophische Arbeit« nur ein kleiner Anstoß, damit jemand, der diese Zeilen liest, vielleicht selbst ein Buch von Bô Yin Râ in die Hand nimmt und liest.

c) Wolfgang *Nastali*, der in diesem Zusammenhang als letzter Zeuge des Lehrwerks von Bô Yin Râ zitiert werden soll,[160] hat ein

---

[157] Ebd., S. 12.
[158] Ebd., S. 34.
[159] Vgl. ebd., S. 38.
[160] Wolfgang Nastali, URSEIN – URLICHT – URWORT. Die Überlieferung der religiösen ›Urquelle‹ nach Joseph Anton Schneiderfranken Bô Yin Râ, Münster: AT Verlag 1999, (2. Aufl.). Mit einem Beitrag von Gerhard Wehr, 125 Seiten. – W. Nastali ist 1951 in Mainz geboren. Er ist Diplom-Soziologe, zur Zeit schreibt an einer Dissertation in Philosophie. Er publizierte Gedichte und einige philosophische Essays.

94

lobenswertes, sehr gründlich dokumentiertes, dicht geschriebenes Buch – mittlerweile in der zweiten Auflage – veröffentlicht, dessen Anmerkungsteil jeden Kenner beeindruckt. Der sogenannte wissenschaftliche Apparat, in dem W. Nastali den zeit- und geistesgeschichtlichen Kontext mancher Problemkreise, wie Okkultismus, Spiritismus, Esoterik, New Age, Theosophie (nach Blavatsky) sowie theologische und philosophische Schriften berücksichtigt, um deutlich und unmißverständlich das Lehrwerk von Bô Yin Râ von ähnlich klingenden »Pseudotraktätchen« abzugrenzen, ist wirklich imponierend und präzis. Ich habe ihm für meine Arbeit nicht wenige Impulse, Anregungen und Informationen zu verdanken.

In dem Zusammenhang, wo er Bô Yin Râ von »Theosophen«, »Gnostikern« und dergleichen abgrenzt, erwähnt er im Anmerkungsteil: »Bei den beiden christlichen Kirchen herrscht offenbar völlige Unkenntnis über den Autor [Bô Yin Râ]. Ich selbst habe durch Anfragen bei den maßgeblichen kirchlichen Stellen keine klärenden Antworten bekommen können. Während die Evangelische Zentralstelle für Weltanschauungsfragen in Berlin mir eine Fotokopie eines völlig falsch informierten Artikels aus Miers' ›Lexikon des Geheimwissens‹ (Erstauflagen) schickte (Bô Yin Râ als ›Theosoph‹ und ›Courths-Mahler des Okkultismus‹), konnte sich die maßgebliche katholische Stelle in Bonn noch zu keiner Antwort entschließen. Eine erfrischend direkte Antwort erhielt ich von einem süddeutschen Jesuiten, der als Kenner der Esoterik- und New-Age-Szene gilt, und der offen einräumte, daß er darüber nichts wisse, weil er Bô Yin Râ ›nur von den Buchdeckeln her‹ kenne (Briefliche Mitteilung vom 16.09.1997 an Nastali).«[161]

Langer Rede kurzer Sinn: Sogenannte »maßgebliche Stellen« der evangelischen und der katholischen Kirche in Deutschland kennen Bô Yin Râ überhaupt nicht. Es gibt aber einzelne – mir persönlich bekannte – Priester und Theologen, die etwas aus dem Lehrwerk gelesen haben. Es ist natürlich jedem überlassen, das Lehrwerk,

---

[161] Ebd., S. 54, Anmerkung 11. An dieser Stelle sei hinzugefügt: Auch ich habe 1997 einen *anderen*, von mir hochgeschätzten Jesuitenpater und Professor gefragt, ob er von Bô Yin Râ etwas gehört habe und wisse, aber er wußte gar nichts. Er sagte nur (sinngemäß): Es gäbe so viele Autoren dieser Sorte, daß man sie nicht alle kennen könne.

falls er mit einem Buch in Berührung kommt, zu lesen und damit nach seinem »Geschmack« umzugehen. Dennoch scheint es mir merkwürdig – des Merkens würdig, – daß kirchlich-christliche Kreise und vor allem jene, die mit Religion, Religionsphilosophie und Theologie zu tun haben, kaum Kenntnis davon genommen haben, daß im 20. Jahrhundert im deutschen Sprachraum ein Mann gelebt hat, dessen Schriften eben *die religiöse Urquelle* erschlossen haben. Diese »Lücke« will die vorliegende Arbeit füllen. Bezüglich der amtlichen Vertreter der Religionsgemeinschaften hat Bô Yin Râ – in seinem *Hortus conclusus* – geschrieben:

»Es ist aber keinem Kirchenbeamten und keinem, den Interessen einer Glaubensgenossenschaft dienstbereiten Gelehrten zur Pflicht gemacht, meine Schriften zu seinem eigenen Heil bedachtsam zu lesen. Kommen sie ihm durch irgendeinen unvorhergesehenen Umstand dennoch vielleicht vor Augen, so ist es ihm gewiß nicht zu verübeln, wenn er sie mit vorgefaßtem Argwohn betrachtet. Je befangener, befürchtender und darum oberflächlicher er ihren Inhalt ansieht, desto gewisser wird er glauben, dieser Inhalt bedrohe die Interessen der Genossenschaft, die ihm Amt, Würde, Titel und Versorgung gibt, und die schließlich doch auch eine Glaubenslehre vertritt, die seiner Überzeugung nach den ihr zugetanen Gläubigen das ewige Seelenheil bringt. Kein Wunder, wenn er die ihm anvertrauten Gläubigen vor Mitteilungen behütet sehen will, die da und dort anders klingen als der *Wortlaut* der Lehren, die er ihnen zu geben hat. Ein solcher Gemeindeleiter, oder ein solcher konfessionell gebundener Theologe müßte schon ein ganz außerordentlich weitsichtiger und überaus urteilsfreier Vertreter seines Berufes sein, wenn er nach dem Lesen einiger meiner Schriften erkennen sollte, um was es sich handelt, und daß der Verbreitung und Bestätigung des von ihm Geglaubten und seiner religiösen Überzeugung nach Richtigen keine gewaltigere Hilfe zuteil werden könnte, als sie ihr in dem Inhalt dieser Schriften dargeboten wird.«[162]

---

[162] Bô Yin Râ, Hortus conclusus, Bern: Kober Verlag 1979, S. 234 f. (2. Auflage), in dem Kapitel: Über die Zwangslage der Seelsorgerschaft.

Es ist das Verdienst von Wolfgang Nastali, in seinem Buch darauf aufmerksam gemacht zu haben, daß Bô Yin Râs erfahrungsgesättigtes Werk *nicht* im Dienste einer Organisation (Kirche, religiöse Konfession) oder anderer Sondergemeinschaften (Sekte, Geheimgesellschaft) steht, obgleich es allerdings solche *nicht* bekämpft. Andererseits schadet das Lehrwerk den einzelnen *in der* Kirche auch nicht, seien sie nun Priester, Bischöfe oder amtlich bestellte Theologen und Philosophen, sondern – und das ist der springende Punkt – begründet und verwandelt *auch ihre* religiöse Erfahrung auf dem Weg vom Wissensglauben (»Für-wahr-Halten«) zum Erfahrungsglauben, denn heute – im 21. Jahrhundert – kommt es auf jenen »inwendigen Lehrer« (E. Biser) an, auf den sich das Schriftwort bezieht, wonach Christus im »inwendigen Menschen« wohnt, im Herzen des Menschen als Gottes Liebe und Weisheit (Eph. 3, 17). Und W. Nastali fügt hinzu:

»Eine Botschaft wird durch einen Boten überbracht, und hier erfahren wir im Jahrhundert der grausamen staatlichen Megatöter [im 20.sten] eine ungewöhnliche Tröstung durch diesen Boten seltenster Art, durch einen ›Engel‹ (Angelus) – denn das ist wörtlich ein ›Bote Gottes‹ (hebr.: mal'ak). Die verborgenen Helfer, die ›Leuchtenden des Urlichtes‹ sind solche wahrhaftigen Boten. Der verdienstvolle Übersetzer des Werkes Laotses, Richard Wilhelm (1873 – 1930), äußerte sich über Bô Yin Râ einmal folgendermaßen: ›*Es geht manchmal ein Engel über die Erde, aber die Menschen bemerken es nicht.*‹

Das vorliegende Buch dient lediglich dazu, dieser Vergessenheit abzuhelfen und um Aufmerksamkeit für diesen Lichtboten der Urfeuerkraft der Liebe zu bitten«[163] – schrieb Wolfgang Nastali im Februar 2000.

Da sein Buch im Laufe der Reflexionen in dieser Arbeit öfters zitiert wurde und noch wird, genügt es, an dieser Stelle mit ihm die Reihe der Zeugen des Lebenswerks und Lehrwerks von Bô Yin Râ

---

[163] Wolfgang Nastali, URSEIN – URLICHT – URWORT. Die Überlieferung der religiösen ›Urquelle‹ nach Joseph Anton Schneiderfranken Bô Yin Râ, Münster: AT Verlag 1999, S. 10. (2. Aufl.).

abzuschließen. Das bisher Geschriebene dürfte ausreichen, um die herausragende Bedeutung Bô Yin Râs für das Leben des Einzelnen, aber auch für eine *neuere* Art der Religionsphilosophie und der Theologie – als der sinnvollen Rede über Gott, über das Göttliche – hervorzuheben. Auch die sogenannte methodologische Reflexion der Vorgehensweise ist mit dem bisher Gesagten geleistet. Ich habe, ausgehend von Zeugen des Lebens eines Mannes, der ein einzigartiges *geistiges* Lehrwerk in deutscher Sprache geschrieben und hinterlassen hat, aufzuzeigen versucht, daß es andere Menschen gibt, die über ihn und über sein Lehrwerk schon Kenntnis haben, und, daß all diese Zeugen im Sinne einer Konvergenz bestätigen: Hier, im Lehrwerk von Bô Yin Râ, haben wir es mit etwas Außerordentlichem und Außergewöhnlichem zu tun, was für das irdische und ewige Leben, für die Erneuerung jeglicher Religion und religiöser Gemeinschaft, ja auch für eine neu zu konzipierende *sinn- und wertorientierte* Politik überaus wichtig, essentiell und notwendig ist. Ich werde dafür keine »Beweise« liefern können, wie ich genauso wenig »beweisen« kann, daß *Bach, Beethoven, Mozart* und *Haydn* die allergrößten und bedeutendsten »Meister des tönenden Geheimnisses« waren, sind und bleiben werden. Es soll aber versucht werden, den *geistigen* Inhalt des Lehrwerks – gruppiert um einige Hauptthemen, ähnlich dem Aufbau einer klassischen Symphonie – so darzustellen, daß der unbefangene, vorurteilsfreie Leser erspüren kann: Das ist harmonisch, lichtvoll, kristallklar.

Die Schreibweise und das gedruckte Schriftbild von Bô Yin Râ ist auch von Bedeutung. Hervorhebungen (kursiv), Punktuationen (manchmal zwei Aufrufezeichen und dazwischen ein Fragezeichen), sowie die Gedankenstriche nach den Sätzen sind – wie in der Musik – Bestandteile des im Text »klingenden und fließenden Logos.« Das heißt: Der Sinn der Sätze soll mit Hilfe der Hervorhebungen und Pausen besser, tiefer, umfassender erfaßt, erfühlt und aufgenommen werden.

Im nächsten Teil dieser Arbeit geht es also ausschließlich um den *geistigen Inhalt* des Lehrwerks gemäß dem Hinweis des Lebens-Lehrers:

»Alle diese Dinge sind dem Leser meiner Bücher nur deshalb dargeboten, weil er *nicht* in bloßer Vertrauenseligkeit den Ratschlägen folgen soll, die ich ihm zu geben habe, sondern *in freier Entscheidung vor seinem Gewissen,* nachdem es ihm ermöglicht wurde, die geistigen Zusammenhänge, auf denen meine Ratschläge beruhen, wenigstens in der Vorstellung zu erfassen. Unerbittlich muß ich jedoch darauf bestehen, daß der Suchende bei seiner Entscheidung *nur vom textlichen Inhalt meiner Bücher* ausgeht, und mich als außenmenschliche Person gänzlich unbeachtet läßt![164]

Diesem Hinweis wollen wir nun Folge leisten und bestimmte Hauptthemen, die sich im Lehrwerk, wie in einer Symphonie, wiederholen, doch immer in neuen Variationen zum Vorschein kommen, mit Herz und Verstand »unter die Lupe« nehmen. Es ist unerläßlich, daß ich dabei den Urtext des Lehrwerks immer wieder zitieren muß. Es ist unerläßlich, daß der durch seinen Beruf vorwiegend »verstandesmäßig eingestellte Leser und Leserin«, sich die Mühe macht, mit dem ihm oder ihr maximal möglichen Einfühlungsvermögen diese Texte zu lesen.

Der *Schreibstil* von Bô Yin Râ ist *nicht* der Stil eines philosophisch oder theologisch denkenden Mannes, sondern er hat immer alles so niedergeschrieben, wie es sich ihm nach geistig bestehenden Lautwertgesetzen formen mußte. In diesem einzigartigen und eigensinnigen Schreibstil wirkt eine *Lautmagie,* die man nur erfassen kann, wenn man sich in die Atmosphäre der Texte – oder besser: eines ganzen Buches – einfühlt. Darum sollte man sich selbst stimmen, um die »Stimmung« und die Wahrheit eines Textes so zu erschließen, wie man die Wahrheit eines großen Musikwerkes erschließt: durch lauschendes, aufmerksames, hingebungsvolles *Hinhören* auf das musikalische Geschehen. Auch die Texte, die zitiert

---

[164] Bô Yin Râ, Der Weg meiner Schüler, Bern: Kober Verlag 1983, S. 84 f. (2. Aufl.). Es heißt: »Solange eine Stelle in einem meiner Bücher, die vom wirklichen ewigen Geiste und den Dingen des substantiellen geistigen Lebens handelt, noch nicht den *freudigen Widerhall* weckt, den man empfindet, wenn etwas lang Vergessenes, dem voreinst unsere *Liebe* gehörte, wieder vor uns genannt wird, – solange ist die betreffende Textstelle noch nicht verstanden!« (Ebd., S. 189.)

werden, sind – Geschehen. Bô Yin Râ konnte nichts schreiben, was er nicht in betontester Weise als *gesprochen* empfunden hat. Interpunktion und Gedankenstriche sind Zeichen für die kürzeren oder längeren *Pausen* zwischen den als *gesprochen* empfundenen Wortfolgen. Darum besteht für den Leser die Notwendigkeit, sich das Gelesene lauthaft *gesprochen* vorzustellen, sonst besteht die Gefahr, daß ziemlich Wesentliches von dem, was ihm die gelesenen Sätze an Innerstem zu geben haben, nicht verstanden und nicht empfunden wird.

Um aufnehmen zu können, was in den Texten von Bô Yin Râ gegeben ist, wird man sehr *bedachtsam* lesen müssen. In diesen Texten wird dem Geistigen immer *neuer* Ausdruck gesucht und gefunden und einer tieferen Einsicht wird sich nach einer bestimmten Zeit zeigen, daß alle Aussagen miteinander im Tiefsten harmonieren.

6. DAS GEISTIGE LEHRWERK VON BÔ YIN RÂ

6.1. Der Mensch in der Struktur des ewigen geistigen Lebens

Mit nicht zu übertreffender Deutlichkeit spricht Bô Yin Râ von der »Geburt des lebendigen Gottes im Ich« und mit diesem Hauptthema zugleich erklingt das Grundthema von der geistigen Struktur der Wirklichkeit. Er lehrt keine »Methode«, heißt es, sondern in seinem ganzen Schriftwerk handelt es sich »um nüchterne Lehrbücher, die seelisch suchenden Menschen *die Struktur des ewigen geistigen Lebens* aufzeigen und faßbar machen. Dazu mußte ich *alles* zur Sprache bringen, was Erdenmenschen innerhalb dieses geistig-substantiellen Lebens jemals möglich wurde und so jederzeit möglich sein wird. Aber nicht jedes ist *jedem* möglich!«[165]

Überall dort, wo er vom substantiellen Geiste spricht, ist nicht der Verstand und die Äußerungen der *Gehirnbewegungen* gemeint, sondern geistige »Substanz« soll das *Allerwirklichste* – »die Fülle aller Urseinskräfte« bedeuten. »Diese Geistes-›Substanz‹ ist nichts Starres, sondern aus sich selbst heraus das *Allerfreieste*, durch nichts zu Behindernde, *ewig Bewegliche, ewig sich Bewegende*. Sie ist nicht etwa ›geschaffen‹, sondern, – *ohne* besonderen Willensakt, – *gegeben* durch das bloße Vorhandensein des ›Urseins‹, wie ich das Allerinnerste dessen, was ›ist‹, nennen muß, wenn es bezeichnet werden soll.«[166]

Bô Yin Râ spricht in erlebender Ehrfurcht »von einer höchsten Triade«, die er:

Ursein, *Urlicht* und *Urwort* nennt. Er spricht von ihrer [der Triade] *Selbstdarstellung*, die er in menschlichen Worten faßlich zu machen sucht in der Trias: *Urlicht, Urwort, Ur-Geistesmensch*. Er zeigt auch, wie das, was er »voll erschauernder Anbetung als ›Ur-

---

[165] Bô Yin Râ, Briefe an Einen und Viele, S. 97.
[166] Bô Yin Râ, Der Weg meiner Schüler, S. 86.

Geistesmensch‹ zu benennen« versucht – »*Vater*« ist – und auch »Mutter« zugleich: – der *erscheinenden Dreiheit des geistigen, see-lischen, und verstandesartig begreifenden* Menschen.« Und jetzt kommt das zentrale Hauptthema:

»Ich versuche, zu zeigen, wie solcherweise der wirkliche ›*Mensch*‹ hinauf- und hineinreicht in die innerste *Gottheit*, die sich ihm liebend erlebensfaßbar macht, als sein, ihm *individuell* verein-ter ›*lebendiger*‹ Gott ...«[167]

Der auf Erden erscheinende Mensch ist nicht etwa *der ewige Mensch*, sondern vielmehr nur »*das* erdgehörige Tier« – das Er-denmenschentier – »in dem sich ewige Menschenemanationen zu erleben suchen, die *über* den Kulminationspunkt ihres Individual-zustandes *hinausgelangten*, was für sie ein *Fallenmüssen* zu be-deuten hatte, – einen ›sündhaften‹, weil *verschuldeten* ›Fall‹ aus höchstem Leuchten, – für den es keinen, den Wiederaufstieg er-möglichenden Ausgleich gibt, als die Inkarnation in einem der *schuldfreien*, physischen Wesen des Weltalls: – einem *Tiere*, – wo-bei allerdings nur eine Tierform in Betracht kam, die Eignung zeigte, ewig Menschlichem dereinst *Ausdruck* werden zu können. Wir kennen diese Tierform nur zu gut aus eigenem physischen Er-leben! –«[168]

Das Geheimnis des Menschen ist das Geheimnis des in der ewi-gen Gottheit begründeten GEISTES-MENSCHEN.

Das in der ewigen Gottheit begründete Geheimnis des Geistes-Menschen muß zunächst erlebend verstanden werden, das geistige *Erwachen zu sich selbst* muß erfolgen, wenn der Erdenmensch wis-sen will, wer er ist, denn »noch weiß *keiner* aus euch, – *wer er ist!* – – –«[169]

Eine Religionsphilosophie, welche die verborgenen Hintergründe der Religion und des religiösen Phänomens erschließen will, muß

[167] Ebd., S. 126 f.
[168] Ebd., S. 127 f.
[169] Das Buch vom lebendigen Gott, Bern: Kober Verlag 1996, S. 12. (8. Aufl.)

erneut in das Geheimnis des Menschen hineintauchen – in das Geheimnis des Geistes-Menschen, der sich im »Erdenmenschentiere« erlebt, seinen Rückweg zum Ur-Sprung suchend.

Eine gute Religionsphilosophie ist *sinn-volle* Rede vom Ursprung des Religiösen, und das setzt unausweichlich voraus, daß wir zuerst vom MENSCHEN sinnvoll reden, daß wir zuerst den innersten Wesenskern des MENSCHEN in den Blick bekommen. Darum hat sich die abendländische Religionsphilosophie immer schon bemüht und gewiß in *Platon* einen Höhepunkt erreicht, der in der abendländischen Philosophiegeschichte kaum übertroffen wurde. Ich weiß, daß es heute Philosophie und Philosophien gibt, aber ich will das Wort im Sinne der »*philosophia perennis*« verstanden wissen, in dem Sinne, wie Platon Philosophie verstanden hat – es genüge hier der Hinweis auf die Fachliteratur[170], – und das heißt: Ich will in dieser Arbeit das Wort Philosophie als Offensein für die ganze Wirklichkeit, demnach auch für die *Offenbarung*, verstanden wissen, womit zugleich ausgesagt ist, daß Philosophie als *Lebens-Haltung* das liebende Streben nach Weisheit ist.

So gesehen hat die Philosophie gar nichts mit einer *erdachten* »Weisheit« zu tun, sondern sie will, kraft des Lichtes des Verstandes und der Vernunft, also kraft des Denkens *und* des Geistes – kraft des dem MENSCHEN innewohnenden Lichtes – die wahre Wirklichkeit erschließen, wobei »erschließen« wiederum ein zweideutiges Wort ist, denn mit Bezug auf das Lehrwerk von Bô Yin Râ muß eher gesagt werden: es handelt sich zutiefst um ein Erleben, um ein *dynamisches Geschehen* und um praktische Erfahrung dessen, was ewige Weisheit und Wirklichkeit ständig, ununterbrochen, ohne Unterlaß – offenbaren.

Das Anliegen der Überlieferung des religiösen Urquells ist die gesicherte Weitergabe der in ewiger Wirklichkeit gegründeten Antwort auf die drei Menschheitsfragen: Was oder wer ist der Mensch? Woher kommt der Mensch? Wohin geht er? Die Lehre vom ewigen Geistesmenschen beantwortet diese Fragen. »Diese [Lehre] schließt

---

170 Josef Pieper , Über den Philosophie-Begriff Platons, in: Werke in acht Bänden, hrsg. v. Berthold Wald, Hamburg: Felix Meiner Verlag 1995, hier Band 3, S. 156–172.

notwendig in sich ein und setzt voraus: Das geistige Gesetz der Polarität, die trinitarische Struktur des immerwährenden Lebens, die Gottesgeburt in der Seele des Menschen, die Traditionskette der Lichtgemeinschaft als geistig vorbestimmte [und vorbereitete] Mittler und Baumeister am ›Tempel der Ewigkeit‹ sowie die unaussprechliche Einheit des Urlichtes. Innerstes Zentrum für die menschliche Existenz und höchstes Ziel der Lebenslehre von Bô Yin Râ ist dabei die ›Geburt‹ des lebendigen Gottes in der Seele, im ewigen ›Ich‹. Diese Bezeichnung von der ›Gottesgeburt‹ in der Seele des Menschen, (...) ist auch aus der deutschen Mystik des Spätmittelalters bei *Meister Eckhart* (1260–1328) bekannt, und sie geht auf *Origenes* (185–254) und bis ins *Johannesevangelium* (3,3 f.) zurück.«[171]

Der Mensch als »Mann« und »Weib« in Bipolarität vereint, lebte an seinem *Ursprung* in der ewigen *Gottheit*. Sein »Fall« aus hohem Leuchten in die physisch-sinnliche Erscheinungswelt erfolgte freiwillig, und, der Mensch einte sich einem Tierleib. In selbstgeschaffenem Exil bemüht er sich, das Glück des Ursprungs wieder zu erreichen – und »seitdem« ereignet sich ständig, ununterbrochen die auf das Heilsgeschehen zielende Offenbarung des »religiösen Urquells«.

Die Offenbarung ist nicht abgeschlossen. Die sogenannten »*Heilstatsachen*«, um in christlicher Terminologie zu sprechen, dürfen nicht nur als *einmaliges* Geschehen – und nicht nur begrenzt auf eine bestimmte religiöse Konfession – vorgestellt werden, denn das Heilsgeschehen und die Heilstatsachen sind ein *immerwährender* Vorgang.[172] Das Heilsgeschehen ereignet sich überall und in je-

---

[171] Wolfgang Nastali, URSEIN – URLICHT – URWORT, Münster 2000, S. 33 f.

[172] Vgl. Über meine Schriften, S. 11. – Hier paßt die Reflexion von *Josef Pieper*: »Theologe im strikten Sinn des Wortes ist der, welcher es unternimmt, die in der heiligen Überlieferung bewahrten Dokumente der Offenbarung auf das wahrhaft Gemeinte hin kritisch zu interpretieren. Genau hierin liegt das Theologische an der Theologie; Theologie also ist eine durchaus menschliche Veranstaltung! Allerdings läßt sich da ein höchst signifikanter Ausnahmefall denken; und er ist ja nicht nur denkbar; auch das Wort ›Ausnahme‹ ist nicht ganz zutreffend. Ich meine den Fall, daß der Urheber

der Zeit – in jedem Kulturkreis. Das Heilsgeschehen ereignet sich auf der »Ebene« des menschlichen Geistes oder in der Dimension des Geistes im einzelnen Menschen, denn in jedem menschlichen Individuum ist der »Geistesfunke aus dem Ursprung« – der heile, geistsubstantielle, unzerstörbare »Kern« – unauslöschlich da, wenn auch noch nicht bei jedem vereint mit dem Gehirnbewußtsein. Es ist so, daß im irdischen Menschen etwas von dieser oben sogenannten Geistes-«Substanz« waltet und wirkt. Auch nach dem »Fall« blieb ein »Funke« geistigen Bewußtseins im Menschen der Erde verborgen zurück, als hoher Lenker und: – als sein *Gewissen*.

Aber der »Funke« dieses geistigen Bewußtseins ist seinem *Gehirnbewußtsein* noch nicht verschmolzen.[173] Ziel aber ist, daß im Individuum die Gottheit ihre »Wohnung« nehmen kann, daß der Erdenmensch schon während seines Lebens auf diesem Planeten »die Geburt des lebendigen Gottes in seinem innersten Ich« erlebt. Des Menschen Weg zurück zum Lichte, zu seinem Ursprung ist der Weg zu *sich selbst*, und – zu seinem *Gott*, der sich in ihm *verhüllt*.[174] Und dann heißt es in einem klaren, feierlichen Ton:

»Es ist der ›*lebendige*‹ Gott, von dem ich spreche, und nicht ein ›Gott‹ etwelcher Götzendiener. Gar leicht läßt sich der ›*lebendige Gott*‹ sich finden, wenn du mutig ihm *vertraust, noch ehe du ihn kennst*, doch wird er *immer ferner dir entschwinden*, je ängstlicher du erst ›*Beweise*‹ forderst, ob er denn auch wirklich sei, und ob die Kraft in dir sich finden lasse, ihm zu nahen ...«[175]

Bekannt und doch unbekannt ist diese Sicht vom Menschen, der geneigt ist, seine irdische Erscheinung mit seiner letzten Wirklichkeit zu identifizieren. Der *Mensch* aber ist, in ewiger Wirklichkeit gesehen: »*Ewiges Leben in der Form individueller, bewußter Er-*

---

der Offenbarung selber ihre Deutung inspiriert. Das erst wäre und das ist dann in Wahrheit Theologie als *doctrina sacra*!« (In: Werke, Band 7, S. 135.) – Dies ist der Fall bei Bô Yin Râ.

[173] Vgl. Bô Yin Râ, Das Buch vom lebendigen Gott, Bern: Kober Verlag 1996, S. 180. (8. Aufl.)

[174] Vgl. Bô Yin Râ, Das Buch vom Menschen, Bern: Kober Verlag 1992, S. 151. (4. Aufl.)

[175] Ebd., S. 151 f.

lebnisfähigkeit« – ob er sich nun in *geistiger* Erscheinungsform oder im *Erdentierkörper* erlebt.[176]

Der Mensch der Erde und der Mensch des Geistes – Gehirnbewußtsein und Geistesbewußtsein: darüber muß gesprochen werden. Der von seinem Gehirnbewußtsein bestimmte Mensch der Erde ist nur eine untergeordnete *Art* des ewigen Geistesmenschen, mit dem er aber doch unbewußt in innerster geistiger Verbindung steht, und der hier auf Erden dasselbe, eine, ewige Leben erlebt, nur eben in physisch-sinnlicher Anschauungsart, als »Diesseits«. Dazu ist das psychophysische Gehirnbewußtsein unerläßlich.

Das Wort *Gehirnbewußtsein* bezeichnet bei Bô Yin Râ die Ebene des Denkens im weitesten Sinn. »Gewiß fällt es dem ›denkenden‹ Erdenmenschen nicht leicht, sich davon zu überzeugen, daß es in ihm eine Bewußtseinsmöglichkeit gibt, über die zwar, nachdem sie *erreicht* ist, nach-gedacht werden kann, die aber dem Denken nicht primär als *Ziel* erreichbar wird, da sie *außerhalb* aller gedanklichen Erschließungsbereiche liegt. Aber die Erringung dieser Überzeugung ist allererste Notwendigkeit, wenn das ›Empfindungsbewußtsein‹ aus seinem Schlafe erwachen soll!«[177]

Somit muß die alte Frage wieder, erneut, nocheinmal gestellt werden: Wer ist der Mensch? Wer ist jener MENSCH, dem das Licht des Geistes innewohnt? Wir haben bisher gesehen, daß der *Erdenmensch* und der ewige *Geistes-Mensch* unterschieden werden. Es handelt sich um eine Unterscheidung und nicht um eine Trennung. Es handelt sich um jene, in den Religionen überlieferte Vorstellung, die eine Wahrheit erahnen läßt, daß nämlich der sterbliche irdische Leib nur *zeitliche Ausdrucksform* eines geistigen Wesens ist, das nicht von dieser Erde stammt. Es handelt sich um jene, von den Religionen je unterschiedlich erkannten und in verschiedenen Formen ausgedrückten Wahrheit, daß diese Erde nicht des Menschen endgültige Heimat ist und werden *kann*, da er, aus dem

---

[176] Vgl. Bô Yin Râ, Das Buch vom Jenseits, Bern: Kober Verlag 1990, S. 69. (7. Aufl.)

[177] Bô Yin Râ, Über die Gottlosigkeit, Basel: Kober Verlag 1939, S. 40.

106

Ewigen kommend, hier nur vorübergehend weilt, und seinen Weg zum Ewigen zurück sucht.

Wir wollen uns nun der Frage, wer der Mensch ist, »von unten« annähern, indem wir darauf nicht abstrakt, sondern zuerst im Kontext der europäischen Geschichte des 20. Jahrhunderts antworten. Die Frage wurde nach dem zweiten Weltkrieg unter anderen auch von *Viktor Frankl* gestellt. In einer 1949 gehaltenen Gedenkrede sagte der Wiener Arzt-Philosoph, Begründer der Logotherapie und Überlebender von vier Konzentrationslagern *Viktor Emil Frankl* (1905–1997) folgendes:

»Das Erlebnis des Konzentrationslagers war ein einziges großes Experiment – ein wahres *Experimentum crucis.* Unsere toten Kollegen haben uns bewiesen, daß der Mensch es in der Hand hat, auch unter den ungünstigsten, den unwürdigsten Bedingungen noch Mensch zu bleiben – wahrer Mensch und wahrer Arzt.

Was also ist der Mensch? Wir haben ihn kennengelernt, wie vielleicht noch keine Generation vor uns; wir haben ihn kennengelernt im Lager – im Lager, wo alles Unwesentliche vom Menschen weggeschmolzen war; wo alles fortfiel, was einer besessen hatte: Geld – Macht – Ruhm – Glück – wo nur mehr das übrigblieb, was ein Mensch nicht ›haben‹ kann, sondern was er ›sein‹ muß: was übrigblieb, war der Mensch selbst – verbrannt vom Schmerz und durchglüht vom Leid, wurde er eingeschmolzen auf das Wesentliche in ihm, auf das Menschliche.

Was also ist der Mensch? – Er ist ein Wesen, das immer entscheidet, was er ist. Ein Wesen, das in sich gleichermaßen die Möglichkeit birgt, auf das Niveau eines Tieres herabzusinken oder sich zu einem heiligmäßigen Leben aufzuschwingen. Der Mensch ist immerhin jenes Wesen, das immerhin die Gaskammern erfunden hat; aber er ist zugleich auch jenes Wesen, das in eben diese Gaskammern hineingeschritten ist in aufrechter Haltung und das *Vaterunser* oder das *jüdische Sterbegebet* auf den Lippen. – *Das also ist der Mensch.*«[178]

---

[178] Viktor E. Frankl, Der leidende Mensch, München/Zürich: Piper Verlag 1990, S. 347.

Das also ist der wahre, seiner *Verantwortung* bewußte Mensch, der in aufrechter Haltung, das Vaterunser oder das jüdische Sterbegebet rezitierend, hineingeschritten ist in die Gaskammern. Das ist der wahre Mensch, sagt Frankl, und erwähnt namentlich Dr. Paul Fürst und Dr. Ernst Rosenberg. Mit ihnen konnte er vor ihrem Tod im Lager sprechen, heißt es weiter: »Und es war in ihren letzten Worten *kein einziges Wort des Hasses – nur Worte der Sehnsucht* kamen über ihre Lippen – *und Worte des Verzeihens*.«[179]

Was ist, so frage ich hier, in *diesen* Menschen, welche Bewußtheit und *Kraft* wirkt in ihnen, daß sie fähig sind, denen zu verzeihen, die sie in den Tod geschickt haben? Denn auch *sie* waren Menschen aus Fleisch und Blut, auch sie waren zunächst *Erdenmenschen*, und darüber hinaus auch Menschen, in denen ein hohes Niveau der *geistigen Bewußtheit* und eine hohe *Liebeskraft* mit am Werk war. Und es liegt ganz und gar immer nur am einzelnen Menschen, ob er seine eigene, im Geistigen begründete Würde mit Füßen tritt – oder ob er sie wahrt.

Eine zweite Annäherung an das Wesen Mensch ist die aus dem Staunen kommende Frage:

Welche Bewußtheit und Kraft wirkte in denjenigen Menschen, die – wie *Lao tse, Jesus von Nazareth, Bô Yin Râ* – man nur als unvergängliche Lichtgestalten bezeichnen kann?

Sie alle waren auch sehr irdisch, trugen die Farben und Formen des Kulturkreises, in dem sie gelebt haben. Aber sie waren *mehr*, als ihre irdische Erscheinung: sie waren in einem besonderen Sinne des Wortes: Meister, »Klaraugen«, Lebens-Lehrer, »Leuchtende des Urlichtes«. Oder eine dritte Annäherung an das menschliche Wesen, ist, wenn wir fragen: Welche Kraft wirkte in den Menschen, die unter dem Namen *Bach, Mozart* und *Beethoven* bekannt sind? Nur *sehr wenige* sind dazu geboren, Ausübende eines geistigen Dienstes zu sein, eines Dienstes, der der ganzen Menschheit zugutekommt. Nur einer ist dazu geboren, *Mozart*, und ein anderer ist dazu geboren, *Beethoven* zu sein. Ein Mensch, der nicht dazu bestimmt wurde, könnte auch nicht durch allen Fleiß der Welt ihres-

---

[179] Ebd., S. 346.

gleichen »werden«.[180] Denn: »Es gibt ein ewiges *Vorleben* vor dem Eintritt des Menschengeistes in diese Welt der Sichtbarkeit, und es gibt ein ewiges *Fortleben* nach dem ›Tode‹ des Erdenkörpers!«[181]

Das ist freilich eine neue, obzwar zugleich uralte Sicht vom MENSCHEN. Die Präexistenz ist nicht nur ein Privileg der Meister, sondern jegliches Geistwesen ist unsterblich. Das Geisteswesen Mensch, der ewige Geistes-Mensch als die letzte, wirkliche Realität des irdischen Erscheinungsmenschen muß erneut zu Gesicht kommen, will man den Weg und das Schicksal des MENSCHEN erfassen.[182] Darum hat Bô Yin Râ sein »Buch vom Menschen« mit dem Satz eröffnet:

»Vom *Menschen* aus mußt du zu ›Gott‹ gelangen, sonst bleibt dir ›Gott‹ in Ewigkeit – *ein Fremder*! –«[183]

Und später fügt er hinzu: Die »Lehre« vom Menschen, die er vermittelt, sei Jahrtausende altes Erbgut derer, »denen seit der Urzeit dieser Erdenmenschheit die heilige Flamme zur steten Hütung anvertraut ist, deren Licht aus dem innersten ›Urlicht‹ hervorgeht.« [Es handelt sich] »um *Mitteilung* praktischer *Erfahrung* in der lebendigen Welt des *substantiellen ewigen Geistes*, der jede Menschenseele auf diesem Planeten entstammt ...«[184]

Die ewige, lebendige Welt des substantiellen Geistes beschreibt Bô Yin Râ aus seiner eigenen geistigen Urerfahrung und nicht bloß spekulativ.

URSEIN – URLICHT – URWORT[185] bilden, so Bô Yin Râ, den uranfänglichen Ursprung, die eigentliche TRINITÄT. Man muß

---

[180] Vgl. Bô Yin Râ, Mehr Licht, Bern: Kober Verlag 1989, S. 107. (4. Aufl.)

[181] Ebd., S. 113 f.

[182] Siehe dazu auch Platons *Phaidros* (246 a 1), erläutert bei Josef Pieper, Begeisterung und göttlicher Wahnsinn, München: Kösel Verlag 1962, S. 122 f.

[183] Bô Yin Râ, Das Buch vom Menschen, Bern: Kober Verlag 1992, S. 7. (4. Aufl.) **Dieses Buch ist schlicht und einfach fundamental**, wenn man sich über den Menschen und sein Schicksal Gedanken macht.

[184] Ebd., S. 9.

[185] Vgl. das hervorragende Werk von Wolfgang Nastali, URSEIN – URLICHT – URWORT. Die Überlieferung der religiösen »Urquelle« nach Joseph Anton Schneiderfranken Bô Yin Râ, Münster: AT Edition 1999. (2. Aufl.)

»dogmenfrei« lesen, um fühlend zu verstehen, wenn es heißt: »Der ›Anfang‹: – das *Ursein*, – zeugt aus sich das *Urlicht*, und das Urlicht zeugt das *Wort*. Das *Wort* aber hat das *Licht des Lebens*, und das Licht *leuchtet* im Wort, das den ›Vater‹ zeugt: – den Urgeist-Menschen, – in der tiefen Stille der Ewigkeit, die heute ist, wie sie allzeit war und immerdar bleibt.«[186]

Oder, wie es anderswo heißt: »Ich gebe Mitteilung von der mir erfahrungsgemäß bewußten Verwurzelung des Erdenmenschen in einem mit physischen Sinnen unfaßbaren, aber gleichwohl nur ›sinnenhaft‹ durch *geistige* Sinne erfahrbaren, *substantiellen* ›geistigen‹ Kräftebereich, in dem das individuelle Bewußtsein des Menschen schon während dieses erdenkörperlichen Lebens zum Erwachen kommen *kann*, – in dem es aber unweigerlich nach dem Aufhören physisch-sinnlichen Daseins zum Erwachen kommen *muß*.«[187]

Das sogenannte Erdenmenschentier und der wirkliche MENSCH des Geistes, so haben wir gesagt, müssen sorgfältig unterschieden werden, will man zum wahren Wesen des Menschen vordringen. Gewiß ist der *Erdentierkörper* des irdischen Menschen Frucht der erotischen Vereinigung von Mann und Frau *auf Erden*. Genau so aber ist der wirkliche Mensch »Frucht der Liebe« aus Männlichem und Weiblichem im *substantiellen reinen Geiste*.[188] Darum heißt es:

»Wer *den Menschen* sichten und somit *sich selbst erkennen* lernen will, der muß in *die Heimat* des Menschen gehen, – muß sein Suchen auf *jene* Wege lenken, auf denen die *Höhenregion* zu erklimmen ist, aus der des wirklichen Menschen *ewiger* Organismus stammt, niemals irdischen Sinnen faßbar, und auch dem erdenhaften *Verstande* nur erkennbar in den *Auswirkungen* geistig geschaffener Impulse.

Solange wir uns nur mit der *menschlichen Erscheinungsform auf dieser Erde* beschäftigen, stehen wir lediglich einem disharmonisch gearteten *Tiere* gegenüber, – *disharmonisch*, weil es sich nicht al-

---

[186] Bô Yin Râ, Das Buch der königlichen Kunst, Bern: Kober Verlag 1983, S. 15 f.

[187] Über meine Schriften, S. 9.

[188] Bô Yin Râ, Das Buch vom Menschen, S. 10.

110

lein als *Tier* zu erleben sucht, sondern offenbar auch noch aus *anderen* Kräften, *die nicht* zu den Kräften des Tieres gehören, Erlebensanregung empfängt, – *disharmonisch*, weil es durch diese tierfremden Kräfte geradezu daran *gehindert* wird, sein Dasein, unbeschwert mit Schuldbelastung, in tierischem Behagen auszukosten. –

Es *muß* daher vor allem der Irrtum erkannt und überwunden werden, als sei *der Mensch nur* die Erscheinungsform, die wir *auf dieser Erde* mit dem Namen: ›Mensch‹ belegen.

Man kann es keinem Menschen auf der Erde verargen, – keinem, der ›die Menschen *kennt*‹, wenn er für die hohen Worte, die den Menschen ›*das Ebenbild der Gottheit*‹ nennen, nur ein ironisches Lächeln übrig hat, solange der Begriff, den er mit dem Worte ›Mensch‹ verbindet, nur den *Erdenmenschen* meint ...

Wahrlich: das Wort vom ›Gottesebenbild‹ wäre lächerlichste Torheit, hätte jener, der es erstmals aussprach, *nur* an den ›Menschen‹ *der Erde* gedacht!

Dieses Wort konnte nur geprägt werden von einem *Narren*, – oder aber – von einem wirklichen *Weisen*, dem sich die Erkenntnis vom *allumfassenden* Wesen des Menschen erschlossen hatte. – «[189]

Der aufmerksame Leser wird diese Lehre nicht allzu schnell beiseite schieben, sondern er wird erkennen, daß hier von ihm selbst die Rede ist, von ihm, der selber in das ewige Geheimnis eingetaucht ist, das er manchmal in sich selbst erlebt, wenn ihm beispielsweise eine unbedingte sittliche Verpflichtung zu Bewußtsein kommt.

Des Menschen Geheimnis wurzelt im ewigen Urgrund: »im ewig sich selbst und in sich alles Seiende zeugenden *Geiste*, – in der Quelle allen Seins und Offenbarwerdens tief verborgen, – ruht das Mysterium ›*Mann und Weib*‹...«[190]

Dieser »*reine Geist*«, der sich selbst in sich umfaßt, ist »von Ewigkeit zu Ewigkeit *im Schaffen seiner selbst* begriffen, – sich selbst erzeugend und gebärend, – denn reiner Geist ist: ›*Mann und*

---

[189] Bô Yin Râ, Das Buch vom Menschen, Bern: Kober Verlag 1992, S. 10 f. (4. Aufl.)
[190] Ebd., S. 19.

Weib‹. – [Das Mysterium der Bi-Polarität, das Urprinzip von Yin und Yang wird hier angesprochen].

›Mann und Weib‹ im *Geiste* aber zeugen und gebären aus der ur-gegebenen Selbstdarstellung *weiter* – anfanglos – endlos – *den Menschen des reinen Geistes*, und sie zeugen und gebären ihn, sich selbst ›zum Bilde und Gleichnis‹, – als ›*Mann und Weib‹, vereint in urgegebener Einheit zwiepolaren Wesens...*

[Diese Ouvertüre aber klingt weiter, wenn es heißt]:

»Alles, was je Erscheinung wurde: – alle Sonnen und Welten des *geistigen*, wie des *physisch*-sinnlich wahrnehmbaren Kosmos, *al-les, alles* ist ›Schöpfung‹ dieses, aus dem Geiste gezeugten, *rein geistigen* ›Menschen‹, insofern es ›Erscheinung‹ ist, – und diese Schöpfung ist daher auch Zeugnis von ›*Mann und Weib‹* im ewigen Geiste. –

In unendlichfältiger Zahl, – in unendlichfältiger Individualisie-rung – wird dieser erste ›Mensch‹ des reinen Geistes gezeugt und geboren, und *jeder einzelne* ist *ewig schaffend*: – ewig in sich zeu-gend und gebärend, – denn er ›*ist*‹ nur, soweit er im ewigen Zeugen und Gebären *sich darstellt*, als ›*Mann und Weib‹*: – als männlich-weiblich polarisierte Kraft.

Was er zeugt und gebiert ist ›er selbst‹, ist Sein aus seinem Sein, jedoch in gleichsam ›dichterer‹, lichtärmerer Form, bis er endlich, in ferner Weiterzeugung dem urgegebenen Sein bereits weit ent-rückt, sich selbst in bestimmter geistiger ›Dichte‹ als ›*Erscheinung*‹ zeugt, aus sich gebärend alle Welten, die sich als Erscheinung of-fenbaren.

Unendlichfältig ist auch die ›Erscheinung‹ des Menschen der Ewigkeit *in seiner Erscheinungsschöpfung*, und jede einzelne Er-scheinungsdarstellung, die von ihm ausgeht, zeugt und gebiert weiter die nächste *tieferstehende* Erscheinungsart.

Es gibt Stufen des ›Menschen‹ im *geistigen*, und selbst im Kos-mos *physischer* Erscheinungswelten, die dem Erscheinungsmen-schen *dieser Erde* – wenn er der Wahrnehmung fähig wäre – höher erscheinen würden als ein Gott ...

Eine der *tiefsten* Stufen der Erscheinung des ›Menschen‹ stellt aber der Erdenmensch selber dar.

112

In ihm hat sich der urgezeugte Mensch des reinen Geistes einem der *unfreiesten* Wesen seiner Erscheinungsschöpfung: – der Erscheinung des *Tieres*, verbunden.«[191]

So kam es, daß der Geistesmensch, hier im Tiere der Erde, das Bewußtsein *seiner selbst* verlor und sich nur noch in den Schwingungen erdhafter Zellenbewegung mit dem Bewußtsein des feineren Tieres empfindet, wobei das erdenhafte Gehirnbewußtsein »nur durch wenige schwache Strahlen aus dem eigentlichen Menschentum im Geiste jene Erhellung noch empfängt, die erdenmenschliches Selbstempfinden über das Bewußtsein anderer Erdentiere erhebt.«[192]

Diese Phase der Wegbewegung aus dem hohen Leuchten im Ursein nennt Bô Yin Râ »Fall«, doch ist diese Wegbewegung und Entfernung bzw. dieses Streben in die ebenfalls *ewig* gegebene materielle Erscheinungswelt »ein *Tauchen* in die tiefsten Tiefen, in denen *ein neues Bewußtsein* geboren werden kann.«[193] Durch dieses Tauchen *verlor* zwar der Geistesfunke »*das Bewußtsein um sich selbst*, als einer *Sonne* des *ewigen Geistes*, aber die ewige Kraft, die ihm *trotzdem* innewohnen *bleibt*, treibt ihn wieder *empor zu sich selbst*, aufs neue sich selbst erkennend bei seiner völligen Rückkehr, und dies in einer *Herrlichkeit*, die nur aus der *Tiefe*, in die er gefallen war, zu erschauen und zu empfinden ist.«[194]

Der Mensch des reinen Geistes ist demnach nicht nur »Mann und Weib« in urgegebener zwiepolarer Einheit, sondern auch »Sonne des ewigen Geistes«, eben ein Geistesfunke, eine kleinere »Funkensonne«, der uranfänglich »das *Reich der Seele* sich als Wirkungsfeld erkor, und daß er schließlich, um auch Herrscher in dem Reiche der *Materie* zu werden, nach einem ›Körper‹, einem ›Leib‹ der materiellen Gestaltung strebte.

Ein solcher ›*Körper*‹ aber war ihm bereits *gegeben*, ein Körper, der wohl der Materie *verbunden*, doch *nicht ihr unterworfen* war. Daß er aus *Furcht* vor der materiellen Wirkung seiner Kräfte sich

---

[191] Ebd., S. 20–23.
[192] Ebd., S. 23.
[193] Das Buch der Gespräche, Bern: Kober Verlag 1978, S. 55. (3. Aufl.)
[194] Ebd.

mit dem Körper des *Menschentieres* der Erde verband, *das* erst gereichte seinem Streben zum ›*Fall*‹.«[195]

Dieses Thema – das Reich der Seele und die Seelenkräfte – soll später ausführlich erörtert werden. Wir bleiben noch beim Schicksal des Menschen im Anfang.

Bô Yin Râ legt dar, daß der Mensch ursprünglich mit seinem Gott *vereinigt* war, als ein rein geistiger »Mensch« – »Mann und Weib« – in *geistiger* Gestaltung, »*einverwoben* dem *All-Leben* wesenhaften, *substantiellen* ›Geistes‹.«[196] All die weiten Reiche des unsichtbaren Teiles der physischen Welt, – ein unermeßliches Gebiet des Universums, – waren seinem wirkenden Willen erschlossen, und er, der Mensch war ihr *Beherrscher*.[197] Letztlich aus *Furcht* vor seinen eigenen, einst beherrschten Kräften überkam ihn das Verlangen nach einem *neuen, anderen Leben*, in den Reichen des *physisch-sinnlichen* Universums, und so durchbrach er die Schranke ...[198] Hier wird die geistig-spirituelle Wahrheit der Erzählung vom »Sündenfall« in der Genesis freigelegt.

---

[195] Ebd., S. 54 f.
[196] Das Buch vom lebendigen Gott, S. 171 f.
[197] Ebd., S. 172.
[198] Siehe noch dazu in: **Das Buch der königlichen Kunst**, Bern 1983, S. 99: »Im Urbeginn der Wesen, die sich ›Menschen‹ nennen, war der Mensch in der ewigen Zeugung aus dem ›Vater‹, *Eigner* der Selbstkraft und *Herr* aller Kräfte des lebenden Feuers. Doch, als die Kräfte des lebenden Feuers, das ohne Flamme brennt, dem urgezeugten Menschen ihre Macht in allem Leben zeigten, vergaß er seiner Selbstkraft, der allein die Kräfte des Feuers ihre Stärke, Größe und Gewalt zu danken hatten, und – *fürchtete* sich vor ihnen ... *Furcht ist des Menschen Urschuld*, – denn nur aus *Furcht* vor den Kräften, deren *Herr* er war, fiel der Urgezeugte aus dem ewigen Leuchten! *Siehe, du kennst nun die Ursache alles Bösen hier auf dieser Erde!*« – Sätze, die bei der Erklärung des »Mysteriums des Bösens« schwer wiegen, Sätze, die im Rahmen einer sogenannten theologischen und philosophischen »Erklärung« des Bösens m.E. *noch nicht* genügend berücksichtigt worden sind. Eine allerdings sehr bemerkenswerte Bemühung, das Thema – »mysterium iniquitatis« – theologisch zu durchdringen, stammt von Dr. Bernd J. Claret, *Geheimnis des Bösen. Zur Diskussion um den Teufel*, Innsbruck–Wien: Tyrolia Verlag 1997, 473 Seiten. (Theologische Doktorarbeit!).

In dichten, sinnschwangeren Sätzen wird über dieses Geschehen gesagt: in der höchsten Sphäre der geistigen Erscheinungswelt, wo Geistesmenschentum sich selbst zum erstenmale und noch in geistige Erscheinung zeugt, ist »Mann« und »Weib« noch eng *vereint* in urgegebener Einheit zwiepolarer »Ich«-Empfindung.[199] Mit jeder neuen Weiterzeugung aber werden die geistigen Welten »dichter« gleichsam und ärmer an ursprungsgegebenem »Licht«, aber immer noch bleibt die engste Vereinung von »Mann und Weib« bestehen. – Doch dann geschieht etwas.

»In seiner gleichsam ›dichtesten‹ Darstellung *geistiger* Erscheinung endlich angelangt, – nur schwach noch von dem ursprungsgegebenen ›Lichte‹ erhellt, lernt nun der Geistmensch dieser, seiner ersten Zeugung so fernen Bereiche, zum erstenmale die Welten der *physischen* Gestaltung kennen. Hier aber geschieht es, daß den *weiblichen Pol* in ihm eine neue Empfindung: – die *Furcht*, befällt.

Furcht vor den ungeheuren Kräften, denen der geeinte zwiepolare Geistmensch bis hierher noch geboten hatte, die er aber nun in einer neuen Art am Werke sieht, – ihm selbst so fremd, daß er hier nicht mehr zu gebieten wagt und damit seine Macht verliert ...«[200]

So gelangt der Mensch als »Mann und Weib« an die Grenze, wo das *unsichtbare* Physische sich zu *erdensinnlich sichtbarem Materiellen* verdichtet und gewahrt »*eine neue* Welt, mit Lebewesen, die alle aus seiner eigenen Kraft in *höchster* geistiger Erscheinung stammen: – die Welt der *physisch*-sinnlichen *Anschauungsform*, – [die Welt] der *physisch* sich erlebenden Erscheinung.«[201]

Furcht vor den physischen Kräften, die er nicht mehr meistern kann, und von den Formen der physischen Welt ausgehende *Anziehung* veranlassen zuletzt, »daß der *weibliche Pol* des geistigen Erscheinungsmenschen durch einen *Willensakt* die Mauer bricht, die ihn bis dahin noch von dem physisch-sinnlichen Kosmos schied.«[202]

Das Wissen um eine bisher nicht gekannte und jetzt neuentdeckte Möglichkeit der Selbsterfahrung überwältigt den Geistmenschen zwingend, und »vor Verlangen in sich selber erbebend« geschieht

---

[199] Vgl. Das Buch vom Menschen, S. 45.
[200] Ebd. S. 46.
[201] Ebd., S. 46 f.
[202] Ebd., S. 47.

es, daß der bis dahin in zwiepolarer Einheit geeinte Geistmensch sich losreißt aus bisheriger Erscheinungsform, und sich mit dem Tiere der Erde vereinigt, – und das erfolgt »nicht anders als wie ein Blitzstrahl sich losreißt aus der Wolke, um sich der Erde zu einen. –«[203]

Somit hat er die »*Welt der Ursachen*«, in denen er heimisch war, aus Furcht verlassen, und landet in der »*Welt der Wirkungen*«. Somit ist die urgegebene Polarität – die Einheit von Yin und Yang Pol – gebrochen. Oder, wie der Meister es ausdrückt:

»Mit der Losreißung aus *geistiger* Erscheinungswelt und der neuen Bindung an den Tierleib ist der ›Fall‹ aus hohem Leuchten endgültig vollzogen. Der Geistmensch, der bisher ›Mann‹ war *und* ›Weib‹, – in gleicher ›Ich‹-Empfindung vereint und sich selber stets in andere geistige Welten weiter-zeugend, – ist damit nun *entzweit*, denn in der *physischen* Erscheinungswelt *trennen* sich *zwangsläufig* die Pole ›Mann‹ und ›Weib‹ voneinander, da diese Welt nur Bestand hat in der steten ›*Spannung*‹, die aus der *Getrenntheit* beider urgegebener Pole resultiert.«[204]

Das ist, so Bô Yin Râ, »*die Wahrheit* in den Sagen von einem ›*Paradiese*‹, und vom ›Sturze‹ des Menschen durch einen ›*Sündenfall*‹!« – – – [205] Daß da sowohl der weibliche wie auch der männliche Pol des Geistmenschen ihre eigene *Schuld* haben, wird von Bô Yin Râ sehr klar dargelegt und erst im Lichte seiner Offenbarung wird man die Sage von Adam und Eva im Paradiese – endlich – richtig verstehen können.

»Mag auch diese Sage, so wie wir sie kennen, nicht in ursprünglicher Gestalt überliefert sein, so zeigt sie doch noch deutlich, daß hier ein Erkennender sein Wissen um einen sich ewig erneuernden Vorgang, in einen zeitgebundenen Bericht symbolisch verhüllt, der Nachwelt überliefern wollte, soweit sie seine Sprache der Symbole kennen würde.«[206]

---

[203] Ebd.

[204] Ebd., S. 48.

[205] Das Buch vom lebendigen Gott, S. 174.

[206] Das Buch vom Menschen, S. 50 f. An dieser Stelle fügt sich harmonisch, was *Josef Pieper* so formuliert hat: »Es ist nicht in jedermanns Belieben gestellt, den Begriff ›Mythos‹ [die Sprache der Symbole] auf seine eigene

Die Lehre, die nun hier, und auch in anderen Schriften des Lehrwerks, gegeben wird, ist m.E. so gewaltig und »aufklärerisch«, daß die meisten Leser und Leserinnen dieser geistigen Botschaft gegenüber zunächst heftigem inneren Widerstand leisten werden. Aber, so heißt es an einer Stelle: »Es ist das Kennmal verkrüppelter Seelen, jede Lebensbekundung zu verneinen, zu deren Aufnahme ihnen die geistigen Organe fehlen!«[207]

Das Ungewöhnliche und das ungeheuer Klingende muß *nicht apriori* falsch sein. Wer also in der *Genesis* die Worte des Wissenden richtig lesen kann, wird Bô Yin Râ zufolge tiefe Wahrheit erkennen. Wie er schreibt:

»Es ist bei dem stetig sich wiederholenden Vorgang des ›Falles‹ – in jedem einzelnen Falle – der seiner Natur nach passive ›*weibliche*‹ Pol, der zuerst der ›Urschuld‹ durch *Furcht*, verfällt, der zuerst den *Anziehungskräften* der physischen Welt erliegt. Keineswegs ist aber der männliche *Pol* etwa frei von Schuld (...) ›Schuld‹ des ›*männlichen*‹ Poles ist *die Aufgabe aktiven Widerstandes* im zwiepolaren gemeinsamen Leben, bei der Bedrohung des weiblichen Poles durch Furcht und Anziehung. So geschieht es, daß beide *Pole* ihre Rolle tauschen: – eine geistige Perversion, wobei *der weibliche Pol aktive*, der *männliche* [Pol] aber *passive* Haltung annimmt, was den ›Fall‹ in die *physische* Erscheinungswelt unabwendbar macht.«[208]

Wie Otto G. Lienert hierzu anführt: »Der Fall des geistigen Menschen in das Erdenleben erfolgt zuletzt zwar plötzlich und zwangsweise, aber er ist das Ende eines – auch zeitlich – sehr langen Weges, der von Gottesnähe in immer gleichsam dichtere und entferntere Bereiche des Alls führt, bis in die Nähe des Nichts.[209]

Weise zu verstehen. Im strengen Sinne ist ›Mythos‹ eine zwischen göttlicher und menschlicher Sphäre spielende Geschichte, die *nicht* die Erfindung des jeweiligen Erzählers ist, die er vielmehr als etwas Überkommenes weitergibt.« (In: Begeisterung und göttlicher Wahnsinn, München 1962, S. 128.)

[207] Das Buch der Liebe, Bern: Kober Verlag 1990, S. 35. (4. Aufl.).
[208] Das Buch vom Menschen, S. 51 f.
[209] Wie Bô Yin Râ ausdrückt: »Du hast die *schreckenerregenden Mächte des ewigen Chaos* am Wirken gesehen, – *die Rückprallkräfte des absoluten, starren und lavadichten ›Nichts‹*, – und bist *ihrem Groll gegen alles* ›*Seiende*‹ erlegen ... Niemals hättest du ihnen aber erliegen müssen, wärest

Die Abkehr von Gott entspringt nicht einem zwingenden Gesetz, sondern dem freien Willen des geistigen Menschen.«[210]

Der Mensch selbst als »Mann und Weib« hat *schuldhaft* dieses Schicksal über sich verhängt in einer selbstgewollten, überheblichen *Abkehr* von Gott, und der Preis, den er dafür zu zahlen hat, ist außerordentlich hoch. Das Verlangen, sich im Irdischen zu erfahren, bringt es mit sich, daß er nach der Inkarnation, in der physischen Welt der Erde in seinem *physischen* Körper ständigen Bedrohungen – Angst, Krankheit, Schmerz, Not, Beschränktheit der natürlichen Ressourcen – ausgesetzt ist und die schmerzliche Getrenntheit der in der zwiepolaren Einheit urgegebenen Pole sehnsuchtsvoll erleiden muß, was, wie das hier nebenbei rasch eingefügt werden soll, nicht nur in der Bibel, sondern auch in Platons *Symposion* gelehrt, und bei *Goethe, Mozart* [in der *Zauberflöte*] und *Hermann Hesse* ebenfalls mit nicht zu übersehenden Klarheit zur Sprache gebracht wird. Nicht Zufall und nicht bloße Poesie ist der *Text*, der im *Duett* von *Pamina* und *Papageno* gesungen wird: »Mann und Weib und Weib und Mann, reichen an die Gottheit an«, – wobei das musikalisch-melodische Geschehen, das hier mit der Macht des Sakralen wirkt, und in das dieser tiefsinnige Text hineinverwoben wird, dem aufmerksam Lauschenden das ursprüngliche Mysterium der bipolaren Vereinigung und Vereinung zwischen »Mann und Weib« offenbart. Unter anderen *auch* deshalb ist *Die Zauberflöte* als das geistige Testament von Wolfgang Amadeus Mozart ein in seiner Tiefe und Höhe noch nicht erschöpftes, überaus kostbares Werk der Tonkunst, – in Musik eingefangene geistige Lehre eines Meisters, – dessen »höherer Sinn«, wie *Goethe* sich ausgedrückt hat, »dem Eingeweihten nicht entgehen wird.«[211]

. du nicht vorher, im Taumel deiner Macht, von *deinem Gotte – abgefallen.«* (In: Das Buch vom lebendigen Gott, S. 172 f.)

[210] Otto G. Lienert, Weltwanderung, Bern: Kober Verlag 1994, S. 27 f.

[211] Gespräch mit Eckermann, 29. Januar 1827, in: Goethes Gedanken über Musik, hrsg. v. Hedwig Walwei-Wiegelmann, Frankfurt/Main: Insel Taschenbuch 1985, S. 188. Zu diesem »Geheimnis der Bipolarität« im Kontext der *Zauberflöte* von Mozart siehe auch: Otto Zsok, Musik und Transzendenz, St. Ottilien: EOS-Verlag 1998, S. 337–367, vor allem S. 345–347.

Die irdische Geburt bedeutet für den einstens fast grenzenlos freien Geistmenschen, der ohne Furcht und Bosheit und als »Herr« der Naturkräfte lebte, einen »Fall« in die Finsternis, – »in das nahezu völlige Erlöschen seiner geistigen Sinne, in die engen Fesseln von Raum und Zeit, in die Erfahrung des Beschränkten, dessen sicheres Ende mit dem von der Tierseele [Psyche] instinktiv gefürchteten Zerfall des Erdenleibes vorgezeichnet zu sein scheint.«[212] Die irdische Geburt bedeutet, daß die vorher geeinten Pole *zerfallen* und nun *entzweit* sind, daß nun ein für sich bestehender weiblicher, wie ebenso ein für sich bestehender männlicher Pol in Erscheinung tritt, – »der Geschlechtertrennung des Erdenmenschenstieres angepaßt, das nur in solcher Trennung sich zu erhalten vermag.«[213]

Die vergängliche *Tierform*, die seinem [des Menschen] Selbsterleben letzte Rettung bot, wurde dem Gefallenen nicht nur *Zuflucht*, sondern der Leib des Tieres wurde ihm auch zur *Höhle der Erlösung*.[214]

An dieser Stelle muß man begreifen, daß Bô Yin Râ nirgendwo einen »Dualismus« lehrt, nirgendwo die physisch-materielle Welt abwertet oder schlechter betrachtet als die rein geistige Welt, sondern einfach die geistig gesehene *Struktur der Wirklichkeit* beschreibt und offenbart. Es wäre fatal für das Verständnis des Lehrwerks, wenn man versuchen würde, ihn einer aus der Philosophiegeschichte bekannten Richtung zuzuordnen, da er, wie schon dargelegt, weder Philosoph noch Theologe einer konfessionell ver-

---

[212] Otto G. Lienert, Weltwanderung, Bern: Kober Verlag 1994, S. 18 f.

[213] Das Buch vom Menschen, S. 50.

[214] Vgl. Das Buch der königlichen Kunst, S. 102 f. Gemeint ist damit, daß man hier auf Erden auch den *Leib* der Erde nützen muß, um das Gehirnbewußtsein mit seinem geistigen, ewigen Bewußtsein zu einen, »daß man *ohne* die Resonanz, die der Erdenkörper gibt, dieses Ziel überhaupt nicht erreichen *kann*, solange man *auf der Erde* lebt, – und ferner: daß sich der ewige *Geistmensch* in uns dem Erdenkörper so *anzugleichen* wußte, daß durch dieses geistgeschaffene Verhältnis eine Möglichkeit der Erlösung entstand, die wir nur ausnützen *können*, solange wir noch *in diesem Erdenkörper* leben, dem sich unser Ewiges durch den ›Fall‹ in das Bewußtsein des Tierkörpers verband. Daraus folgert aber durchaus nicht die absurde Annahme, daß sich *nach* der Loslösung vom Erdenleibe überhaupt *keine* Möglichkeit der Erlösung fände!« (Bô Yin Râ, Das Geheimnis, Bern 1982, S. 159.).

faßten religiösen Gemeinschaft noch im herkömmlichen Sinn genommen »Theosoph« oder »Anthroposoph« war, [obzwar das *richtig* verstandene Wort *Theosoph* auf ihn zutrifft, genauso wie auf *Johannes* und *Paulus*], sondern ein Meister der »Leuchtenden des Urlichts«, womit der Bogen zum MENSCHEN zurückgeführt wird, denn, wie es im Lehrwerk gesagt wird:

»*Nicht alle* ›Menschen‹ *geistiger* Erscheinungsform sind dem ›Falle‹: – der *Ent-zweiung*, – erlegen. Von den Nicht-Entzweiten, die in der geistigen Region der Erde leben, – *den Nichtgefallenen*, – geht immerfort erneut der glühende, liebegeleitete Rettungswille aus, der nur das eine Ziel kennt: – die in *physisch*-sinnliche Erscheinungsform Gefallenen zurückzuführen in den geistigen Urzustand.

Diese Nicht-Entzweiten sind es, und *nur sie allein*, die sich auf Erden aus den vorgeburtlich schon Verpflichteten jene ›Erwachten‹ schaffen, die man Meister kosmischen Erkennens nennt.«[215]

Zu diesen Meistern kosmischen Erkennens zählt Bô Yin Râ. Das nächste, bisher mehrmals angedeutete und angeklungene Thema soll nun dargestellt und entfaltet werden – im Lichte des Lehrwerks. Wiederum muß man sich in einen »dynamischen Kontext« hineinfühlen und hineindenken.

6.2. Von der Struktur des geistigen Lebens, von Gott und von den geistigen Meistern

Die höchste *Triade*, die Bô Yin Râ URSEIN – URLICHT – URWORT nennt, ist das ewige Sein des Geistes. Bô Yin Râ spricht nun von der *Selbstdarstellung* dieser Triade, die er in Menschenworten in der *Trias: Urlicht, Urwort, Ur-Geistesmensch* faßbar zu machen sucht.[216]

Das *Urlicht*, wie nicht minder seine ewige *Selbstaussprache* in individualisierter Form, *übersteigt* so sehr *alle menschliche Fas-*

---

[215] Das Buch vom Menschen, S. 57.
[216] Der Weg meiner Schüler, S. 126.

sungskraft, wie die größte der Feuersonnen des physisch-kosmischen Weltalls ein glimmendes Fünklein im Herdfeuer über-strahlt.[217] Das ewige »Leben«, dessen innerster Ursprung *Liebe* ist, ist die »*Tat*« des *Geistes* und *Liebe* ist sein nie endendes *Leben*: *Liebe* ist seine urewige *Tat!*[218] Diese ewige Liebe als der innerste *Ursprung* des Seins bewirkt auch das Leben im Erdenmenschen. »Gott« aber »*ist ein lebendiges Feuer!*«[219]

Dieses kunstvoll gestaltete Bild des Lebens-Lehrers besagt: Im ewigen *Urlicht* glüht ewige, schöpferische Liebe, gleich einem un-faßbaren Lichtfeuerquell inmitten des urgründigen »Chaos«, und »spricht sich selbst zum ›*Ur-Wort*‹ aus, in unendlichfältigem ›*Echo*‹ gleichsam *sich selbst vernehmend in unendlichfältiger Selbstdarstellung.*«[220]

Es sei ihm sehr bewußt, sagt Bô Yin Râ, daß es sich hier um Ge-gebenheiten innerhalb der Struktur des ewigen geistigen Lebens handle, die einerseits dem irdischen Verstande kaum faßbar und andererseits in Worten fast nicht unmißverständlich darzustellen sind. Hinzu kommt die in den Köpfen aufbewahrte *irrtümliche* Gottesvorstellung, die zu korrigieren keine leichte Sache sei.

Wenn Bô Yin Râ das Wort »Gott« niederschreibt, meint er *nicht* ein Postulat des Glaubens, sondern das innerste Selbstbewußtsein aller ewigen geistigen Wirklichkeit. Darum ist es für Gottesbe-wußte nur unbegreifliche *Torheit* an Gott zu *zweifeln*, denn was unter dem Namen »Gott« selbstverständlich gemeint ist, ist das Allem übergeordnete, aus sich selbst seiende ewige, in *absolutem* Sinne allumfassende schöpferisch Erhaltende aller geistigen und physischen Welten.[221] Wenn unzählige Menschen wähnen, die »Existenz« Gottes »in Frage« stellen zu müssen, so ist das nur ein Zeichen, daß in Wahrheit nicht »Gott« – in dieser *höchsten* Be-deutung des Wortes – fraglich ist, »sondern eine gehirnlich er-dachte *Vorstellungsform*, die mit der *Wirklichkeit*, der man den

---

[217] Vgl. Mehr Licht, S. 180.
[218] Vgl. Das Mysterium von Golgatha, S. 45.
[219] Das Buch vom lebendigen Gott, S. 129.
[220] Das Mysterium von Golgatha, S. 32.
[221] Vgl. Über die Gottlosigkeit, Basel: Kober Verlag 1939, S. 14.

Namen ›Gott‹ gibt, so viel und so wenig zu tun hat, wie die in allem Wirklichen bestimmende *Notwendigkeit* mit *Willkür*!

Daß nur so wenige Erdenmenschen bis jetzt und schon während ihres irdischen Daseins in innerstes *Gottesbewußtsein* gelangen, das unbeschreibbar hoch über jeglichem Fürwahrhalten steht und *keinerlei* Zweifel mehr *zuläßt*, hat darin seinen Hauptgrund, daß man mit *vorgefaßter Meinung* sucht und Gott gleichsam *die Form* vorhält, in der er sich in der Seele offenbaren *müsse*, ›falls er Wirklichkeit sei‹ ... Und was wird nicht alles gar von naiven Ahnungslosen als Gottes ›Stimme‹ erklärt! – Wenn es nur wenigstens das echte und nicht mit allerlei beschönigendem Meinungsgemensel verfälschte ›Gewissen‹, als das Zeugnis des ewigen Geistesfunkens in der Seele, wäre!«[222]

In diesem Zusammenhang betont Bô Yin Râ auch: Will man Gottes bewußt werden, so muß die Bereitschaft der Seele geschult werden, *in ihr Empfindungsbewußtsein* aufnehmen zu wollen, was ihr aus Gott wirklich zuteil werden kann, – »*ohne Vorbehalt und ohne vorgefaßte Meinung*! (Eben deshalb weiß naturgemäß die *rationalistische Form* des *Buddhismus* nichts von Gott! Sie will nicht *Gott*, sondern ihre *Philosophie* bestätigt sehen.)«[223]

Ob das nur in der rationalistischen Form des Buddhismus der Fall ist? Zahlreiche verstandesmäßige Bemühungen innerhalb des Christentums bewegen sich in dieselbe Richtung – nicht nur in der Philosophie, sondern auch in manchen theologisch konzipierten Werken. Doch diese detailliert zu zeigen, ist nicht Aufgabe dieser Arbeit.

Wenn Bô Yin Râ das Wort »Gott« niederschreibt, meint er *nicht* ein Postulat des Glaubens, und schon gar nicht eine philosophisch »zu beweisende« sogenannte »letzte oder metaphysische Ursache«, sondern das innerste Selbstbewußtsein aller ewigen geistigen Wirklichkeit. Nur so will er das Wort »Gott« erfaßt wissen, wo immer es von ihm gebraucht wird. Sofort fügt er hinzu: Man dürfe

---

[222] Ebd., S. 15.
[223] Ebd., S. 16 f.

122

hier nicht *an ein verstandesmäßiges* Eigenbewußtsein [Gottes] denken, sondern:

»Dieses innerste Bewußtsein, [aller ewigen geistigen Wirklichkeit], das sich immerfort aus dem ewigen Geiste aufs neue erzeugt, – diese, dem unermeßlichen All des einzig *Seienden* entströmende sublimste Selbstüberlichtung und innerste Essenz des ewigen substantiellen Geistes, – ist zugleich ewig wirkender *Wille* und unerschöpfbare *Kraft*, in *Maß* und *Milde* allein sich offenbarend, bewogen, einzig durch *eigenes* innewohnendes Gesetz.«[224]

Und woanders heißt es: »Nur der freie, bewußte *Wille* des Geistes gestaltet *sich selbst für sich selber* zu – ›Gott‹!« Oder:

»Aus dem ewigen substantiellen Geiste gestaltet sich ›Gott‹, – wie ein ›Destillat‹ des Geistes, – in jedem Menschen, der mit Inbrunst seinem Gott entgegenstrebt, und in Geduld den Tag erwartet, der ihn so vorbereitet findet, daß sein Gott sich in ihm selbst ›gebären‹ kann. – – –

Gott ist Geist, – jedoch: – *des Geistes höchste Selbstformung!* –

Sich selber formend aus sich selbst, offenbart sich des Geistes höchste Seinsform – als ›Gott‹! – – –«[225]

Weiterhin wird gesagt: Gott ist nicht »Wesen«. Der Gott der Wirklichkeit, der wahre lebendige Gott ist auch nicht »das höchste Wesen«, sondern Gott ist – in besonderem, einmaligen Sinne, –«die Wesenheit in allem, was wesenhaft wirklich ist.« So verstanden, »ist alles *in* Gott, und Gott *ist* in Allem! *Primär* in seinen ihm eigenen Wurzelbezirken: ›Ursein‹, ›Urlicht‹ und ›Urwort‹, wie in seiner Selbst-gestaltung, dem ›Vater‹, – *sekundär* in allem unsichtbaren, wie in allem sichtbaren Leben.«[226]

Natürlich ist es naheliegend zu wähnen, Bô Yin Râ lehre hier »Pantheismus«. Nein, das sei nicht seine Absicht, mit pantheistischer Vergötzung hat sein Lehrwerk nichts zu tun, und, so expliziert er, »ebensowenig ist es mein Wille, das was Gott ist, als ›Person‹ erscheinen zu lassen. Auch ›Ursein‹, ›Urlicht‹ und ›Urwort‹ sind wahrhaftig nicht ›Personen‹, wie etwa im christlichen Trini-

---

[224] Briefe an Einen und Viele, Bern: Kober Verlag 1971, S. 141.
[225] Das Buch vom lebendigen Gott, S. 113 und 261 f.
[226] Briefe an Einen und Viele, S. 142.

tätsdogma: Vater, Sohn und Geist! Und was den Leuchtenden des Urlichtes ›der Vater‹ ist, darf hinwiederum *nicht im Sinne dieses Dogmas* aufgefaßt werden. Wir kennen und lehren *die Wirklichkeit,* nicht irgendeine Glaubenslehre!

Im Wirklichen aber: – in der Struktur des geistigen Lebens, besteht ein Monotheismus, der auch polytheistische Auslegungen verträgt, ohne dadurch zu sich selbst in ein Mißverhältnis gebracht werden zu können.«[227]

Zugegeben: Diese sind für abendländische Ohren zunächst ungewöhnlich klingende Sätze, zumindest auf den ersten Blick. Auf den zweiten Blick könnte man meinen: Wir sind noch nicht zu Ende mit der »Gotteslehre«, – weder in der philosophischen noch in der theologischen »Gotteslehre«, – solange wir nicht auch das mitberücksichtigen und innerlich mitvollziehen, – »im Nachfühlen in der Seele fassen lernen«, – was im geistigen Lehrwerk des Joseph Anton Schneiderfranken Bô Yin Râ mitgeteilt ist.

Im Lichte seiner Lehre betrachtet, erkennt man, daß irgendwann eine heillose Identifikation zwischen »Jahwe« und dem »Vater« Jesu Christi stattgefunden hatte. Bô Yin Râ lehrt: der Gott der Wirklichkeit ist *nicht* der »Vater«. Der *Vater* ist das »höchste Wesen«, der Ur-Geistesmensch, im Urwort ausharrend, »der *sich selbst* in die Formen der zwölf Väter ausstrahlt, die *seine Wirkungsaspekte* sind.« (...) Der Gott der Wirklichkeit ist »*die Wesenheit* in allem,

---

[227] Ebd., S. 142 f. Man lese hier **Karl Rahners** Reflexion *Über das Personsein Gottes*, in: Grundkurs des Glaubens, Freiburg 1976, S. 81 f. Da heißt es: Der Satz »Gott ist Person« sei nur dann von Gott aussagbar und wahr, »wenn wir diesen Satz, indem wir ihn sagen und verstehen, entlassen in das unsagbare Dunkel des heiligen Geheimnisses.« (Ebenda, S. 82.). Und man lasse sich sagen, was Bô Yin Râ in einem kleinen Büchlein so ausdrückt: »Ich rate weder einem Menschen, sich der religiösen Gemeinschaft, der er sich lebendig zugetan fühlt, zu entziehen, noch stehe ich irgendeiner, die Förderung seelischer Entfaltung als ihre Aufgabe betrachtenden religiösen Organisation als ein sie Nichtwollender gegenüber, denn Mannigfaltigkeit ist ein Charakteristikum göttlich-geistigen Lebens, und so ist auch Mannigfaltigkeit seelischer religiöser Formen und Auffassungen ewiger göttlicher Ordnung gemäß.« (In eigener Sache, Bern: Kober Verlag 1990, S. 27., 2. Aufl.)

was *wesenhaft* wirklich ist. So im ›Ursein‹, ›Urlicht‹ und ›Urwort‹!
So im ›Vater‹ in *allen* seinen Aspekten!

Der *Vater* aber ist – ›*Mensch*‹ im Ursein, im Urlicht, im Urwort: –
der sich selber ewig zeugende *Ur-Geistesmensch* und das Maß aller
Dinge die aus ihm Gestaltung erlangen, daher auch des Ewigen *im
Erdenmenschen*!«[228]

Mir ist bewußt, daß solche Aussagen für den Abendländer
»häretisch« klingen. Man soll aber nicht allzu schnell etwas abtun
und ablehnen nur, weil es mit dem bisher Gehörten nicht sofort
vereinbar zu sein *scheint*. Man soll vielmehr sich alles anhören,
was einer, der etwas zu sagen hat, tatsächlich meint. Deshalb wollen wir den Fortgang dieser Offenbarung betrachten, denn es ist
wahrhaftig etwas anderes, ob man sich mit einem spekulativen
»Gottesbild« aus Bequemlichkeit arrangiert, und sich mit einem
»ewigen Geiste« zufrieden gibt, der nur Produkt des menschlichen
Gehirns ist, oder ob man den wirklichen lebendigen Gott und den
wirklichen gewaltigen Geist am Werke sieht. Der Leser des Lehr-
werks braucht allerdings viel Geduld und Ausdauer, – vor allem
Vertrauen, – wenn er in die höhere Lichtsphäre gelangen will. Das
Geistige, das im Lehrwerk spricht, mag herausfordern, doch seine
Stimme klingt authentisch, harmonisch, echt: Ein noch nie gehörter
Klang von unbeirrbarer Sicherheit erreicht das eigene Innere, wenn
man fühlend weiterliest. Freilich ist auch Bô Yin Râ bewußt, die
Erörterung dieser Dinge, schwebe in bedenklicher Gefahr, »für eine
Äußerung unglaublichen Hochmuts, ja, womöglich gar für ein An-
zeichen ausgebrochenen Größenwahns gehalten zu werden,« denn
keiner wisse, woran er sei, wenn ihm selbst das Urteilsvermögen
fehle. Aber:

»Urteilsfähig sein in Dingen, die das ewige Leben des Geistes
betreffen, heißt: – die *Struktur* dieses durch und durch substantiellen Geistes kennen, – und meine Bücher haben keinen anderen
Zweck, als diese geheimnisvolle Struktur bis in ihre tiefsten Ver-
borgenheiten sehen zu lehren. So ergibt sich aus dem vorurteilsfrei-
en Aufnehmen meiner Lehrtexte zugleich das sicherste Kriterium

---

[228] Briefe an Einen und Viele, S. 144.

für die Bedeutung ihres Inhaltes und für die Berechtigung des Autors, lehren zu dürfen, was ich lehre.«[229]

Darum ist es wahrhaftig etwas anderes, ob man sich mit einem spekulativen Bild der geistigen Welt, mit einem ausgedachten »Gottesbild« und einem »ewigen Geiste« zufrieden gibt, der nur Produkt des menschlichen Gehirns ist, oder ob man den wirklichen lebendigen Gott und den wirklichen, ewigen gewaltigen Gottesgeist am Werke sieht, wie er ewig urschöpferisch wirkend, Leben spendet und Heilsgeschehen gestaltet.

Letzteres ist aber das Anliegen von Bô Yin Râ, der das Vorherige so weiterführt:

»Gott ist ebenso absoluterweise Gott in den ›Vätern‹: – der *Offenbarungsform* des Vaters, – wie im Ursein, Urlicht und Urwort. *Für sich selber* aber ist das, was Gott ist, auch *nur in sich selber* ›Gott‹: – *die Wesenheit* an sich selbst, – aber von allem *anderen* in ihm Seienden im ewigen, substantiellen geistigen Leben aus ›gesehen‹, ist Gott Wesenheit *allen* Wesens! – Und ›Wesen‹ ist *Wirklichkeit* aus ›Wesenheit‹!«[230]

Nicht ein »Nebeneinander« oder »Übereinander«, sondern vielmehr das »Ineinander« der Struktur ewigen, geistig-substantiellen Lebens wird hier dargestellt, soweit Bô Yin Râ es durch Worte irdischer Sprache vermag. Und er fügt hinzu:

»Man sage nicht, daß die Darbildung des ewigen Wirklichen für den Menschen auf dieser Erde *praktisch zwecklos* sei, da dieser für ganz andere und ihn leiblich näher angehende Fragen nach Lösung zu suchen habe! Kein Mensch auf Erden kann vielmehr die von jedem bewußt oder unbewußt ersehnte innere Ruhe und Erlösung seiner Seele finden, solange sein Vorstellungshaushalt noch nicht gänzlich konform mit der Struktur ewigen geistigen Lebens geordnet ist.«[231]

Es mag nicht unwichtig sein zu erwähnen, daß auch *Thomas von Aquin* solche Äußerungen gemacht hat.

---

[229] In eigener Sache, S. 24 f.
[230] Briefe an Einen und Viele, S. 144.
[231] Ebd., S. 145.

Mit Bezug auf den Begriff der »Wesenheit« verlangt Bô Yin Râ, ihn als für das Wesen-*Gebende* gelten zu lassen und führt aus, *das höchste »Wesen« sei dadurch »Wesen«, »daß es in der ›Wesenheit‹ ist wie sie in ihm,* und wenn ich darstellen will, was ich darzustellen habe, müssen mir beide Worte als Bestimmungen zur Verfügung stehen.«[232]

Das ähnelt der Situation, in der man einem Menschen, der – einmal angenommen – nach hundert Jahren auferstanden ist, klarmachen soll, »daß ein Elektromotor sich nur dann bewegt, wenn er unter Elektrizität steht. Auch da müßten mir die Worte für *Bewegtes* und für das *Bewegende,* zu Gebote stehen. Dieser Vergleich hinkt jedoch beträchtlich, denn mir ist ›Wesenheit‹ nicht bloß das *Bewegende* des Wesens, sondern vielmehr in erster Hinsicht *des Wesens Allerinnerstes,* – vergleichend gesagt: sein lebendiger ›*Kern*‹!«[233]

Augustinus hat Ähnliches gesagt: Gott sei *interior intimo meo.* Und Bô Yin Râ lehrt, es handelt sich hier um die Geburt des »lebendigen Gottes« in der ewigen Menschenseele, und dabei geht es »um die von mir gemeinte ›Wesenheit‹, die auch dem individuellen Erdenmenschen in der, seiner Individualität auf das genaueste entsprechenden Form bewußt werden kann und durch die allein er *wesenhaft* zu werden vermag in Ewigkeit wie Zeit.«[234]

Doch es besteht ein Unterschied, wie der individuelle Erdenmensch und der Leuchtende des Urlichtes zum »Vater« kommen. Bô Yin Râ schreibt dazu:

Der »*Vater*« ist »nur *den Leuchtenden des Urlichtes,* die seine eigene Zeugung durch seine Offenbarungsform: – die zwölf ›Väter‹ – darstellen, *bewußtseinszugänglich,* und zwar jedem einzelnen Leuchtenden in der Form *dessen* unter den zwölf mit dem Vater alle *identischen* Vätern, der diesen individuellen Leuchtenden individuell im Urwort ›zeugte‹. Der ›*lebendige Gott*‹ aber, von dem ich als von der einzigen, allen Erdenmenschen praktisch erreichbaren Selbstoffenbarung Gottes spreche, kann *jedem Menschen auf Er-*

---

[232] Ebd., S. 148.
[233] Ebd., S. 148.
[234] Ebd., S. 150.

den, – soweit dieser selbst sich dazu vorzubereiten weiß, – seelisch erlebbar werden, was ich mit einer ›*Geburt*‹ Gottes in der Seele vergleiche.«[235]

Der »Vater« ist also dem Erdenmenschen nicht *bewußtseinszugänglich*, obwohl jeder Erdenmensch aus ihm lebt und jeder Erdenmensch sein *Ewiges* in sich trägt. Man entfernt sich nicht von der Wirklichkeit, heißt es weiter, wenn man den »Vater« – als »*sich in zwölf Selbstreflexionen erlebende Einheit*« auffassen will, nur muß man dann »die alle zwölf ›Selbstreflexionen‹ umfassende zwölfeigene *Einheit* als ein *Dreizehntes* hinzufügen. (...) Es ist mit Sicherheit zu sagen, daß die in den Evangelien berichtete Zwölfzahl der Jünger, mit Jesus als dem sie alle geistig umfassenden Dreizehnten, hierhergehört.«[236]

Was den Kreis der »Zwölf« um *Jesus* angeht, von denen jeder Zugehörende in den Berichten namentlich *aufgeführt* ist, so sollte hier eine Parallele zu dem Vater-Mysterium sichtbar werden, »das ja zu Jesu Zeit nicht nur einzelnen ›Wissenden‹, sondern ganzen Mysterienvereinen bekannt war, aus denen später viele Anhänger der Lehre Jesu kamen.«[237]

Die geistgezeugten Söhne des »Vaters« nennt nun Bô Yin Râ *die Leuchtenden des Urlichtes*, und wenn er symbolisch den Kreis der geistigen Helfer mit dem Namen »*Weiße Loge*« bezeichnet, – obwohl die so Benannten diese Bezeichnung nur *gelten* lassen, aber keineswegs *sich selber also nennen*, – dann deshalb, weil ihre *völlige Abschließung von der äußeren Alltagswelt* gewisse Anhaltspunkte bietet, den aus der Freimaurerei her bekannten Begriff der »Loge« auf die *rein geistige* Gemeinschaft der geistigen Helfer zu übertragen. Unter den Menschen gibt es *keine* Gemeinschaftsform, die mit dieser *eigenartigsten* Vereinung auf diesem Planeten zu vergleichen wäre.

---

[235] Ebd., S. 151.
[236] Ebd., S. 159.
[237] Ebd., S. 161.

Diese einzigartige Vereinung besitzt *keine* äußeren Gesetze, ihre Glieder stehen »*in unausgesetzter, geistiger Verbindung, in stetem Austausch der Gedanken, ja in absoluter seelischer Gemeinsamkeit* ... Ein jedes Glied ist dem anderen gleichgestellt, und doch kennt jedes Glied seine ihm vorbehaltene Stelle, bedingt durch die Verschiedenheit der geistigen Sonderart des Einzelnen.

Alle aber unterordnen sich freiwillig einem gemeinsamen geistigen ›Oberhaupte‹. Dieses ›Oberhaupt‹ wird *nicht* ›gewählt‹ und *nicht* ›ernannt‹, und doch wird niemals eines der Glieder der Vereinung im Zweifel sein, *wer* dieses ›Oberhaupt‹ sei.«[238]

Es ist »*der Vater*«, lehrt Bô Yin Râ, »als dessen geistgezeugte Söhne wir Leuchtenden des Urlichtes uns innerhalb der Struktur des geistigen Lebens an der uns gegebenen Stätte wissen. (...) *Allein* um der zum Erwachen im Geiste *Fähigen* willen *muß* ich mich offenbaren! Aber *was* hier zu offenbaren ist, macht diese Pflicht zu einer wahrlich nicht begehrten Last.«[239]

Diese Selbstoffenbarung – als geistgezeugter »Sohn des Vaters« – wird enthüllend verhüllt im Namen Bô Yin Râ. Über die enorme Schwierigkeit, sein Ewiges hinter dem bürgerlichen Joseph Anton Schneiderfranken zu offenbaren, hat der Meister an mehreren Stellen geschrieben. Hier heißt es:

»Ein Träger ewigen Bewußtseins – wie man ihn auch benennen möge – der sich einem irdischen Menschen: dessen ewiger Seele wie dessen zeitlich vergänglichem Leibe, vereinigt, ja geradezu amalgamiert, und das auf Grund freiwillig übernommener, um unvorstellbare Zeiträume zurückliegender Verpflichtung der ewigen geistigen Individualität dieses Erdenmenschen, – das ist für den modernen Europäer nichts als eine Reihe absurder Träumereien, die er lediglich als Resultat einer Gehirnerkrankung noch entschuldbar findet. Und man darf ihm bei seiner absoluten Ahnungslosigkeit überzeitlichen Dingen gegenüber, seine seelische Ignoranz nicht einmal übelnehmen. Er *kann* nicht anders!«[240]

---

[238] Bô Yin Râ, Das Buch vom lebendigen Gott, Bern: Kober Verlag 1996, S. 32 f. (8. Aufl.)
[239] Briefe an Einen und Viele, S. 170 f.
[240] Ebd., S. 173 f.

Dieser Text – das ganze Lehrwerk – stammt nicht aus der Antike, er ist nicht hebräisch, griechisch oder lateinisch geschrieben, sondern deutsch. Der Abendländer wird darüber staunen oder nicht. Er wird vielleicht geweckt, vielleicht bloß gereizt. Eine Religionsphilosophie aber, die nichts auslassen will, was zur Wirklichkeit des Religiösen und des religiösen Ur-Quells gehört, wird sich mit solchen Texten früher oder später beschäftigen müssen. Hier kann nur ein Anstoß gegeben werden, der irgendwann von anderen aufgenommen und bearbeitet werden wird.

Als einer der Leuchtenden des Urlichtes offenbart Bô Yin Râ, daß der religiöse Ur-Quell im Kreise dieser Viel-Einheit seinen Ausgangspunkt hat, – bei den »*Ältesten*« der Brüder, die dem »Fall« ins Menschentier nie erlegen sind, die *in unzerstörbarer* Gestaltung aus den Kräften reinster *Geistsubstanz* auf dieser Erde leben. Von diesen heißt es:

»Sie waren *nie* mit einem Körper, dem der *Tiere* gleich, vereint wie du und *ich*. Sie aber schufen sich in Menschen, die voreinst gefallen waren und zu ihrer Zeit dem Tiere dieser Erde sich vereinen mußten, *auf geistigen* Planen ihre ›*Brüder*‹, damit diese, dann in die Erdenwelt geboren, wirken konnten, was allhier *nur dann* zu wirken ist, wenn man *im Erdentiereskörper* lebt ...

So bereiten sie auch heute *zukünftige* ›Brüder‹ für eine *kommende* Zeit.

Der Ort ihres Wirkens auf dieser Erde aber ist seit der Urzeit, als die ersten Tiermenschen Träger des Geistmenschen wurden, – dort, wo das höchste Gebirge der Erde sich erhebt, – unzugänglich jedem, den sie nicht geistig selbst in ihre Mitte führen.

Hier ist in Wahrheit ›*die Hütte Gottes bei den Menschen*‹ dieser Erde!

Hier reicht das *Reich des Geistes*, durch die Kräfte reinster Geistsubstanz, herein in dieser Erde physisches Geschehen!

Von *hier* aus gehen *Strahlen reinster Geistsubstanz* zu allen, die auf dieser Erde wohnen! (...)

Die Weisheit aller alten Religionen entstammte *ursprünglich* nur der Belehrung des Menschen *durch seine geistverbliebenen hohen Brüder* im ewigen ›*Lichte*‹ ...

Ihre, aus Erdenmenschen erwählten ›Söhne‹ und ›Brüder‹ im Geiste haben *die eine Wahrheit* voreinst *in den verschiedensten* Formen zu fassen gesucht, um *jeder* Sonderart des Erdenmenschen in der ihr *gemäßen Weise* das ›Licht‹ zu bringen ...

Ihre helfende Kraft hat alle diese Verkündungen *getragen* ...

Hier ist *eine* ›Urquelle‹ aufgedeckt, aus der *alle* alten, echten Religionen der Erdenmenschheit stammen!«[241]

Hier ist der religiöse Urquell: – hier, auf jenem hohen Berg, wo das Reich des Geistes und das rein geistige Geschehen durch Vermittler – durch jene geistige Kette, die das vergänglich Sinnliche mit dem Ewigen verbindet – ins Irdische transformiert und geleitet wird seit Jahrtausenden.

Dort, in Asien, wo sich das höchste Gebirge der Erde erhebt, fließt verborgen eine stille Quelle, die alles speist, was in der Geschichte der Menschen auf diesem Planeten je an *echtem religiösen Fühlen* keimte und erwuchs. »Wie nirgends wahrnehmbar wird, was dem Leben seine *Keimkraft* gibt, und Keimkraft dennoch sich bezeugt durch das, was ihr entsprießt, so ist auch diese Quelle allen echten religiösen Fühlens nur in ihrer *Auswirkung* bezeugbar, und selten nur wird Seltenen *sie selber* kund.«[242]

Dort, wo sich das höchste Gebirge der Erde erhebt, lebt stets unsichtbar und wesentlich der nicht in Materie gefallener Geistesmensch als »Mann« und »Weib« (Urandrogyn). Dieser ist der König aller geistmenschlichen Hierarchien auf Erden. Dieser ist der »Vater«, von dem Jesus von Nazareth gesprochen hat. Der Apostel Paulus nennt ihn, den »Vater« (im 1 Kor 15, 45) »Letzter Adam« (Eschatos Adam), das Judentum nennt ihn in der Kabbala »Adam Kadmon«, der Islam »al-insânul-kâmil«, der Hinduismus »adipuru-

---

[241] Das Buch vom lebendigen Gott, S. 26 f. und 202 f.

[242] Das Gespenst der Freiheit, Bern: Kober Verlag 1990, S. 139. (3. Aufl.). Die gewaltigste Auswirkung dieser Quelle war und ist **Jesus von Nazareth**. Seine TAT vermochte die geistigen Möglichkeiten *für alles*, was *Mensch heißt*, zu verändern. »Wer hier nicht folgen kann, oder mag, den suche ich wahrlich nicht zu ›bekehren‹! Ich erinnere ihn nur daran, was die gesamte Menschheit dieser Zeit gewissen Einzelnen auf *jenen* Gebieten dankt, die allen tiersinnlich wahrnehmbar sind!« (Bô Yin Râ, Das Mysterium von Golgatha, S. 40.).

sha«, der Taoismus »Wang der König« und der Buddhismus in seiner Mahayana-Form »adibuddha«.[243]

Dort, im Bereich des höchsten Gebirges nur, an dieser einzigen Stelle des Planeten konnte die geistige Gestaltung des »Tempels der Ewigkeit« erfolgen. Bô Yin Râ erklärt:

»Von dieser, durch ein feinstmaterielles Kraftfeld, das nur ihr eigen ist, auch im Physischen überaus bedeutungsvoll separierten Stätte allein, die sich allerdings über einen gewaltigen Erdraum hin erstreckt, vermag es ewiger Geist, wieder mit den in die physische Erscheinungswelt gefallenen Geistesfunken, die im Menschen dieser Erde ihre Erlösung suchen, in Vereinung zu gelangen. An dieser Stätte ist auch die *absolute* ›Unio mystika‹ der Erdenmenschen, in denen sich die Leuchtenden des Urlichtes darleben, allein auf dieser Erde erreichbar. Es versteht sich von selbst, daß die geographische Bestimmung dieser Stätte selbst den Menschen, in denen sich die Leuchtenden des Urlichtes erleben, versagt bleiben muß, da *das bloße Wissen* um die genaue erdräumliche Lage des Ortes in menschlichen Gehirnen schon genügen würde, um Schwingungen zu erzeugen, die alle rein geistigen Impulse empfindlichst stören, wenn nicht gänzlich an ihrer Auswirkung hindern würden. Daß die Impulse aus dem ewigen Geiste ihren Weg durch das Innere der Erde nehmen, weil die Erdaura durch den Menschen, infolge des Mißbrauchs der in seiner Tiernatur – im weitesten Sinne – gegebenen Möglichkeiten, grauenhaft verunreinigt ist, – wurde ebenso Ursache der Symbolbildung: – heilige Grotten und Höhlen! – wie das geistige Geschehen selbst, von hohen *Bergen* her erfolgt!«[244]

Hier ist die Urquelle des Religiösen. Hier ist die »Hütte Gottes bei den Menschen«, worüber die in der Apokalypse zu lesende Offenbarung folgendes sagt:

»Und ich hörte eine mächtige Stimme vom Throne her sprechen: ›Siehe, das Zelt Gottes unter den Menschen. Und er wird bei ihnen

---

[243] Vgl. Wolfgang Nastali, URSEIN – URLICHT – URWORT, Münster 1999, S. 35.
[244] Bô Yin Râ, Kodizill zu meinem geistigen Lehrwerk, S. 42 ff.

sein Zelt aufschlagen, und sie werden seine Völker sein, und er selbst, Gott mit ihnen, wird ihr Gott sein.« (Apokalypse 21, 3).

Die geistigen Träger des Bewußtseins der »Leuchtenden«, der Meister wird dorthin dirigiert, weil nur von dort aus geistige Hilfe bewirkt werden kann. Dort »erheben sich die Brüder der Lichtgemeinschaft, gleichgültig wo sich ihr physischer Körper auf der Erde befindet, geistig zur absoluten Vereinigung mit dem ›Vater‹ [das ist die vorhin sogenannte absolute ›Unio mystika‹] und leiten in diesem von ewiger Liebe durchlichteten Zustand Ströme des Segens zu dafür empfangsfähigen Menschen über die ganze Erde hin.«[245]

Es ist freilich *eine Sache*, daß ein Irdischer sich von seinem Standort her *in Meditation und seelischem Ringen* Einsicht in Geistiges erwarb, wie Meister Eckhardt, Angelus Silesius, Thomas a Kempis, und es ist eine *ganz andere Sache*, daß ein wirkender Meister – Leuchtender des Urlichtes – *teilhat an seinem Ewigen durch ein ihm geistig wie leiblich vereinigtes ewiges Sein*, dessen Werk er in dieser irdischen Welt wirken muß, um das Heilsgeschehen eminent zu fördern. Solche Meister waren Lao tse, Jesus von Nazareth und Bô Yin Râ. Solche Meister reden *anders*, als die Philosophen und Theologen. Die Redeweise solcher Meister transportiert in sich selbst – die Gewißheit. Die Redeweise solcher Meister ist freilich oft eine gar »harte Rede«.

So haben schon die Jünger Jesu manche seiner Worte empfunden, als sie ihm vorwurfsvoll sagten: »Du hast harte *Worte*, – wer kann sie hören!?« (Joh 6, 60) Und Bô Yin Râ erklärt: In der Tat war es ein wirklich »hartes« Wort für die Jünger, »wenn der Meister mit mathematischer Schärfe lehrte:

»*Das Reich Gottes ist in euch!*«

Sie hatten sich das *anders* ›vorgestellt‹. – Nicht weniger wurde es ihnen schwer, ihm zu folgen bei seinen Worten:

›Ich und der *Vater* sind *Eines*! Wer *mich* sieht, der sieht auch *den Vater*!‹

---

[245] W. Nastali, aaO, S. 35.

Aber:

›Der Vater ist *größer* als ich!‹

Fast beängstigend nahe kommen solche Worte an die Wirklichkeit heran, so daß sie gewiß den ›Kleingläubigen‹ recht bedenklich erscheinen mußten, besonders, da sie ja noch nicht ahnen konnten, wie schön dereinst christliche ›Gottesgelahrtheit‹ solche Sätze zu interpretieren wissen würde.

Man wird nun heute sehr *bewußt* wieder solche Interpretation *vergessen* müssen, will man die Sätze selbst erfassen lernen. –

Aber weit wichtiger als das selbstgesteckte Ziel: was von des hohen Meisters wirklichen Worte heute noch übrigblieb, auf rechte Weise zu deuten, ist die Umstellung des ganzen eigenen Erdenlebens auf das ›Reich der Himmel‹ *in uns selbst*![246]

Wäre gar kein anderes Wort des »großen Liebenden« überliefert, so würde allein der Hinweis genügen, »daß das wahre Reich der Himmel für jeden Erdenmenschen nur *in ihm selbst* zu finden ist, – so, wie gerade *er* es *erleben*, so, wie gerade *seine* Kraft es erfassen kann.

Hier aber hat sich denn auch jede Deutelsucht respektvoll fern zu halten!

Es handelt sich im *das Reich der Himmel*, – um das Reich der Welten wesenhaften, ewigen Geistes, – nicht etwa um ein frommes Gefühl vermeintlicher Gottwohlgefälligkeit! –

Und nur *in uns selbst* sind uns die Himmel offen, die uns ewig dereinst Heimstatt werden sollen. *In uns* ist der Eingang zu allen Geistesregionen, weil unser eigenes Geistiges von allen durchdrungen wird.«[247]

Dieses »in uns« ist freilich nicht das physiologisch gemeinte Innere, sondern der innerste Empfindungsbereich des eigenen Geistes, der innerste Bezirk der seelischen Empfindungsfähigkeit: Jener innerste Bezirk des Geistesmenschen, wohin er vordringen und den er innerlich wahrnehmen kann, wenn er unter der kathartischen Einwirkung einer *Symphonie* von *Beethoven* oder von *Bruckner*,

---

[246] Bô Yin Râ, Das Mysterium von Golgatha, Bern: Kober Verlag 1992, S. 217 f. (5. Aufl.). Es ist der mittelalterliche Ausdruck »Gottesgelahrtheit« gemeint. Kein Druckfehler!

[247] Ebd. S. 218.

oder unter dem überaus erhabenen Eindruck des *Requiems* oder der *Großen Messe* in *c-moll* (KV 427) von *Mozart* gerade erlebt hat, was sich dem Wort nicht mehr fügt. Das Reich der Welten wesenhaften, ewigen Geistes kann selbstverständlich nicht *nur* beim Erleben der *großen Musik* erfahren werden. Sie ist allerdings ein überaus wirksamer Weg zum ewigen Geist.[248]

Bedenkt und erfühlt man das oben Gesagte, kann man nur mit Staunen zur Kenntnis nehmen: All diese aus dem Lehrwerk zitierten Texte wurden nicht von einem konfessionell gebundenen Theologen, und nicht von einem amtlich bestellten oder freischaffenden »Philosophen« geschrieben, sondern von einem Mann, der in seiner Selbstbezeichnung »Ich« ebenso *sein irdisch Vergängliches* wie *sein urewiges substantielles geistiges Sein* aussprechen kann, wie das auch bei dem überaus hohen und erhabenen Meister von Nazareth der Fall war. Es sind »Hoheitsworte«, die hier vernehmbar werden. Man muß – man könnte – sich einmal der Vorstellung nüchtern hingeben: Hinter dem Zeitlichen, – hinter dem in Aschaffenburg geborenen Joseph Anton Schneiderfranken, – spricht sich das Ewige aus. Hinter den und durch die *symphonisch* gebauten Sätzen des Lehrwerks läßt sich das Ewige vernehmen, so auch hier in den folgenden Mitteilungen, wie es über die irrtümlichen Gottesbildern geschrieben steht:

»Wenn es sich, wo immer, um die Vorstellung *Gottes* handelte, als der Urselbstgestaltung, der alles Gestaltete Leben und Dasein dankt, dann fand sich tragischerweise der Erdenmensch zu allen Zeiten gedrängt, seine Vorbilder *unter Seinesgleichen* zu suchen, soweit ihm Seinesgleichen *an irdischer Macht überlegen* waren. So ist ›Gott‹ im Vorstellungsbilde des ErdenMenschen zum ›König‹ eines ewigen Reiches geworden, und die Seele, die doch in Wahrheit das ewige *Wirkliche* erfahren will, bleibt in den großbauschigen Mantelfalten einer plastisch derben Darstellung erdenmensch-

---

[248] Dies gezeigt zu haben, war und ist das Anliegen der philosophischen Doktorarbeit von Otto Zsok, **Musik und Transzendenz**, St. Ottilien: EOS Verlag 1998.

lichen Machtwillens gefangen. – Es ist schlechterdings unmöglich, ein Vorstellungsbild zu ersinnen, das *noch weniger* Entsprechungen zu der *Wirklichkeit* Gottes aufzuweisen hätte! Aber nach solcher irdischen Grundform sind die Gottesvorstellungsbilder der größten Religionen gestaltet, die der Erdenmensch sich zu geben wußte ...

Wenn auch Millionen diese Vorstellungsbilder mit aller seelischen Liebeskraft zu verehren trachten, während andere Millionen nur die *Furcht* vor des derart vorgestellten Gottes angeglaubter *Macht* zu seinem Dienst zwingt, so darf man sich doch auch nicht wundern, wenn man die Zahl Derer immer mehr im Wachsen findet, die ihre dumpfe Furcht schließlich zu überwinden wußten oder ihre glühende Liebe eines Tages in bitterer Erkenntnis verlöschen sahen, und nun alle Gottesvorstellung für trügliches Menschenwerk halten, weil sie die ihre als solche erkannten. Niemand steht sich selbst so sehr im Wege wie der Enttäuschte: – der eine Täuschung Losgewordene! – In seinem Grimm darüber, daß er sich täuschen konnte, übersieht er, daß nur sein *Vorstellungsbild* in ihm die Täuschung bewirkte, und so wähnt er die *Wirklichkeit* als unwirklich überwiesen, während lediglich *ein Bild* dieser Wirklichkeit zusammenstürzte.

Unnütz ist es, den Enttäuschten des ›Unglaubens‹ anzuklagen, aber nötig ist, ihm zu zeigen, wie er *des Wirklichen*, dem er von außen her durch sein nun für ihn zertrümmertes Vorstellungsbild hindurch vergeblich zu nahen suchte, *innewerden* könne *in sich selbst*! –

Um diese Weise: – das Wirkliche in sich selber als des eigenen Daseins Urgrund erfahren zu dürfen, – lehrend aufzuzeigen, wird man gewiß der Vorstellungsbilder auch nicht entraten können. Doch *diese* Vorstellungsbilder werden sorglichst jedes Vorbild aus dem Irdischen her meiden, das nicht in hellster Transparenz zu durchschauen wäre. Und alles, was sich in bildhaften Worten sagen läßt, wird nur dazu dienen wollen, in dem Belehrten die Vorstellung von der *Struktur* des ewigen Wirklichen zu erwecken, *in dem* und *aus dem* er selber lebt. Gott ist so *Vieles* und so *Vielseitiges* wie *Verschiedenes* zu gleicher Zeit und gleicher Ewigkeit, daß es niemals möglich wäre zu sagen, was Gott ist, wenn es nicht möglich wäre, die Struktur des geistigen Lebens, dessen Selbstbewußtsein Gott ist, in großen Linien aufzuzeichnen.

Die Seins-Aspekte Gottes, die ich in solcher Weise aufgezeichnet habe, von der geistigen Zahlwertauswirkung *Eins* ausgehend, die dem Menschen nur ›zwischenliegend‹ denkbaren verschiedenen Wertauswirkungen bis zur Zahl *Zwölf* umfassend, sind ausschließlich in solchem Sinne gemeint, und es ist dabei an keiner Stelle an ein Nebeneinander oder Übereinander, wie es im Irdischen allein möglich wäre, zu denken, sondern zu versuchen, ein lückenloses gleich ewiges Ineinander zu erfühlen, denn ›vorstellen‹ läßt sich dieses sich gegenseitig erfüllende Selbstsein in der Struktur des ewigen Geistes nicht, und es ist auch nicht meine Absicht eine ›Vorstellung‹ zu vermitteln, wo ich *die Wirklichkeit selbst* dem Einfühlungsvermögen meiner Mitmenschen empfindungsnahe bringen kann. Wie nahe ihnen die ewige Wirklichkeit in meinen Worten herbei gekommen ist, werden Einzelne *ahnen*, – Andere auch erwachend *erfahren*, solange diese Worte Menschen erlangbar bleiben.«[249]

Bô Yin Râ hat immer wieder darauf hingewiesen und in vielen Variationen dargelegt: Im Zweifeln und Negieren Gottes manifestiere sich nur eine *Verkümmerung* der seelischen Fähigkeiten. Das geistig Wirkliche ist der Seele sehr wohl empfindbar. Die Seele gelangt in ihrem eigenen allerinnersten Empfindungsbereich zum Empfindungsbewußtsein ihres *wirklichen lebendigen* Gottes. Gott ist die aus sich das ewige Sein der Seele be-wirkende Wirklichkeit. Statt dessen hat man im Ablauf der Jahrtausende gehirnlich erklügelte »Gedankenbilder« den Suchenden vorgelegt:

»So ist ein ›Gott‹ *ohne Gottheit* entstanden: – ein ›*Gegenstand*‹ des Glaubens, den dieser ›Glaube‹, der nichts als ein immer fragwürdiges ›Fürwahrhalten‹ ist, *annehmen* oder aber *ablehnen* kann!«[250]

Was not tut, ist die Bereitschaft der Seele, »*in ihr Empfindungsbewußtsein* aufnehmen zu wollen, was ihr aus Gott zuteil werden kann, – *ohne Vorbehalt und ohne vorgefaßte Meinung*! (Eben deshalb weiß naturgemäß die *rationalistische* Form des *Buddhismus*

---

[249] Bô Yin Râ, Hortus Conclusus, Bern: Kober Verlag 1979, S. 137–141.
[250] Über die Gottlosigkeit, S. 9.

nichts von Gott! Sie will nicht *Gott*, sondern ihre *Philosophie* be-stätigt sehen.)«[251] –

Bewußt habe ich dieses Zitat wiederholt.

Polarität und Trinität sind inhärent der ewigen Struktur der gei-stigen Wirklichkeit.

Die *wirkliche* »Dreieinheit« (Trinität) muß darin allein gesehen werden, so Bô Yin Râ, »daß sich das gestaltlose, unfaßbare und al-les in sich umfassende *Urlicht* – das unendliche, unergründliche ewige ›Meer der Gottheit‹ – ewiglich selbst als *Einheit* im *Urwort* offenbart – das ›Wort‹, das ›im Anfang‹ ist, der immer *war* und *ist* und *sein wird*: ›Gott‹ in der Gottheit, – und daß das *Urwort* aus sich selber offenbart den ›*Menschen der Ewigkeit*‹ – den lichtgezeugten *ewigen Geistesmenschen*, der immerdar in ihm verharrt und weiter-zeugend als ›*Vater*‹ – und auch ›*Mutter*‹ zugleich – alle Geistes-hierarchien aus sich hervorgehen läßt, somit in *Einheit* aller *Vielheit* Inbegriff, in sich offenbarend sich selbst in den *Zahlen des Ur-sprungs* aus denen hervorgeht alle *Unendlichfältigkeit* des geistigen Lebens ...

Dieses ewige *Sein* des Geistes, gleichzeitig *Selbstoffenbarung* des Geistes und dieser Selbstoffenbarung geistiger *Folge*:

in *Unerfaßbarkeit*

in *Einheit*

in *Zahl*, –

die wieder *Einheit zeugt unendlichfältig* – ist letzte *Wirklichkeit*, mit welchen Worten man ihr auch Bekundung geben will, denn mit dem gleichen Rechte wäre sie auch zu bezeichnen als:

das ewige *Unoffenbare*,

das ewig sich *Offenbarende*,

das ewige *Offenbarte*. –«[252]

Das *Urlicht allein* ist die ewige Quelle alles *Lebens*: Das Urlicht ist das aus sich selber *Seiende*![253] In ihm hat alles Leben Bestand.

---

[251] Ebd., S. 17.

[252] Die Weisheit des Johannes, Bern: Kober Verlag 1979, S. 147–149. (3. Aufl.) Und: Der Weg meiner Schüler, S. 126 f.

[253] Die Weisheit des Johannes, S. 150.

Das *Urlicht* – in sich als Sein unfaßbar für sich selbst – »spricht« sich aus im *Urwort*, das in ihm allein sein *Leben* hat »aus sich selbst« ... Und das *Urwort* offenbart sich in dem *ewigen Geistesmenschen*, der wieder »aus sich selbst« das gleiche Leben nur im *Urlicht* besitzt und weiterzeugt die Hierarchien aller *Geisteswesenheiten*, die alle »aus sich selbst« das Leben haben. Das *Urwort* selbst aber ist des *Urlichtes* erstes, ewiges Offenbaren.[254]

In all diesem dynamischen Fortgang der Urseinsoffenbarung wirkt die *Liebe* als der Urseinsoffenbarung innerster Impuls von Ewigkeit zu Ewigkeit, in sich beinhaltend den »Heilsplan«, der die *Viel-Einheit* der »Leuchtenden des Urlichts« gestaltet.[255] Die wahren Meistern nun haben mit dieser Viel-Einheit der »Leuchtenden des Urlichtes« zu tun – einige in der rein geistigen Welt, ohne sich zu inkarnieren, und einige – in allen Kulturen und Epochen – auf Erden lebend, wirkend und lehrend in »Fleisch und Blut«. Sie haben Sorge getragen, daß *Wahrheit* und *Wahrheiten* offenbar und weitertradiert werden von den Anfängen der irdischen Geschichte bis heute. Als Wiederholung seien zum Beispiel diese Wahrheiten genannt:

(1) Das Wesen des Menschen ist in den innersten Bezirken der Gottheit begründet.

(2) *Jeder* einzelne Mensch »ist hervorgegangen aus dem ewigen ›ungeformten Meere der Gottheit‹, um *seine*, von *allen* anderen Mitemanationen verschiedene, individuelle *Formvollendung* zu erlangen.«[256]

(3) Den Weg zu seiner Formvollendung im Geiste, hat der geistige Mensch, – der durch den »Fall« durch eigenen Impuls in eine andere »Dimension« sich verirrte, – selber *unterbrochen*, um des Daseins in dieser physisch-sinnlichen Erscheinungswelt willen.[257] – Oder eine andere, wach gehaltene und weitertradierte Wahrheit lautet:

(4) Der auf der Erde lebende Mensch wäre im Tier verloren, hätte eine geistige Hierarchie aus Liebe und Erbarmen nicht dafür ge-

---

[254] Vgl. ebd., S. 151.
[255] Vgl. ebd., und Das Mysterium von Golgatha, S. 32.
[256] Das Buch vom Jenseits, S. 144.
[257] Vgl. ebd., S. 145.

sorgt, daß der Weg zurück in die Urheimat wieder gangbar ist. Was aber jetzt kommt, ist [für uns Abendländer] *neu.*

(5) Auf dem langen Weg der Wegbewegung von der Gottheit, deren Konsequenz der »Fall« des Menschengeistes in die Einwirkungszone des absoluten »Nichts« war, »geschah dies nicht nur in einer fernen Urzeit, sondern ereignet sich *immerdar* seit Ewigkeiten und in alle Ewigkeit, wie denn auch der physisch materielle Kosmos in all seinem steten Werden und Vergehen dennoch *als Ganzes urewig, zugleich mit dem Reiche ewigen Geistes* als dessen – ›äußerste Gegenwirkung‹ besteht und bestehen wird ...«[258]

(6) Diese einigermaßen überraschende, ja verblüffende Auskunft, – wie die andere auch, daß es im unermeßlichen kosmischen Raum *unzählige,* von ›Menschen‹ und auch äußerlich dem Erdenmenschtiere ähnlichen Wesen bewohnte Planeten gibt, die in gleicher Weise, wie der Erdenmensch einst aus dem Leuchten »gefallen sind« und die man sich nicht in monströsen Gestalten vorstellen darf,[259] – diese Auskunft also besagt im gleichen Atemzug auch, daß es immerdar auch einige wenige Geistmenschwesen gibt, die dem »Falle« *nicht* erliegen und ihren Gott in sich *nicht* »verlieren«, denn wären einst *alle* Geistesmenschen gemeinsam »gefallen«, so wäre dem Erdenmenschen der Weg zurück zum Urlicht – zurück in die Urheimat – nicht beschreitbar.

»So aber«, lehrt Bô Yin Râ, »ist es immer nur eine geringe Zahl, die diesem ›Falle‹ erliegt, auch wenn es sich um *Myriaden* handelt, die nun im Laufe der Jahrtausende, auf diesem und anderen Planeten, das Leben des Tieres teilen müssen *zu ihrer Zeit.*«[260] Vom ewigen, allesumfassenden Geiste aus dem Urlicht allen Seins aber ist *ein gangbarer Weg bereitet* worden, auf dem eine unendliche Geisteshierarchie, wie die Glieder einer Kette sich die Hand reichen muß, damit für den irdischen Menschen die Brücke gebildet werden kann, »auf der er hinüberzuschreiten vermag zu den ersten Landzungen jener seligen Überwelt des Geistes, *aus der er selbst sich durch seinen Fall einst verbannte.*«[261]

---

[258] Das Buch vom lebendigen Gott, S. 177.
[259] Ebd., S. 176.
[260] Mehr Licht, S. 181.
[261] Ebd., S. 182 f.

Halten wir erneut dieses »Ergebnis« fest: *Nicht* alle »Menschen« *geistiger* Erscheinungsform sind dem »Falle« erlegen, *nicht* alle sind ent-zweit und die *Nicht-Entzweiten* sind es, die sich auf Erden jene »Erwachten« oder »*geistgeeinten Männer*« schaffen, formen und bilden, die schon *vor* der Geburt auf Erden eine Verpflichtung übernommen haben, um das Heilsgeschehen auf Erden maßgeblich mitzugestalten.[262]

(7) In »dürren Worten« lehrt Bô Yin Râ:

»Die geistige Gemeinschaft, deren Glied ich bin und von der ich künde, ist eine *real-geistige* Vereinigung, – eine *Viel-Einheit von geistigen* Wesenheiten, davon die meisten entweder niemals den Erdenkörper getragen haben oder längst ihn der physischen Erde zurückließen, während zu jedem Zeitalter auch einige wenige *im Erdenkörper des Menschen dieser Erde* leben und wirken, im äußeren in *keiner* Weise und durch *keinerlei* Befreiung von den naturgesetzlichen Gegebenheiten von ihren Mitmenschen unterschieden.

Ein fundamentaler Unterschied besteht aber in bezug auf das *innere* Leben!

Während unsere Mitmenschen nur die äußere physische Welt und das Leben der Seelenkräfte wahrzunehmen vermögen, jedoch das Dasein der realen *geistigen* Welten höchstens *ahnend* gewahr werden, sind uns die Welten des realen substantiellen Geistes bis zu den höchsten Stufen, die ein gleichzeitiges Leben im Erdenkörper noch zulassen, vollbewußt erschlossen.

Wir erleben zu gleicher Zeit die äußere physische Welt, die Welt der Seelenkräfte *und* die reale geistige Welt, ohne einer anderen Vorbereitung zu bedürfen, als der bewußten Einstellung auf dieses oder jenes Blickfeld.«[263]

Diese sind also die geistigen Meister, die »Leuchtenden des Urlichtes«.

In neuer Variante wird dieses Thema wiederholt.

Die Wenigen, die Nichtgefallenen, im Geiste geeinten, von glühender Liebe durchdrungenen Geisteswesenheiten, so Bô Yin Râ,

---

[262] Vgl. Das Buch vom Menschen, S. 57.
[263] Das Mysterium von Golgatha, S. 192 f.

haben seit der ältesten Zeiten »Brüder« nach *allen* Ländern der Erde entsandt, um geistige Strahlungspunkte, menschliche Sammellinsen der Strahlen des Urlichts zu bilden.

Nach geistigem Gesetz haben sie sich aus *allen* Völkern ihre geistigen Söhne und Brüder erwählt. Den so Erwählten aber wurde »eine Stätte mitten in Asien zur geistigen Heimat, zu der den Zutritt keiner findet, der etwa kommen möchte, ohne geladen zu sein.«[264]

Die so *Bereiteten* unter den Menschen dieser Erde sind die »*Leuchtenden des Urlichtes*« geworden und einige von ihnen wurden zu »Wirkenden« bestimmt. Die Glieder dieser *real-geistigen* Vereinigung wirkten zwar des öfteren »auch *durch das geschriebene Wort* in der Menschheit«, aber, so gibt uns Bô Yin Râ seine Aufgabe bekannt:

»Bevor man mir den geistig verpflichtenden Auftrag gab, *wurde noch zu keiner Zeit in einer allen verständlichen Sprache offen über alle diese Dinge gesprochen oder geschrieben*, wie es jetzt durch mich geschieht, und es wird mehr als nur ein Jahrtausend vergehen, bevor ein späterer meiner Brüder im Geiste diese meine Arbeit fortsetzen kann. – (...) Soviel mir aber auch *zu sagen* geboten ist, so leugne ich doch keineswegs, daß *weit mehr*, auch heute noch, *Geheimnis bleiben muß* und für immer ein Geheimnis *bleibt*, weil es nur denen auf Erden vertraut werden kann, die nach eigenem Wollen eine Jahrtausende dauernde Erprobung durchlaufen haben, bevor sie des Menschen irdisches Kleid in einer Mutter Leib erhalten konnten.«[265]

---

[264] Das Buch vom lebendigen Gott, S. 20. – Man muß sich hier als skeptischer Europäer bewußt machen, was der Meister später betont hat: »Daß wahrhaftig solche Menschen [Leuchtende des Urlichts] jederzeit auf dieser Erde erstanden sind und erstehen werden, kann freilich nur ein Mensch bezeugen, der selber zu ihnen gehört! Als solcher habe ich diese bis zur Identität gehende Vereinigung Gleicher, aus dem Geiste her aller Menschheit bewußtseinsnahe zu bringen gesucht durch das Wort!« (In: Kodizill zu meinem Lehrwerk, S. 36).

[265] Das Mysterium von Golgatha, S. 198 f.

Ja, das klingt für uns Abendländer auch ziemlich *neu*, obwohl bei *Nikolaus Cusanus* (1450–1455) zumindest der Begriff »Tempel der Ewigkeit« auftaucht.[266]

Das sind, freilich, gewaltige Offenbarungen, und wenn man dann bei der Lektüre des Lehrwerks auf jene Stellen stößt, in denen gesagt wird, sowohl *Lao tse* als auch *Jesus von Nazareth*, »der Größte aller Liebenden«, Mitglieder dieser *real-geistigen Ver-Einung im Geiste*, und *demselben* »Vater« unterworfen, waren, dann wird man – durch eine kirchlich-christliche Vorprägung in eine bestimmte Richtung »gedrängt« – entweder den Gedanken haben: »dieser Bô Yin Râ spinnt nun wirklich«, oder, man wird sich sagen müssen: alles, was er sagt, ist schlüssig.

Hier ist auch der Punkt, an dem der Autor dieser Arbeit seine prinzipielle Stellungnahme offenlegen muß, indem er sagt: Auch für ihn war alles sehr ungewöhnlich, ja »unglaublich phantastisch«, was er bei Bô Yin Râ zunächst gelesen hat. Es hat bei ihm eine ganze Weile gedauert, bis er innere Widerstände und Vorurteile beiseite schieben konnte. Der springende Punkt, daß er das konnte, war, daß ihm von Anfang an solch eine harmonisch aufbauende Kraft und »stimmige Rede« aus dem ersten, von ihm gelesenen Buch entgegenströmte, daß es ihm unmöglich war, dies zu ignorieren.

Woher hat dieser Bô Yin Râ sein Wissen? Woher nimmt er sich jene unerschütterliche Ruhe der inneren Gewißheit, die *ich* [O. Zs.] nur aus den *Evangelien*, aus der Musik von *Johann Sebastian Bach* und *Wolfgang Amadeus Mozart* kannte? So habe *ich* mich immer wieder weiter gefragt, während ich mittlerweile das zweite und dritte Buch von Bô Yin Râ gelesen habe.

Woher **ich** mein Wissen habe? – fragt er selbst in der Einführung des Buches, in dem das »Mysterium von Golgatha« offenbart wird, und, aus dem bisher Gesagten kann man sehr wohl erkennen, woher Bô Yin Râ sein »Wissen« nimmt. Er klärt den Leser im obigen

---

[266] Vgl. In seiner 1450 geschriebenen Schrift »*Idiota de sapientia*« (Der Laie über die Weisheit). Siehe: Die zweisprachige Ausgabe, hrsg. v. R. Steiger, Hamburg 1988, S. 46 (2. Buch). Diesen Hinweis verdanke ich W. Nastali, aaO, S. 71, Anmerkung 81.

Buch erneut über seine Quelle auf: Du wirst in diesem Buch erfahren, »woher mir mein Wissen ward, das ich dir hier gebe, – und wahrlich wird dir hier ein Wissen werden, das in *Wahrheit* gründet und jeder Täuschung entrückt ist! Ich will dich deinem Glauben nicht entfremden und ehre wahrlich die frommen Gefäße der Altäre; – doch will ich deinem Glauben *Inhalt* geben, und unerschöpfliche Brunnen will ich erneut zum Fließen bringen. So nimm denn dieses Buch und lasse seine Worte dir zum Segen werden!

Wenn du manches findest, was dir zuerst noch *fremd* erscheint, so sei nicht vorschnell zu einer Entscheidung bereit!

Du wirst *öfters* lesen müssen, bis die verschütteten Schächte deines Empfindens *frei* werden können, – damit die *lebendigen Wasser* der Urgrundtiefen deines Seins empor ans Licht gelangen mögen!«[267]

Ist es nun ein »Spinner« der so spricht? Oder möglicherweise spricht er die Wahrheit bzw. spricht *Wahrheiten* aus, die wir im Abendlande so klar, umfassend, deutlich und schlüssig noch nie vernommen haben und, unter dem Einfluß eines extremen Rationalismus, nicht vernehmen *können*, weil unser geistiges Empfindungsvermögen abgestumpft ist und wir unter seelischer »Amnesie« leiden?

Das nächste Thema des Lehrwerks mag vielleicht einen anderen Zugang zur Wirklichkeit bahnen. Es ist eigentlich eine neue Variation auf das Hauptthema.

6.3. Das ewige Leben in dreifacher Äußerung

In diesen Zusammenhang paßt es nun, die *Lehre vom ewigen Leben* einzublenden. Das Schicksal des Menschen wird dadurch deutlicher vor Augen treten. Immer wieder muß betont werden: das symphonische Lehrwerk hat mehrere Haupt- und Seitenthemen. Wie eine große Symphonie dutzendemale angehört werden muß,

---

[267] Ebd., S. 14.

um *ganz* erfaßt zu werden, – und wer von den »Normal-Sterblichen« kann *alle* Noten, *alle* Nuancen, *alle* Instrumente *gleichzeitig* hören?, – analog sollte auch das Lehrwerk von verschiedenen Seiten her betrachtet und »gekostet« werden, damit der in ihm verborgene geistige Inhalt den Leser durchdringt, und ihm mehr und mehr restlos *klar* – für seine ganzen Erkenntniskräfte klar – wird. Wir verstehen besser, was das Schicksal des Menschen ist, wenn wir die physisch-kosmische Seite der Wirklichkeit betrachten. Wir verstehen des Menschen dreidimensionales Wesen und sein Schicksal tiefer, wenn wir uns vergegenwärtigen, daß das *Eine*, das *Alles* ist, – die ewige, eine, geistige Wirklichkeit, die sich ebenfalls in »drei Dimensionen« *unendlichfältig* auswirkt, – in *allem* Leben geistig-kosmischen Seins Einheit in Vielheit ist. – *Bô Yin Râ* schreibt an einer Stelle:

»Wohl weiß ich zu verstehen, wenn gesagt wird: ›Es gibt nichts *Übernatürliches!*‹ – ›Auch das Unbegreiflichste, das unseren irdischen Sinnen begegnen kann, ist noch *innerhalb* der Natur!‹ – und wenn man so die *Einheit* allen Lebens für eigenes Verstehen und Deuten wahren möchte«, schreibt Bô Yin Râ.[268] Wie wenn er sagen würde: Auch mir ist klar, was die moderne Wissenschaft vom Kosmos auszusagen sich bemüht, aber, so heißt es weiter »mit solchen Worten *täuschen* wir uns dennoch *selbst*; denn es gibt *wahrlich* etwas, das von *gänzlich anderer* Beschaffenheit ist, als alles, was wir gemeinhin, und selbst im *weitesten* Sinne, als ›Die Natur‹ betrachten!

Es gibt wahrlich etwas, das *nicht innerhalb* der von uns als ›gesetzmäßig bedingt‹ *erkannten* Abläufe des Geschehens liegt, – das *gänzlich anderen* Bedingungen gehorcht, als alles, was wir als physische ›Natur‹ erkennen!

Wollen wir dieses so völlig Andersartige *auch* im Sinne der Alltagsrede zur ›Natur‹ rechnen, so *verwirren* wir nur *in unserer Vorstellung*, was *in Wirklichkeit klar geschieden* ist, trotz der allem *übergeordneten* Einheit.«[269]

---

[268] Mehr Licht, S. 153 f.
[269] Ebd., S. 154 f.

Das naturgesetzlich begründete Geschehen im Reich des physischen Kosmos, im Weltall ist demnach nur *ein* Bereich der Seienden, und es ist ein *Anderes*, was die Worte *Seele* und *Geist* bezeichnen, wie wir gleich noch sehen werden. Drei Bereiche des Seins muß man klar auseinander halten, lehrt Bô Yin Râ. Oder wie es anderswo heißt: *Dreifach* äußert sich das eine ewige *Leben*, »das der Gottheit ›Nahrung‹ bildet, in seinen jeweiligen Darstellungsformen: – als *physische Allnatur*, als Reich der *flutenden Seele* und als das *Königreich des Geistes*!« Und: »Kein ›*Schöpfer*‹ hat eines dieser Reiche ›geschaffen‹!«[270]

Widmen wir uns nun der dreifachen Äußerung des ewigen Lebens, beginnend mit der physischen Allnatur, um dann das Reich der flutenden Seele und das Reich des wesenhaften Geistes zu betrachten.

Erstens: – Die *Welt der Materie*, die kosmische Welt mit ihren *sichtbaren* und *unsichtbaren* Dingen, die wir in unserem Erdenkörper als *physisch*-sinnliche Realität erleben. Den *unsichtbaren* Teil dieser physisch-kosmischen Welt nennt Bô Yin Râ die *physischokkulte* Welt.[271] Die ganze physische Erscheinungswelt, in die der Erdenmensch körperlich eingeschlossen ist, »ist aufgebaut auf der Auswirkung der den Erdensinnen *verborgenen geistigen Kräften* aus dem *Ursein*.«[272] Des Menschen Dasein aber erschöpft sich keineswegs im Leben dieser *physischen* Welt, obzwar er dem Außenkörper nach *selbst* ein Teil dieser Welt ist. In der äußeren Erscheinungen ewigem Wechsel sollte man Bô Yin Râ zufolge »die ewigen *Urseinskräfte* der Natur« erkennen, die das einzig *Wirkliche* im Wandel der physischen Erscheinungen sind. Darüber heißt es:
Die Kräfte des Universums sind »Ursachen« vieler »Wirkungen«, und das verführte den Abendländer, nach einer *ersten* Ursache zu

---

[270] Das Mysterium vonGolgatha, S. 175 f.
[271] »Es ist noch von einem *anderen* ›Unsichtbaren‹ zu reden, (...) das dich *von außen* her umgibt, wie alle Dinge und Gestalten materieller Sichtbarkeit ... Dieses ›Unsichtbare‹ ist der unvergleichlich *größere* Teil dieser *physischmateriellen Welt*.« (In: Das Buch vom lebendigen Gott, S. 145.).
[272] Das Buch vom Jenseits, S. 119.

suchen. Doch im All gibt es keine erste Ursache. Unablässig schleudert das *Ursein* – »en sôph«: »das Seiende aus sich«, das »*Geist*« ist, der *Alles* in sich faßt – *Urseinskräfte* oder Urseinselemente aus sich heraus und unablässig kehren diese Urseinselemente zum Ursein zurück. In allen Ewigkeiten ereignet sich dieses Geschehen. Diese Urseinskräfte sind Ursache aller Gestaltung in der physischen wie in der geistigen Welt. Die gestaltenden Kräfte aller Sonnen und Welten sind »*Formen des Geistes*, – *Urseinselemente*, – *die sich in Zeit und Raum erleben* und so in Zeit und Raum *zeiträumliche Formen* kristallisieren, – *zeitweilig* nur *Erscheinung*, und jeweils *bedingt* durch den Raum... (...) Stetig die Wirkung wechselnd, *bezeugen* sich Urseinselemente: – bald *Erscheinung*, bald der Erscheinung *Zerstörung* bewirkend. *Sie selbst aber ›sind‹* von Ewigkeit zu Ewigkeit, wie immer sie auch ihre Wirkungsweise wechseln, und sie werden von *keinem* ›gewirkt‹ ...«[273]

Es ist das *urewige Leben*, was Bô Yin Râ hier in seinem uns Erdenmenschen am nächsten stehenden, kosmischen Aspekt offenbart. Es ist der im ewigen Urgrund, ewig sich selbst, und in sich alles Seiende zeugende *Geist* und dessen Leben, was hier offenbart wird. Es ist demnach »logisch«, wenn man vernimmt: Einen sogenannten »Anfang« dieses urewigen Lebens hat es *nie* gegeben, und nie kann *ein Ende* sein! Das ganze, unermeßliche, formengeschwängerte Universum »ist nur der *Wogenspiegel* eines *ewigen*, *geistigen* ›Meeres‹, aus dem sich in eigener Kraft die Wolke der *Gottheit* erhebt! – – ›Gott‹ *bedingt das Universum*, und das Universum *bedingt* ›*Gott*‹!«[274]

Was und wer Gott ist, wo und wie Gott zu finden ist, – hierauf hat Bô Yin Râ Antworten gebracht, die von Menschen, die nicht durch vorgefaßte Meinungen geblendet sind, als große spirituelle Wohltat empfunden werden. Was hat es aber mit den Urseinskräften auf sich?

---

[273] Das Buch vom lebendigen Gott, S. 118 f.
[274] Ebd., S. 119. – Formengeschwängert ist auch die große Musik, in der ein schöpferischer Geist »Sinn-Gestalten« hörbar, vernehmbar macht.

Die Urseinskräfte – oder Elemente des Seins – wirken, als schöpfungsträchtige Gewalten der *Urnatur*, drang- und triebhaft und führen durch die mächtige Selbstbehauptung ihrer *Geschiedenheit* zur Etablierung von *Pol* und *Gegenpol*. »Polarität bedingt aber nicht nur Abstoßung und Spannung, sondern auch die Anziehung, die zu Sammlung und Einheit führt: das ist der *trinitäre Kreislauf* des Kosmos – schreibt sehr treffend Rudolf Schott. Oder, wie bei Bô Yin Râ zu lesen steht: Aus dem Ursein hinausgeschleudert, behauptet jedes einzelne Urseinselement nur sich selbst, und aus »solcher Selbstbehauptung des Geschiedenen ergibt sich *Pol* und *Gegenpol*, und damit – *Anziehung*, die im Verlaufe unermeßbarer langer Erdenzeit sodann die *Sammlung* vorbereitet ...«[275]

Was aber der Mensch von außen her betrachtet und »*Naturkraft*« nennt, »ist nichts anderes als *Wirkung*, nichts als *Widerspiegelung* und *Zeugnis gegenseitiger Beeinflussung* der Urseinselemente, – aber *keineswegs* mit diesen selbst *identisch*! – – –

Was der wissenschaftlich orientierte Mensch die »*Wirklichkeit*« des sichtbaren und unsichtbaren Universums nennt, »ist *nur insofern* ›wirklich‹, als es lediglich die *Wirkung* urgegebenen Seins, *in Urseinselementen auf verschiedener Formungsstufe*, als *Erscheinung* darstellt.

Das Universum ›ist‹, soweit *die Urseinselemente* ›sind‹, – *nicht* aber ›*aus sich selbst*‹!«[276]

Das Wesen des einen, absoluten Seins ist ewiges Leben aus sich selbst und »urewig schöpfungsträchtig wirken die inhärenten Kräfte der Darstellungsform des ewigen *Lebens* als *physische Allnatur* formgestaltend und formzerstörend, um neue Form zu gestalten.«[277]

---

[275] Das Buch vom lebendigen Gott, S. 116.

[276] Ebd., S. 116 f. Es ist gewaltig, sich vor Augen zu führen, was Bô Yin Râ zur Polarität woanders offenbart: »In nichts zerfallen« müßte selbst jedes »*Atom*«, wenn »Mann und Weib« nicht ständig zeugend und gebärend in ihm wirken würden. *Immer sind es die beiden gegensätzlichen Pole, die in ihrer Vereinigung Leben bewirken!* (In: Das Buch vom Menschen, S. 29, 28.).

[277] Bô Yin Râ, Das Mysterium von Golgatha, S. 177.

In dieser physisch-kosmischen Allnatur als die erste Darstellungsform des ewigen Lebens, gibt es auch unsichtbare Träger höchster *Intelligenz,* »deren Fähigkeiten die Kraft des gewaltigsten menschlichen Denkens übersteigen, wie das Denken eines *Urwaldnegers* von der Denkkraft eines Philosophen vom Range Spinozas oder Kants überstiegen wird.«[278] Bô Yin Râ lehrt nun, für die höchsten dieser unsichtbaren Wesenheiten, die keineswegs »geistiger« Natur sind, gibt es *keinerlei* »Rätsel« der Natur, da sie durch und durch *Intellekt* sind. Für sie ist alles, was die physische Darstellungsform des ewigen *Lebens* ausmacht, bis ins kleinste erschlossen, aber alles, was *über* diese Darstellungsform *hinausreicht* – das unermeßliche Reich der flutenden Seele und das Reich des wesenhaften Geistes – ist ihnen nur absolutes *Nichts.* Sie kennen, so Bô Yin Râ, keine »Gottheit«. Außerdem: »Sie verachten das ihnen bekannte, intellektuelle Streben des Menschen, einen ›Gott‹, ein ›Dasein Gottes‹ *beweisen* zu wollen, da sie wissen, daß *für den Intellekt* tatsächlich kein ›Gott‹ existiert ...

Ihrem Einfluß ist jede Überschätzung des *menschlichen Denkens,* jede Hypertrophie des *Intellekts* in der Menschheit zuzuschreiben.«[279]

Man muß kaum betonen, daß hier in wenigen Sätzen dem Abendländer eine Lehre zuteil wird, die unermeßliche Bedeutung für sein irdisches und wohl auch ewiges Glück hat, wenn man bedenkt, daß er seit etwa 200 Jahren alles, wirklich alles rein wissenschaftlich [intellektuell!] beweisen will.

Zweitens: – Zwischen dem, was man die physische »Natur« zu nennen pflegt, und dem urgründigen, wesenhaften Reiche höchster Kraft und Weisheit, das Bô Yin Râ das Reich des *Geistes* nennt, liegt mitteninne das flutende, lichte *Zwischenreich* der Seelenkräfte.[280] Oder, wiederum anders formuliert: »Das Reich der *verborgenen,* ursacheschaffenden Kräfte des Urseins: – das *einzig Wirkliche,* auf dessen Auswirkung alle Anschauungsformen und ihre Erschei-

---

[278] Ebd., S. 178.
[279] Ebd., S. 179 f.
[280] Vgl. Bô Yin Râ, Mehr Licht, Bern: Kober Verlag 1989, S. 156 f. (4. Aufl.)

nungswelten, sowohl auf der *geistigen* wie auf der *physischen* Seite des Kosmos, beruhen. Diese verborgenen, ursacheschaffenden Kräfte des Seins wirken im Erdenmenschen als seine ›Seelenkräfte‹.«[281]

Es war, wie hier rasch eingefügt werden soll, *Kant*, der von ferne dieses eine »Wirkliche« erspürte und er nannte es: »Das Ding *an sich*«. Vor ihm aber hat schon *Platon* mit dem Begriff der »Idee« (*idéa, eidos*) dasselbe gemeint. Josef *Pieper* weist darauf hin, man solle diese ursprünglichen Worte behalten, denn *idéa* und *eidos* besagen im platonischen Griechisch: das innere Antlitz der Dinge, sichtbar allein dem Auge der Seele, aber doch etwas Sichtbares, und dies sei mehr, als wenn wir das inzwischen zum *terminus technicus* gewordene Wort »Idee« aussprechen.[282]

In dem sogenannten *Zwischenreich* der Seele, das einem »flutenden Meere« geheimnisvoller Kräfte gleicht und vom Reiche des Geistes überstrahlt wird, ist der Mensch, gleichwie in der physischen Natur, zu Hause. Er ist »in seinem Eigentum. Auch hier ist *er selbst* ein Teil des unermeßlichen Ganzen, und seine Eigenseele ist ein Komplex aus Myriaden dieser Kräfte des ›Meeres‹ der Seele.«[283]

Im Unterschied zur allgemein verbreiteten kirchlichen Lehre, bezeugt Bô Yin Râ die unbedingte Präexistenz der aus »Myriaden Seelenkräften« gebildeten *ewigen* Seele und beschreibt klar und deutlich, wie der einzelne Mensch die Geburt des lebendigen Gottes im Seelen-Ich schon auf Erden verwirklichen bzw. vorbereiten kann.

Das *Reich der flutenden Seele* ist – durch unüberbrückbare Kluft der Empfindungsfähigkeit – scharf geschieden und *getrennt* von der physischen Allnatur und dennoch diese durchdringend. Auch in dieser zweiten Darstellungsform des ewigen Lebens gibt es unendlichfältige Formen empfindender Kräfte und Wesenheiten, denen sowohl die physische Allnatur als auch das Reich des *Geistes*

---

[281] Bô Yin Râ, Das Buch vom Jenseits, S. 140.

[282] Vgl. Josef Pieper, Über den Philosophie-Begriff Platons, in: Ders., Philosophie, Kontemplation, Weisheit, Freiburg/Einsiedeln: Johannes Verlag 1991, S. 24.

[283] Bô Yin Râ, Mehr Licht, S. 157 f.

»bewußt« ist, »im Sinne einer *Empfindung der Wirkungen*, die sie aus beiden Reichen *wahrzunehmen* fähig sind.«[284]

Drittens: – Die *Welt des reinen Geistes*, die unseren gegenwärtigen Erdensinnen unzugänglich ist und nur unserem Innersten manchmal fühlbar wird. Diese rein geistige Welt ist die eigentliche und wahre Heimat des heilen, innersten, geistigen Kerns eines jeden Erdenmenschen, aus der er bei der Geburt gekommen ist und in die er durch den Tod hindurch wieder zurückkehren wird. Der Weg dorthin aber ist viel länger, als man sich das naiverweise vorstellt. Bô Yin Râ kennzeichnet diese dritte Darstellungsform des ewigen Lebens so:

»Von dem *Reiche der flutenden Seele* wieder *scharf getrennt*, wie auch von dem Reiche der *physischen Allnatur*, obwohl beide Darstellungsformen des ewigen Lebens *durchdringend*, ist das *Reich des Geistes* mit seinen unermeßlichen Hierarchien *selbstbewußter, selbstempfindender, denkender, fühlender und in direkter ›Anschauung‹* erkennender, ewiger, *der Vergänglichkeit* ihrer Individualität *entrückter*, reiner *Geisteswesen*, – der *höchsten* Form des *Vielheitsempfindens* im ewigen *Leben*.«[285]

Es gilt nun, diese drei »Stufen« oder besser gesagt »Dimensionen« zu fassen. Es gilt, sich Kräfte des Zwischenreiches (der Seele) dem geistigen Willen *untertan* zu machen, ja sie *meistern* zu lernen: sie so harmonisch zu bündeln, daß die eigene individuelle Formvollendung auf dieser Erde schon das Maximum erreicht. Diese Einsicht kann wiederum auch aus der Hörerfahrung gewonnen werden, die man mit der großen abendländischen Musik gemacht hat. Denn die große Erkenntnis, die man aus dem achtsamen Umgang mit der Musik für sich selbst gewinnen kann, ist diese: Die Harmonie, »ist die Bindekraft des Lebens, die Gegensätze überbrückt und Gemeinsames vereint. ›Harmonische‹ Bindungen einzugehen ist Sinn und Ziel der Menschheit wie der Musik.«[286]

---

[284] Bô Yin Râ, Das Mysterium von Golgatha, S. 180 f.
[285] Ebd., S. 181.
[286] Fritz Stege, Musik, Magie, Mystik, St. Goar: Otto Reichl Verlag 1961, S. 29.

Es ist wichtig zu begreifen, daß das Reich der Seele – zwischen den Kräften der physischen »Natur« und denen des reinen *Geistes* liegend – beider *Influenz* erreichbar ist. »Seine Kräfte sind jedoch *nicht* etwa den Kräften der physischen ›Natur‹ *unterworfen!*«[287] Nicht unterworfen, aber dennoch beeinflußbar, lehrt Bô Yin Râ, um zu zeigen, daß der Erdenmensch, wenn er sogenannte »okkultistische Übungen« oder »Spiritismus« betreibt, – wenn er gewisse, fest gegebene Schranken durchbricht, – sich nur der *feineren, fluidischen Kräfte des physischen Körpers* bedient, wodurch er lediglich auf die okkulten *Kräfte* der physischen Welt einwirkt, und, so heißt es weiter, man wird dadurch nach unwandelbaren Gesetzen des *physischen* Universums »den Wesenheiten dienstbar und verhaftet, die in dem unsichtbaren Bereiche der *physischen* Natur ihre Wirkungsfelder haben, man verfällt unfehlbar der ›Besessenheit‹ – man hat, wie der Volksmund sagt, – seine Seele ›dem Teufel verschrieben‹, – denn die eigentliche *Seele*, der okkulte *geistige* Organismus, wird im gleichen Grade *geschädigt*, in dem die feineren fluidischen Kräfte des *Körpers* diesen Wesenheiten, die jenseits von gut und böse, ohne Verantwortung und Moral sind, ausgeliefert werden.«[288] Über diese sogenannte »Lemurenwesen«, die *nicht* Geist, sondern *Teil* der unsichtbaren, okkulten physischen Welt sind, wird noch zu sprechen sein. An dieser Stelle sei vorwegnehmend angemerkt: Mit diesen Wesen, mit diesen »Schmarotzerkräften« des unsichtbaren Teiles der physischen Welt kommen diejenigen Menschen in Berührung, die Haß, Neid, Lieblosigkeit und Bosheit in sich pflegen, oder jene, die mit abgeschiedenen *Menschenseelen* zu verkehren wähnen (Mediumismus, Spiritismus, »metaphysisch« genannte Experimente), oder:

»Es sind diese unsichtbaren Wesen, durch deren Kraft der *Fakir* seine ›*Wunder*‹ wirkt, – und da man sie *nicht kennt*, staunt man *den Fakir* an, wenn je ein *echter*, dieser Unterweltverhafteten, sich zeigt ... Die *wenigsten* Menschen *wissen* mit *Gewißheit* um die

---

287 Bô Yin Râ, Mehr Licht, S. 158.
288 Das Mysterium von Golgatha, S. 137.

truggeschwängerte Natur dieser Wesen, die man *schwer benennen kann*, da in der Sichtbarkeit sich *kein Vergleichsbild* findet.«[289]

Der Mensch in seiner irdischen Erscheinung ist demnach in verschiedenen Empfindungsregionen »heimisch«, wobei der Geistmensch durch die Inkarnation, – durch den »Fall in die Materie«, – in seinem *physischen* Körper, den er mit den höheren Tieren teilt, eine *innige Verbindung* mit seinem Erdenleib – physikalisch ein beinahe unglaubliches Wunderwerk – eingegangen ist, und sie ist so eng, daß er seine »geistigen Sinne« beinahe verloren hat. Aber immer noch blieb in ihm ein »Funke« *geistigen* Bewußtseins zurück, das mit seinem Gehirnbewußtsein noch nicht verschmolzen ist – und dieses geistige Bewußtsein, als hoher *Lenker* der geistigen Kräfte, ist auch sein »*Gewissen*.«[290]

Der Mensch kann diesen »Funken« *nie verlieren*, wie tief er auch noch in seinem Erdenleben sinken könnte.[291] So versteht man den praktischen Ratschlag, wenn es heißt:

»Beruf des Menschen ist es, sich selbst, soweit er Niederem zugehört, dem *Höheren* in ihm *zu Dienste* zu geben. Nur so kann er sich zu *ewiger Gestaltung* schaffen, als individuelle Wesenheit. Darum muß er auch noch *über das Reich der Seele hinaus* zu seinem *Ursein im Geiste*, das er einst verließ, zurück gelangen. *Hier* erst ist er wirklich in seiner ›Heimat‹, und von hier aus erst vermag er es, *sich ewig zu erhalten*.

Hier hat die hohe Gemeinschaft des Geistes, aus der ich rede, ihren Tempel, und von hier aus kommt jedem die Führung, der ernstlich durch sein Tun nach ihr verlangt.«[292]

---

[289] Das Buch vom lebendigen Gott, S. 153. Hier heißt es auch: Diese Lemurenwesen »wollen vor allem *Bestätigung ihres Daseins* finden, und um diese zu erlangen, sind sie *zu allem* bereit, was ihre Macht nicht übersteigt, gehen aber auch weiter und suchen Macht noch *vorzutäuschen*, wo ihre Macht *zu Ende* ist ... Es bindet sie keine ›Pflicht‹ und kein ›Gewissen‹! Dein *Untergang* bereitet ihnen *gleiche* Lust, wie dein *Erstarken*, wenn sie *ihr Dasein* nur, *durch ihre Einwirkung auf dich*, an dir *bestätigt* finden. – –« (Ebenda, S. 152.)

[290] Vgl. Das Buch vom lebendigen Gott, S. 180.

[291] Ebd.

[292] Mehr Licht, S. 159.

[Das Thema der Meister klingt hier wieder an.] – Bô Yin Râ wird nicht müde zu betonen – und findet dafür immer neue Bilder und Annäherungswege, – daß die Beherrschung der Kräfte, die im Menschen sich auswirken, originäre und primäre Aufgabe auf dem Rückweg in die Urheimat ist, und das heißt: Voll im irdischen Alltag stehend, dort, wo der Mensch als auch zeitliches Wesen das Zeitliche in seinem konkreten Lebenskontext zu wirken hat, soll er seine Sorge nicht nur sich selbst, aber auch nicht *nur* den Anderen widmen, sondern sowohl als auch, in einem dynamischen Gleichgewicht. Nicht nur das, sondern, wie »*Das Buch vom Glück*« lehrt, ist ein jeder Mensch verpflichtet, hier auf Erden glücklich zu sein, – sein Glück zu schaffen, – und wie das gelingen kann, offenbart das obige, sehr praxisbezogene, tiefsinnige Werk des Meisters.

Mit Bezug auf die zweite und dritte Darstellungsform des ewigen Lebens muß noch folgendes in Betracht gezogen werden: Man soll sich klar darüber werden, sagt Bô Yin Râ, daß es *zwei ganz verschiedene Arten* von Kräften gibt, die erdensinnlich unerfaßbar sind, »je nach dem Lebensbereich des universalen Seins, dem sie angehören. Beide sind – jeweils in *ihrer* Region – ›*das einzig Wirkliche*‹, das aller Erscheinung zugrunde liegt, und beide stehen in ihrem Bereich um eine Stufe *tiefer*, als das, was durch sie vermittelt wird.«[293] Und was jetzt als Erklärung im Sinne einer Analogie kommt, ist für mein Empfinden mehr als genial. Bô Yin Râ schreibt:

»Wenn ich sage, daß diese Kräfte in ihrem Bereich allen ›Erscheinungswelten‹ (es gibt deren physische wie geistige) *zugrunde* liegen, so will ich das so verstanden wissen, wie wenn ich sagen würde, daß jedem Gemälde, gleichgültig, *was* es darstellt, die *Farben* zugrunde liegen, daß die *Farbenmaterie* an ihm ›das einzig Wirkliche‹ ist, obwohl das durch die Farbe *Dargestellte* von einer *weit bedeutenderen* Wirklichkeit Kunde zu geben vermag, – die aber *hier* nur *durch* die Farbenmaterie mir bewußt werden kann. –

---

[293] Das Mysterium von Golgatha, Bern: Kober Verlag 1992, S. 134 f. (5. Aufl.)

154

So wird uns das ganze physische Universum nur bewußt, weil ihm, – hinter allen Formen ›einzig wirklich‹ – die okkulten Kräfte der *physischen Natur* zugrunde liegen.«[294]

Und dem Körperlichen nach als *Teil* dieser physischen Natur, sind wir Menschen *selbst* eine dieser *physischen* okkulten Kräfte. Das ganze phyische Universum stellt sich nur dar als Wirkung *physischer* okkulter Kräfte. Genau so aber »stellen sich auch die *geistigen Welten* nur dar als Wirkung real *geistiger* okkulter Kräfte, und diese wieder sind – für sich betrachtet – nichts anderes als: das Reich der flutenden *Seele*, das zwischen *physischer* Weltdarstellung und *geistiger* Erscheinungswelt mitteninne liegt.«[295]

Wir können in der physischen Welt nur wahrnehmen, wir können in der physischen Welt deshalb nur »bewußt« sein, weil *wir selbst* eine ihrer *physischen* okkulten Kräfte sind. Genauso »können wir *Geistiges* nur wahrnehmen, – können wir im *Geistigen* nur bewußt werden, – weil *wir selbst* auch gleichzeitig eine der *geistigen* okkulten Kräfte sind und in uns einen *geistig-okkulten* oder *Seelenorganismus* tragen, ohne den die geistigen Welten, deren ›Substanz‹ diese Seelenkräfte sind, uns niemals wahrnehmbar sein könnten, ohne den wir niemals im *Geiste* bewußt zu werden vermöchten.«[296]

Für mich sind die großen Tonkünstler ein hervorragendes Beispiel dafür, daß sie besonders entwickelte und hochsensible Seelenkräfte – oder Seelenorganismen – besitzen. *Diese* Kräfte ermöglichen ihnen die aus dem Geistigen hervorströmende *Inspiration* zu empfangen und in physisch-akustisch hörbare Musik umzusetzen. Auch hier läßt sich obige Analogie anwenden, indem wir sagen: Das in den Tonarten gegebene *Tonmaterial* ist in der Musik »das einzig Wirkliche«, aber das durch die Tonart in einer bestimmten Ordnung *Hörbargemachte* vermag von einer *weit bedeutenderen* [geistigen] Wirklichkeit Kunde zu geben, die im Hörerlebnis nicht nur beglückt und entzückt, sondern den lauschenden Menschen in

---

[294] Ebd., S. 135.
[295] Ebd., S. 135 f.
[296] Ebd., S. 136.

seine eigene Mitte versetzt, – ihn [im eigensten Inneren] zurückführt in jene hohe geistige Welt, aus der die Inspiration ihren Ausgangspunkt genommen hat.[297]

Das Reich der flutenden Seele mit seinen unendlichfältigen Formen empfindender Kräfte und Wesenheiten offenbart sich nirgendwo so hellklar, und im physischen Körper bis zur tiefsten Erschütterung, ja bis zur höchsten Beglückung fühlbar, wie im Hinhören auf die große Musik. Freilich ist das, zugegeben, sehr *subjektiv* formuliert, aber deshalb ist solch eine Erfahrung nicht weniger real und wahr.

Im Reich der flutenden Seele, im Reiche der Seelenkräfte ist der Mensch heimisch und sollte immer mehr diese Kräfte beherrschen lernen. Denn, wie Bô Yin Râ lehrt, *die Vereinung* aller Urseins-Elemente wird im Seelischen des ErdenMenschen wieder *Wirklichkeit*, wenn der *geistige Wille des Menschen* diese Vereinung *erstrebt*. Genau diese Vereinung der Seelenkräfte wird im Medium des tönenden Geheimnisses hörbar bei den großen Tonkünstlern und Meistern. Und auf diese Vereinung drängt die Unruhe des Herzens. Darum heißt es im Lehrwerk:

Was in deinem Herzen tobt und drängt nach *Gestaltung*, – was dich ständig bewegt und in Unrast erhält: – dieses jagende Streben, irgend etwas *erreichen* zu müssen, – – darin erkenne die Auswirkung jener *Urseinskräfte*, die sich in dir erneut und nun individuell bestimmt, *vereinen* wollen!«[298]

Die harmonische Vereinung der auseinanderstrebenden, disparaten Kräfte sowie die im seelischen Erleben wahrgenommene Einheit (in) der Vielfalt – das ist definitiv die beglückende Erfahrung im Hinhören auf die große Musik. Möglich ist das deshalb, weil im Menschen in solchen »begnadeten« Momenten das latente, vielfach »schlafende« Bewußtsein seiner Einheit mit dem Ursprung – mit seinem »lebendigen Gott« – zur unumstößlichen und bewußt »gehabten« *Gewißheit* wird.

---

[297] Vgl. Otto Zsok, Musik und Transzendenz, St. Ottilien: EOS-Verlag 1998, S. 149–162 und 229–243.

[298] Bô Yin Râ, Das Buch vom lebendigen Gott, Bern: Kober Verlag 1996, S. 115. (8. Aufl.)

Die relativ ausführliche Schilderung der Darstellungsformen des einen ewigen Lebens und deren Kräfte, die alle im irdischen Menschen zur Auswirkung gelangen, bietet hier nun die Grundlage, das »mysterium iniquitatis«, aber auch die *Theodizeefrage* einmal *anders* anzugehen, als es bisher in der Philosophie der Fall war. Wer realisiert hat, daß die Beschäftigung mit *der menschlichen Erscheinungsform auf dieser Erde* lediglich »das Bild« eines disharmonisch gearteten Tieres vor Augen führt, und, wer darüber hinaus sich klar gemacht hat, daß der Name MENSCH – im Sinne des *Humanissimums* – dimensional *mehr* besagt als nur »das Erdenmenschentier«, wer schließlich aus dem Lehrwerk von Bô Yin Râ realisiert hat, was es *eigentlich* bedeutet, daß der MENSCH als »Mann und Weib« in bipolarer Vereinung »das Ebenbild der Gottheit« ist, dem erschließt sich ein *anderer* Weg der Erklärung des Bösen, aber auch der schöpferischen Leidüberwindung. Damit beschäftigt sich nun der nächste Gang.

6.4. Der gute und der »böse« Mensch
Vom Geheimnis des Bösen und von der Erlösung

Es gibt einen uralten Text, in dem es heißt: Des Menschen Trachten sei von Jugend auf »böse«. Nun das vermeintlich »Böse« in den Regungen der *kindlichen* Natur und im Verhalten eines Kleinkindes stammt gewiß nicht aus bösem Willen, denn der Anfang *des Phänomens des Bösen im strengen Sinn* hat stets mit dem Phänomen der Freiheit und der Überschreitung einer bestimmten *Grenze* – einer Schranke – durch das *Denken* des Erwachsenen zu tun.

Beim Kind findet man nichts Böses. Im Gegenteil: Das Gute ist dem Kinde an-*geboren* und wer als Vater und Mutter selber *gut* ist, wird gewiß in dem ihm anvertrauten Kinde auch das *Gute* sehen. Das Elternpaar wird dann erkennen: Hinter der körperlichen Erscheinung des Kindes, – hinter dem *Erdenkleid*, in dem das Kind einem Elternpaar *geschenkt* wird, – und in seinem Erdenkörper wohnt »etwas«, das *nicht* von dieser Erde ist. Hier wollen wir ansetzen, wenn wir »das Böse« einsichtig machen wollen. Was ist nun dieses »Etwas« im Kinde, das *nicht* von dieser Erde ist? Bô Yin Râ umschreibt das Gemeinte so:

»Dieses ›*Etwas*‹ blickt dich aus den Augen deines Kindes an und sucht in dir das gleiche ›Etwas‹, das *vielleicht* in deinem Körper *Herr* geworden, *meistens* aber *durch des Körpers Kräfte überwältigt* und *gefesselt* ist. – –

Dieses ›Etwas‹ ist *der Mensch des reinen Geistes*, der sich hier dem Menschentiere dieser Erde *eint* in einer der *tiefsten* Formen seines Erscheinens, und auf Erden nur ›Erlösung‹ findet, wenn er dieses ›Tier‹ bezwingt. – –

Er ist deinem Kinde *nicht* ein Erbe, das es *dir* verdankt, so viel es dir auch wohl verdanken mag an übererbter Formung seiner Hirngewinde!

Er blickt im Auge deines Kindes forschend dir ins Angesicht, auch wenn dieses Auge ihm noch nicht zum wohlbeherrschten Werkzeug wurde, und sucht, ob er noch seinesgleichen *ungefesselt* hier auf dieser Erde fände ...

Du hast hier allen Grund, vor deinem eigenen Kinde *Ehrfurcht* zu empfinden, ... denn aus dem Auge deines Kindes blickt *der Geistesmensch* dir noch *ursprungsrein* entgegen. –

In *deine* Hand ist nun sein Schicksal hingegeben. – – –«[299]

Das ist der springende Punkt: Der reine Geistesmensch, der noch nicht korrumpiert ist von der Misere der irdischen Welt, blickt dem Elternpaar aus den Augen des Kindes *ursprungsrein* entgegen.

Die ersten Kindesjahre erleben wir alle in der Reinheit des Ursprungs, unschuldig und außerhalb des Bösen. Erst später passiert etwas. Erst später entsteht ein »Bruch«. Deshalb wäre es arge Torheit und fatale Blindheit wollte man das »Böse«, wie es sich im erwachsenen Menschen *später* zeigen *kann*, zu leugnen versuchen oder leichtsinnig wegpsychologisieren. Angesichts der in der irdischen Welt anzutreffenden Boshaftigkeit – Haß, Mord, Kriminalität, das Quälen von unschuldigen Menschen usw. – müßte jemand seinen Realitätssinn verloren haben, wollte er das Böse übersehen.

---

[299] Bô Yin Râ, Das Buch vom Menschen, Bern: Kober Verlag 1992, S. 110–112.

»Was aber ist dieses ›Böse‹ anderes, als die Entartung eines Triebes der menschlichen *Tiernatur*!?«[300]

Diese die Antwort implizierende Frage von Bô Yin Râ, führt an das Phänomen des Bösen heran. Es ist nicht angenehm zu hören, daß wir Menschen auch eine Tiernatur haben, in unserem Psychophysikum weitgehend den höher entwickelten Tieren ähneln und zugleich zu wissen, daß wir – im Gegensatz zu den Tieren – *schuldig* werden *können* und *sind*, und, daß wir – im Gegensatz zu den Tieren – auch *das Böse* erzeugen können, ja, es oft auch erzeugen (Haß, Mord, Zerstörungslust, Lust am Leide der anderen).

Allzusehr möchte sich der Erdenmensch seiner tierischen Natur entledigen, vielfach möchte er sich selbst als »Krönung der Schöpfung« sehen, was an und für sich in Ordnung ist, denn schließlich ist der Erdenmensch, trotz seiner tierischen Natur in seinem Psychophysikum, *mehr* als nur »Tier«: Er trägt in sich selbst einen »Geistesfunken«aus der ewigen Gottheit, er hat eine ewige »Seele« (gebildet aus ewigen Seelenkräften), und so realisiert er zwischendurch, daß er sich nicht allein als *Tier* zu erleben trachtet, sondern offensichtlich auch noch aus *anderen* Kräften, die *nicht* zu den Kräften des Tieres gehören, Erlebensanregung empfängt.[301] Diese, dem Tierischen in ihm *fremden* Kräfte hindern ihn oft, sein Dasein unbeschwert, in tierischem Behagen auszukosten.

Er ist *Geist im Leib*, der das Tierische, die Kräfte des Tieres, die in seinem psychophysischen Organismus gegeben sind, benützt, um sich [als Geist] in dieser Welt behaupten zu können. Während es aber im Tierreich in Ordnung ist, und keineswegs als böse oder schuldhaft angesehen werden kann, *nur für sich selbst* zu leben und dabei auf Kosten der anderen nur sich selbst als dieses eine individuelle Tier zu behaupten, ist dasselbe Verhalten im *menschlichen* Bereich äußerst problematisch und es enthält schon im Keim den »Anfang« des Bösen.

In jenem Augenblick, in dem ein Mensch – wer immer er auch sein mag – bewußt merkt, daß sein Verhalten, sein *Sich-zu-den-*

---

[300] Bô Yin Râ, Der Sinn des Daseins, Bern: Kober Verlag 1981, S. 60. (3. Aufl.)

[301] Vgl. Bô Yin Râ, Das Buch vom Menschen, Bern: Kober Verlag 1992, S. 11. (4. Aufl.)

anderen-Verhalten ihm selbst in seiner individualistischen Neigung *Grenzen* auferlegt, daß er Rücksicht und Vorsicht walten lassen muß, da er nicht als singuläres »Monaden-Ich«, sondern angesichts des Anderen, des Du lebt, – in jenem Augenblick also beginnt er zu ahnen, daß über das psychophysisch Tierische hinaus in ihm noch eine *andere* Macht: – *die Macht des Geistes* wirkt. Es ist die Macht des *Geistes*-Menschen, der durch die Inkarnation – als die Verkörperung des Geistes in einem psychophysischen tierischen Leib – zunächst und lange Zeit sein geistiges Bewußtsein und seine geistige Macht *verliert* und, im Zuge eines bestimmten, ziemlich genau angebbaren Sozialisationsprozesses stark dazu neigt, seine rein physisch-sinnliche Erscheinung als die einzige und eigentliche Wirklichkeit seines Wesens zu betrachten. Es hat freilich fatale Folgen, wenn der Erdenmensch *nur* seine irdische, psychophysisch bedingte Erscheinung als seine einzige Wirklichkeit erkennt. Denn, wie der Wiener Arztphilosoph und Psychiater *Viktor Emil Frankl* (1905–1997) gelehrt hat, es gibt im Menschen eine *Mannigfaltigkeit* von Dimensionen – somatische, psychische und geistige Dimension – und er teilt mit dem Tier die biologische und die psychologische Dimension. Irgendwie, so Frankl, hört der Mensch nicht auf, *auch* ein Tier zu sein, aber er ist auch unendlich *mehr* als ein Tier, »und zwar um nicht weniger als eine ganze Dimension, nämlich die Dimension der [geistigen] Freiheit.«[302] Aus dieser, eigentlich menschlichen Dimension heraus, die hier von der Logotherapie her skizziert wurde, kann man einen Zugang zum Phänomen des Bösen herausarbeiten.

Mit dem Wort »das Böse« sind nicht irgendwelche Verfehlungen und Schuldigkeiten, nicht sogenannte »Kavaliersdelikte«, auch nicht die »Sünde« im klassischen Sinne des Wortes gemeint, [obwohl sie gewiß hierher gehört], sondern das *eminent Böse* – das moralische Übel. Ich meine den Mann, der ein kleines, unschuldiges Kind tötet[303], ich meine die 17 bis 24jährigen Jugendlichen, die

---

[302] Viktor Frankl, Ärztliche Seelsorge, Frankfurt/Main: Fischer Verlag 1987, S. 14.

[303] Siehe dazu die schon erwähnte hervorragende Arbeit von Bernd J. Claret, **Geheimnis des Bösen**. Zur Diskussion um den Teufel, Innsbruck–Wien:

auf der Straße einen Afrikaner zu Tode zertrampeln, nur weil er schwarze Haut hat. Ich meine jene Taten, wo Menschen, die von der Natur gesetzte *Grenze* einreißen, um anderen aus *Lust am Leiden* zu schaden, um andere *psychisch* und/oder *physisch* – »einfach so« – zu zerstören. Man lese nur aufmerksam, wie die Bibel die böse Tat des Königs David (2 Samuel 12) beschreibt und bewertet. Und im 4. Kapitel des Buches *Genesis* wird die »Kain-Tat« überliefert, die sich, nach der biblischen Überlieferung, schon am Anfang der Menschheitsgeschichte ereignet hat: *Kain* tötet seinen Bruder *Abel* aus Neid und Eifersucht. Da sieht man, wozu der Mensch, besser gesagt: »das *Erdenmenschentier*« (Bô Yin Râ) – fähig ist. Das reine Tier ist zu so etwas *nicht* fähig. Das reine Tier tötet niemals aus Mordlust. Zwar tötet ein Tier das andere Tier, aber niemals aus Freude an der Qual des anderen Tieres und niemals »aus reiner Mordlust«, wie der Mensch das zu sagen pflegt.

Schon *Konrad Lorenz* hat gezeigt, daß in der tierischen Natur eine ganze Reihe von Mechanismen gibt, die Aggressionen *bremsen*. Schimpansen, zum Beispiel, verhalten sich oft »diplomatisch«: In einem engen Raum wenden sie sich von den anderen ab, damit sie die Entstehung der Spannungen verhindern. Bei Kämpfen, die auf offenen Plätzen ausgetragen werden, um die Rangordnung festzustellen, zieht sich der offensichtlich stärkere Affe zurück, damit der besiegte Gattungsgenosse Gelegenheit hat zu verschwinden. In 40% der Fälle suchen die früheren Kontrahenten die Beziehung zueinander und setzen sogar Zeichen der Versöhnung. Fazit: Selbst die Affen können die Menschen lehren, daß der Kampf gegeneinander nicht tödlich enden *muß*, und wenn man schon meint, kämpfen zu müssen, sollte man sich versöhnen – so die Beobachtung der Affenforscher.[304]

Der Mensch dieser Erde, so wie er in den letzten 4000 Jahren *Realpolitik* in Erscheinung getreten ist, dürfte sich nicht zu laut seiner »Menschenwürde« rühmen. Nur wenn viele, *viele Einzelne* den Haß in sich zu vernichten suchen, wird diese Erde die Eingrenzung

---

Tyrolia Verlag 1997, S. 241–249. Claret spricht hier von der kosmischen Dimension des »Nicht-zu-Rechtfertigenden«.

[304] Vgl. Süddeutsche Zeitung, 11. Dezember 1989 (Rolf Degen: Die Politik der Versöhnung bei den Affen).

des Bösen erleben. Und nur die Vernichtung des Hasses im eigenen Herzen ist der einzig »*gerechte*« Krieg, – der die Kriege im Außen zwischen den Menschen unmöglich machen könnte. Dazu aber ist *Geisteseinsicht* erforderlich, und lebendig muß die gefühlte Erkenntnis in vielen Herzen sich ausbreiten, »daß jedes ›Du‹ ein ›Ich‹ ist, das in ihm sich finden will.«[305] Lebendig und im Lichte des Geistes sollten viele einzelne Menschen die Einsicht vollziehen, daß es zwar immer wieder Gegensätze und Wettkämpfe, Punkt und Kontrapunkt, Grund und Gegengrund in dieser physisch-kosmischen Welt geben wird, und daß nur die etablierte Spannung zwischen Grund und Gegengrund mancherlei Kräfte entwickelt, die fließendes, blühendes Leben fördert, doch *müssen* diese Kräfte der Polarität wahrlich nicht zum mörderischen *Kriege* führen, »so wenig wie jemals *der Sieger im Spiel* seinen überwundenen Gegner *erschlagen* muß.«[306]

Diese »Praeambula« einer Praxis, die das Böse einschränkt und überwindet, ist nur vom wirklichen Menschen der Ewigkeit – vom Geistes-Menschen her – zu erkennen, denn, wie wir schon im Lehrwerk von Bô Yin Râ gesehen haben:

»Wer *den Menschen* sichten und somit *sich selbst erkennen* lernen will, der muß in *die Heimat* des Menschen gehen, – muß sein Suchen auf *jene* Wege lenken, auf denen die *Höhenregion* zu erklimmen ist, aus der des wirklichen Menschen *ewiger* Organismus stammt, niemals irdischen Sinnen faßbar, und auch dem erdenhaften *Verstande* nur erkennbar in den *Auswirkungen* geistig geschaffener Impulse. (...)

Es *muß* daher vor allem der Irrtum erkannt und überwunden werden, als sei *der Mensch nur* die Erscheinungsform, die wir *auf dieser Erde* mit dem Namen: ›Mensch‹ belegen.

Man kann es keinem Menschen auf der Erde verargen, – keinem, der ›die Menschen *kennt*‹, wenn er für die hohen Worte, die den Menschen ›*das Ebenbild der Gottheit*‹ nennen, nur ein ironisches

---

[305] Bô Yin Râ, Das Buch vom Menschen, Bern: Kober Verlag 1992, S. 137. (4. Aufl.)

[306] Bô Yin Râ, Das Buch vom lebendigen Gott, S. 195.

162

Lächeln übrig hat, solange der Begriff, den er mit dem Worte ›Mensch‹ verbindet, nur den *ErdenMenschen* meint ...

Wahrlich: das Wort vom ›Gottesebenbild‹ wäre lächerlichste Torheit, hätte jener, der es erstmals aussprach, *nur* an den ›Menschen‹ *der Erde* gedacht!

Dieses Wort konnte nur geprägt werden von einem *Narren*, – oder aber – von einem wirklichen *Weisen*, dem sich die Erkenntnis vom *allumfassenden* Wesen des Menschen erschlossen hatte. – «[307]

Des wahren Menschen wirkliche Heimat ist nicht die Erde. Im »paradiesischen Zustand« – und das heißt: geeint mit seinem Gott – ist der Mensch *ursprünglich* gut.

Die *irdische* Natur des Menschen beinhaltet aber die *Möglichkeit* zum Bösen. Wie sagte *Viktor Frankl?* »Der Mensch ist jenes Wesen, das immerhin die Gaskammern erfunden hat; aber er ist zugleich auch jenes Wesen, das in eben diese Gaskammern hineingeschritten ist in aufrechter Haltung und das Vaterunser oder das jüdische Sterbegebet auf den Lippen. *Das also ist der Mensch.*«[308]

Zwei Möglichkeiten, zwei Extreme – und beide kann ein Mensch leben. Aber:

Der seiner *Verantwortung*, weil seiner Geistigkeit, bewußt gewordene Mensch, der in aufrechter Haltung, das Vaterunser oder das jüdische Sterbegebet rezitierend, hineingeschritten ist in die Gaskammern, – das ist der wahre Mensch, sagt Frankl, und erwähnt namentlich Dr. Paul Fürst und Dr. Ernst Rosenberg. Mit ihnen habe er vor ihrem Tod im Lager sprechen können, heißt es weiter: »Und es war in ihren letzten Worten *kein einziges Wort des Hasses – nur Worte der Sehnsucht* kamen über ihre Lippen – *und Worte des Verzeihens.*«[309]

Solche Geschichten und Begebenheiten beweisen: Es liegt ganz und gar immer nur am *einzelnen* Menschen, ob er seine eigene, im Geistigen begründete Würde und Bewußtheit mit Füßen tritt – oder

---

[307] Bô Yin Râ, Das Buch vom Menschen, S. 10 f.
[308] Viktor E. Frankl, Der leidende Mensch, München/Zürich: Piper Verlag 1990, S. 347.
[309] Ebd., S. 346.

ob er sie wahrt. Zur Wahrung der eigenen Würde gehört aber das Wachwerden-Wollen in seinem eigenen, heilen Geist.

Eine phänomenologische Durchdringung dessen, was geistiges Erwachen bedeutet, läßt sich in etwa so zusammenfassen:

Die Wachwerdung in seinem eigenen Geist kann sich im Leben eines Menschen ab dem 7. oder vielleicht ab dem 12. Lebensjahr immer ereignen. In dem Augenblick, in dem ein Mensch bewußt realisiert, daß er nicht beliebig, willkürlich, nach Lust und Launen dieses oder jenes tun darf, beginnt in ihm ein furchtbarer »Krieg«, dessen Schauplatz nicht im Außen, sondern im Innen zu suchen ist. Der hier gemeinte »Krieg« geht dann los, wenn in einem Menschen zum ersten Male die Frage entsteht: »Wer bin ich?«, – wenn zum ersten Male dieses sich selbst unbekannte »Ich« einer undurchdringlich scheinenden *Finsternis* entgegenblickt. Es merkt plötzlich: bei der Suche nach Grund und Sinn des Daseins, nach Spuren seiner Herkunft stößt es auf Ohnmacht und Haß, zermürbende Gedanken und Angst in sich selbst. Es merkt irgendwann, daß der *Trieb zur Selbsterhaltung* in ihm zu *entarten* droht und es sozusagen zu etwas drängt, was »böse« ist und was es vorher nicht gekannt hat. Der Mensch fühlt einen *Drang zur Selbstbehauptung*, die ihn zu verschlingen droht oder ihn zumindest in eine Verstrickung hineinzieht.

Zugleich und mitten in diesem inneren Kampf hat er ein Gespür dafür, was in ihm selbst das Originäre, das Geistige bedeutet: Harmonie und Licht. Er erlebt in sich selbst die enorme Spannung zwischen seinem *Ego* und seinem wahren, *geistigen Ich*. Es heißt beispielsweise: Die »Stimme des Gewissens« hat ihn gewarnt, weil jemand zuschauen könnte, aber er setzte sich darüber hinweg und schreitet zur Tat. Oder im Franklschen Sinne gesprochen: Als das originäre »Sinn-Organ« verbietet mir das Gewissen in einer bestimmten Situation, das *sittlich Häßliche* zu tun bzw. den Trieb zur Selbsterhaltung *entarten* zu lassen. Die hier gemeinte »Instanz« im Menschen, die so anders geartet ist, als all das, was er sonst noch in seinem Körper erlebt, wurde vielfach im Laufe der Philosophiegeschichte als »die Stimme Gottes« ausgelegt, und wenn man diese Formulierung richtig deutet, stößt man darin auf eine urtiefe Wahrheit. Das *Gewissen* aber, darum geht es hier, ist die »Stimme« des

Geistes-Menschen im ErdenMenschentier. In Anlehnung an *Robert Spaemann* soll das Gesagte verdeutlicht werden.

»Betrachten wir als Beispiel einen Menschen, der sich eine einträgliche Lebensstellung verschaffen kann, wenn er durch eine gezielte Verleumdung einen ihm ohnehin unsympathischen Konkurrenten aus dem Rennen wirft. Es gibt einen Grund dies zu tun, und es gibt einen anderen Grund, es nicht zu tun. Der Grund, es zu tun, ist das Interesse an einem gesicherten, reichlichen Lebensunterhalt. [Man könnte auch sagen: Entartung des Selbsterhaltungstriebs in Richtung – Habgier!] Interessen bedürfen keines weiteren Grundes, um Handlungen zu motivieren. Sie sind als solche ausreichende *prima-facie*-Gründe.³¹⁰ Aber in diesem Fall kann der *prima-facie*-Grund entmächtigt werden durch einen entgegenstehenden Grund, der es dem Menschen *verbietet*, einen anderen Menschen zu verleumden. Von welcher Art ist dieser zweite Grund? Wie macht er sich geltend? Zur Begründung, warum der Mensch seinen Konkurrenten nicht verleumdet, wird er vielleicht sagen, es sei ›nicht schön‹ oder gar *böse*, so etwas zu tun, er wolle schließlich selbst auch nicht verleumdet werden, er wolle nicht einer sein, der so etwas tut, er werde keine Freude an dem Job haben, wenn er ihn auf diese Weise bekommen habe usw. Vielleicht wird er auch bedauernd sagen, er sei leider nun einmal so veranlagt oder so erzogen, daß er sich über solche Skrupel nicht hinwegsetzen könne. Andere seien da besser dran. Oder er wird sogar sagen, er wolle sein Seelenheil oder seine karmische Karriere nicht aufs Spiel setzen. Alle diese Begründungen laufen letzten Endes auf die erste hinaus: *es ist nicht schön, so etwas zu tun.* (...) Daß etwas ›sittlich häßlich‹, das heißt *böse* ist, hat mit vitalen Gründen gemeinsam, daß es *für sich selbst* Grund genug ist, es zu lassen. Auf die Frage: ›Warum willst du nicht tun, was böse ist‹, kann man nur antworten: ›Weil es böse

---

³¹⁰ **Prima-facie-Beweis**: Beweis auf Grund des ersten Anscheins, Anscheinsbeweis; ein nach der normalen Lebenserfahrung typischer Geschehensablauf gilt als bewiesen, solange sich nicht Tatsachen ergeben, die ein von diesem typischen Ablauf abweichendes Geschehen als möglich erscheinen lassen.

ist‹. (...) Dieser [sittliche] Handlungsgrund verträgt es nicht, zu-rückgestellt zu werden.«[311]

Er ist ein ausschlaggebender Grund. Das *sittlich Häßliche* ist oh-ne »wenn« und »aber« ein ausschlaggebender Grund. Entweder gibt er den Ausschlag, [die Verleumdung zu unterlassen], oder der Handelnde verletzt etwas in sich selbst und in der Ordnung des Zwischenmenschlichen, weil er gegen die bessere Einsicht, – oder logotherapeutisch gesagt: wider den Sinn, – handelt. Mit anderen Worten: der sittliche Grund ist in sich selbst sinn-*voll*. »Er braucht keinen dritten Grund, um zwischen diesen beiden Handlungsmoti-ven [Verleumdung oder Nichtverleumdung] zu entscheiden. Der sittliche Grund ist nicht ein Grund, der zu anderen in Konkurrenz tritt, so daß es eines Schiedsrichters bedarf. Der sittliche Grund ist entweder *der* ausschlaggebende Grund, oder er verschwindet. Wenn sich ein sittlicher Grund im Konflikt mit unseren Interessen meldet, sprechen wir – vom *Gewissen*.«[312]

Die Konsequenzen, die beim Verschwinden des sittlichen Grun-des entstehen, kann sich jeder leicht ausdenken: Die Parteispenden-affäre der letzten Monate (1999–2000), die Korruptionsskandale in Deutschland und in anderen Ländern haben jedem wachen Bun-desbürger ausreichende Beweise dafür geliefert.

Bleiben wir noch einen Augenblick bei dem Beispiel. Der *Selbst-erhaltungstrieb* – das Interesse an einem gesicherten, reichlichen Lebensunterhalt – ist an sich gewiß nicht böse. Dieser muß erst *entarten* und *wird* so Trieb zum Bösen, wenn der Mensch diesem Trieb aus seinem Geistigen heraus keinen Einhalt gebietet. Die zu-nächst boshafte Neigung, jemanden zu verleumden bzw. die in der plastischen Phantasie auftauchende Vorstellung, den anderen zu diffamieren, kann immer noch in bestimmten *Grenzen* bleiben, oh-ne daß sie zum Bösen wird. Was sagt der Mann, der seinen Kon-kurrenten durch Verleumdung ausschalten könnte, darüber sich auch Gedanken macht, aber es dann doch nicht tut? Er sagt sich: *Es*

---

[311] Robert Spaemann, Personen. Versuche über den Unterschied zwischen ›etwas‹ und ›jemand‹, Stuttgart: Klett-Cotta Verlag 1996, S. 180.
[312] Ebd., S. 181.

ist nicht schön, so etwas zu tun. Der Mensch kann demnach vorwegnehmend, im Geist antizipierend nachfühlen und ausdrücklich feststellen, daß etwas ›*sittlich häßlich*‹, das heißt *böse* ist, – und somit in Gedanken, durch eine *Willensentscheidung* davon abrücken, was das Böse erzeugt.

Was aber erzeugt das Böse? Im Lichte des Lehrwerks von Bô Yin Râ läßt sich sagen: Die Überschreitung einer bestimmten Grenze des Selbsterhaltungstriebes erzeugt das Böse. Anderes zu zerstören aus *Lust am Leiden*, das dem anderen durch die zerstörerische Tat entsteht – das ist das eigentliche Phänomen des Bösen, und »hier wird das ›*Böse*‹ erst durch den Menschen *erzeugt!*«[313]

Wohin steuert aber eine menschliche Gesellschaft, in der 14jährige Schüler andere Schüler mit der Pistole abknallen, oder Schüler die Lehrer töten können und *de facto* töten? Oder wie der Theologe Dr. *Bernd J. Claret* formuliert: »Wer ist der Mensch, daß er in die Wirklichkeit zu rufen vermag, was vollkommen widersinnig ist?«[314] Und dann erzählt er die Geschichte des Soldaten, der ein kleines Baby vor den Augen der Mutter brutal und mit Genuß ermordet. *Claret* fügt hinzu: »Dies ist ein Geschehen, das man – ohne Einschränkung – *diabolisch* nennen darf.«[315] Dies ist ein von einem Menschen *erzeugtes* Geschehen, sage ich, das in grauenvoller Deutlichkeit *das eminent Böse* vor Augen führt. Es gibt den abgrundtief »bösen« und den »engelhaft guten« Menschen, wobei hier natürlich *Einzelne* gemeint sind, die in ihren Taten entweder die »diabolisch-satanische« oder die »gute-engelhafte-heiligmäßige« Richtung des Menschseins verkörpern.

Die letzten hundert Jahre der europäischen Geschichte haben für beide Richtungen Beispiele geliefert. Wir haben gesehen, wie *Fanatiker der Bosheit* auf der Bühne der Geschichte standen und alles zerstören wollten und fast alles zerstört haben, an dessen Aufbau sie einst beteiligt waren. Wir haben auch Leuchtende Gestalten des

---

[313] Bô Yin Râ, Der Sinn des Daseins, Bern: Kober Verlag 1981, S. 68 f. (3. Aufl.)

[314] Bernd J. Claret, Geheimnis des Bösen, Innsbruck–Wien: Tyrolia Verlag 1997, S. 245.

[315] Ebd. Hervorhebung von mir – O. Zs.

Guten erlebt – *Dietrich Bonhoeffer, P. Ruppert Mayer, P. Maximilian Kolbe* und *Viktor Frankl*, – die den Zerstörungskräften Widerstand geboten haben.

Ich weiß, daß auf Erden kein Paradies, kein ewiger Friede möglich ist. Ich teile mit Frankl die Überzeugung, daß bewußt leben wollende Menschen einen »tragischen Optimismus« zu leben haben und das heißt: Sehr viele einzelne Menschen in der Gesellschaft müssen immer geistig *hellwach* bleiben, damit Auschwitz und Hiroschima sich nicht wiederholen können. Heute und nach Jahrhunderten noch ist und wird aktuell, was Bô Yin Râ schon 1930 offenbart hat in einem bis heute kaum beachteten Buch. Die Wiederholung dieses Lehr-Textes geschieht mit Absicht.

»*Noch keine* Glaubenslehre wußte zu *verhüten*, daß die Menschen sich *erschlugen*, oder noch viel grausamer zerfetzen *vor* der endlichen Erlösung durch den Tod, als je ein Tiger seine Nahrungsbeute hungergierberauscht zerriß! –

Kein Denkergebnis aus der hochgemuten Hirnarbeit der großen Philosophen war imstande, Völker von der gegenseitigen Zerfleischung *abzuhalten*, sobald durch *Haß* und *Neid* und *Herrschsucht* in Dreieinigkeit, die Tierinstinkte *überreizt*, und die Gedanken *dem Vernichtungstrieb verflochten* wurden!

Wir müssen *tiefer* graben, wollen wir die nährungsfrohe Erde in uns finden, in der wir alle *allverwachsen* sind!

Voll Ehrfurcht müssen wir das *Wirkliche* in uns ergründen, um den ›Grund‹ zu einer *Willenswandlung* zu erfühlen, die aller Erdenmenschheit *unerläßlich* bleibt, will sie nicht in rapider Rückbildung zu einem Schuttgezücht des Tiergestaltungswillens dieser Erde werden. – –

Der blutbesudelte, vom Schlammschleim der Verwesung überspülte Weg zu solcher Rückbildung in eine Tierart, der die Urwaldaffen dermaleinst als hohe ›Götter‹ gelten müßten, ist leider heute schon von Scharen selbstbetörter ErdenMenschen längst *beschritten*, so daß es wahrlich an der Zeit ist, laut vor der Gefahr zu *war-*

nen, die durch kein Verlachen aus dem Munde tollen Irrmuts aufzuhalten ist!«[316]

Und danach folgt die Kennzeichnung dessen, was Bô Yin Râ *Wirklichkeitsbewußtsein* nennt. Es ist damit etwas anderes gemeint, als das, was der Verstand und die Vernunft als »Wirklichkeit« erfassen. Gemeint ist *nicht* ein Wissen, wie es die *Wissenschaft* verlangt, sondern was hier in Rede steht, ist folgendes:

»Wer das Bewußtsein seiner *Wirklichkeit* in sich zu suchen unternimmt, der kann nur dann zu dem von ihm erstrebten Ziele kommen, wenn er vom Anfang an den Weg verfolgt, den ihm die Wirklichkeit *in seinem Erdendasein* dargeboten hat.

Hier gilt es nicht, in Parallele zu der Frage des Pilatus, nun die Frage aufzuwerfen: ›*Was ist Wirklichkeit?*‹ –

Wir wollen das getrost den ›*Neunmalweisen*‹ überlassen, die beim *zehntenmale* stets zu *Toren* werden!

Hier soll dir vorerst *das* als ›wirklich‹ gelten, was auch ein *Kind* als seine Wirklichkeit empfindet!

Benenne ruhig diese ›Wirklichkeit‹ mit Worten, die dir deine Schulung an die Hand gab um der Unterscheidung der im Denken nötigen ›Begriffe‹ willen! (...)

Du brauchst dein intellektuelles Wissen nicht zu opfern, denn auch die *Auswirkung* der Wirklichkeit darf um des hier erstrebten Zieles willen einmal hingenommen werden als das *erdensinnlich* faßbar ›Wirkliche‹ ...

Auch wenn du *nicht* mehr ›wirklich‹ nennen magst, was deine Körpersinne dich erkennen lassen, so bleibt doch dieses körpersinnenhaft Erkannte Ausgangspunkt für den *Begriff* der Wirklichkeit, wie hoch du ihn auch denkend überhöhen mochtest. –

In gleicher Weise muß dir jetzt das *erdensinnlich* ›*Wirkliche*‹ zum *Ausgangspunkte* deines Weges werden!

Das *allernächste* erdensinnlich ›Wirkliche‹ ist dir *dein eigener Erdenleib*, und nur von ihm aus wirst du sicheren, geraden Weges

---

[316] Bô Yin Râ, Das Gespenst der Freiheit, Bern: Kober Verlag 1990, S. 190 f.

weiterkommen, willst du schließlich das *absolute* Wirkliche erreichen. – –

Es ist ein ziemlich langer Weg, den du *bedachtsam* und *gemesse-
nen Schrittes* nun erwandern mußt!«[317]

Man liest hier kristallklare Offenbarungssätze darüber, daß *Wirklichkeitsbewußtsein* zu entwickeln damit beginnt, daß wir vorerst
»*das* als wirklich gelten lassen, was auch ein *Kind* als seine Wirklichkeit empfindet! Das körpersinnenhaft Erkannte bleibt [gewiß]
Ausgangspunkt für den *Begriff* der Wirklichkeit.«[318]

Und körpersinnenhaft erfühlt, erlebt und erkennt ein jeder, daß es
weh tut, wenn jemand ihn körperlich angreift. In seinem physischen
Körper erlebt ein jeder, daß es zum *Bösen* führen kann, wenn ihm
ein anderer bewußt und absichtlich Schmerzen zufügt. In seinem
physischen Körper erlebt ein jeder, wie es ist, wenn plötzliche, un-
kontrollierte Aggressionen sich im Körper ausbreiten. Bei dieser
Beobachtung muß die Überwindung des Bösen einsetzen.

Die *Beachtung der Körperlichkeit des anderen* ist schon, auch
Umberto Eco zufolge, eine solide Grundlage einer universalen
Ethik des Guten. Das Böse hätte kaum Chancen, sich auszubreiten,
wenn viele Einzelne die Achtung der Körperlichkeit – bei sich
selbst und beim anderen – pflegen würden. Wie das gemeint ist,
begründet *Eco* folgendermaßen:

»Mein Problem war, ob es ›*semantische Universalien*‹ gibt, das
heißt elementare Begriffe, die der ganzen menschlichen Gattung
gemeinsam sind und in allen Sprachen ausgedrückt werden können.
(...) Ich bin zu der Überzeugung gelangt, daß es begriffliche Vorstellungen gibt, die *allen Kulturen* gemeinsam sind, und daß sie
sich alle auf die Positionen *unseres Körpers im Raum* beziehen.«[319]

Es sei hier rasch angemerkt, daß die Quintessenz dieser Überlegungen deshalb so überzeugend und faszinierend ist, weil sie mit

---

[317] Bô Yin Râ, Das Gespenst der Freiheit, Bern: Kober Verlag 1990, S. 192–
194. (3. Aufl.)
[318] Ebd., S. 193.
[319] Carlo Maria Martini/Umberto Eco, Woran glaubt, wer nicht glaubt? Mit einem Vorwort von Kardinal Franz König, Wien: Paul Zsolnay Verlag 1998,
S. 84.

der Gegebenheit des physisch-sinnlichen Körpers eine in *allen Kulturen* und *bei allen Menschen* vorhandene Evidenz thematisiert. Wie *Umberto Eco* schreibt:

»Wir sind Tiere, die aufrecht gehen, weshalb es für uns anstrengend ist, längere Zeit mit dem Kopf nach unten zu verharren; darum haben wir eine gemeinsame Vorstellung von dem, was oben und was unten ist, wobei wir das erste dem zweiten vorziehen. Desgleichen haben wir eine gemeinsame Vorstellung von einer rechten und einer linken Seite, vom Stehen und vom Liegen, vom Stillstehen und vom Gehen, vom Schleichen und vom Springen, vom Wachsein und vom Schlafen. (...) Die Aufzählung könnte noch lange fortgesetzt werden. (...) Gewiß hat jeder Mensch Vorstellungen über das, was wahrnehmen, erinnern, wünschen, Angst haben, traurig oder erleichtert sein, Vergnügen oder Schmerz empfinden heißt; und was es heißt, Laute hervorzubringen, die diese Gefühle ausdrücken. Darum haben wir (und hier gelangen wir schon in die Sphäre des *Rechts*) universale Begriffsvorstellungen über den Zwang: Wir wünschen nicht, daß jemand uns hindert zu reden, zu sehen, zu hören, zu schlafen, (...) uns frei zu bewegen, wohin wir wollen. Wir leiden, wenn jemand uns fesselt oder einsperrt, uns schlägt, verwundet oder tötet, uns körperlich Foltern unterzieht oder psychischen, die unser Denkvermögen beeinträchtigen oder vernichten. (...) Ich habe bisher nur eine Art tierischen und solitären Adam eingeführt, der noch nicht weiß, was sexuelle Beziehung, Freude am Gespräch, Liebe zu Kindern oder Schmerz über den Verlust einer geliebten Person ist; aber schon in dieser Phase ist diese Semantik (...) die Grundlage einer Ethik geworden: *Wir müssen in erster Linie die Rechte der Körperlichkeit anderer respektieren*, zu denen auch das Recht zu reden und zu denken gehört.«[320]

Welche Konsequenzen für die Ethik und für eine durch und durch humane Kultur, für die Herausbildung des »guten« Menschen die Bewußtwerdung dieser Tatsachen sowie der *Respekt* der Körperlichkeit *anderer* hat, wird unmißverständlich deutlich, wenn man

---

[320] Ebenda, S. 84 f.

die Argumentation des italienischen Schriftstellers weiter liest. *Umberto Eco* schreibt:

»Hätten unsere Artgenossen diese ›*Rechte des Körpers*‹ respektiert, hätte es keinen Kindermord zu Bethlehem, keine im Zirkus den Löwen vorgeworfenen Christen, keine Bartholomäusnacht, keine Ketzerverbrennungen, keine Vernichtungslager, keine Kinder in Bergwerken und keine Vergewaltigungen in Bosnien gegeben. Aber wie lernt das noch ganz aus Staunen und Wildheit bestehende Adam-(oder Eva-)Tier, das ich hier eingeführt habe, auch wenn es sein instinktives Repertoire von universalen Begriffsvorstellungen sofort entwickelt hat – wodurch lernt es nicht nur zu begreifen, daß es bestimmte Dinge will und von anderen nicht möchte, daß sie ihm angetan werden, sondern auch, daß es den anderen *nicht antun darf*, was es sich selbst nicht angetan haben möchte? Dadurch, daß sich der Garten Eden zum Glück rasch bevölkert. *Die ethische Dimension beginnt, wenn der andere ins Spiel kommt.* Jedes Gesetz, ob moralischer oder juridischer Art, regelt interpersonale Beziehungen einschließlich derjenigen zu einem Großen Anderen, der es auferlegt.«[321]

Zwar in einem anderen Kontext schreibend, kommt Umberto Eco doch auf dasselbe Ergebnis, das wir so ausgedrückt haben:
Es gibt eine Grenze, – eine Schranke, – die in der *Tiernatur* des Menschen liegend, nicht überschritten werden darf, und diese Grenze ist wahrnehmbar, sobald der andere, das Du mir gegenüber steht. *De facto* aber wird diese Grenze immer wieder überschritten. Im Menschen – und nur in ihm – *kann* der Trieb zur Selbsterhaltung schauerlich, fürchterlich, grauenvoll *entarten*. Wenn das geschieht, dann sieht man diesen Trieb buchstäblich grenzen-los wuchern, genährt durch die plastische Phantasie des Menschen, gemästet durch seine psychische Vorstellungskraft![322] Zur Beachtung

---

[321] Ebenda, S. 85 f. Hervorhebungen im Text – O. Zs.
[322] Vgl. Bô Yin Râ, Der Sinn des Daseins, Bern: Kober Verlag 1981, S. 62. *Plastische Phantasie* ist eben die psychische, vom Denken her gegebene Vorstellungskraft. Scharf zu unterscheiden ist davon *das schöpferische Vor-*

dieser Grenze und zur Achtung vor sich selbst lehrte tiefste östliche Weisheit das Volk, als sie sich vor mehreren tausend Jahren in den Worten also vernehmen ließ: »*Wer den Fremdling und den Mann* [den Menschen] *des anderen Stammes nicht zu ehren weiß, der ist unwert, der Sohn* [die Tochter] *eines edlen Volkes zu heißen.*«[323]

Und was sagt singend der Hohepriester *Sarastro* in dem unübertrefflichen Meisterwerk *Die Zauberflöte?*
»In diesen heil'gen Mauern,
Wo Mensch den Menschen liebt,
Kann kein Verräter lauern,
Weil man dem Feind vergibt.
Wen solche Lehren nicht erfreun,
Verdienet nicht, ein Mensch zu sein.«

Wenn er also das *singend* sagt, dann »will er nicht von einem Stück raum-zeitlicher Materie sagen, er habe das Menschsein verwirkt, so wie der Mensch das Prinzsein verwirken kann. [Sondern]: Wir verstehen intuitiv diesen Satz, weil wir das Verhältnis des Menschen zu seinem Menschsein anders denken als das Verhältnis des Hundes zum Hundsein. Der Mensch ist offenbar *nicht* auf die gleiche Weise Mensch, wie der Hund Hund ist. Gerade die besonderen Scheußlichkeiten, deren kein Tier fähig ist, und die Arten von *Bosheit*, die *besonders pervers* sind, nennen wir ›unmenschlich‹. Das ›Unmenschliche‹ ist offenbar etwas spezifisch dem Menschen Zugehöriges.«[324] Mit anderen Worten:
Der Erdenmensch kann seine geistig begründete Humanität verwirken. Er kann als Folge der »Urschuld«, – der *Furcht* vor den Kräften der physisch-sinnlichen, materiellen Welt, die er auch in sich selbst erfährt, – jene Grenze und Schranke durchbrechen, die Natur dem Selbst- und dem Arterhaltungstriebe gezogen hat.

---

stellungsvermögen, das *geistiger* Natur ist und bei echten Künstlern, wie Raffael, Goethe, Mozart, besonders kristallklar in Erscheinung tritt.

[323] Zitiert nach Bô Yin Râ, Das Buch vom Glück, Bern: Kober Verlag 1988, S. 74. (8. Aufl.)

[324] Robert Spaemann, Personen, Stuttgart: Klett-Cotta Verlag 1996, S. 16. (Zitat von mir abgekürzt – O. Zs.)

Da wo der Selbsterhaltungstrieb so sehr ins Fürchterliche *entartet*, daß er aus *Lust am Leid* den anderen bewußt und absichtlich zu zerstören sucht, und dem anderen bewußt und willentlich Leid zufügt – dort stehen wir wirklich vor dem *Bösen*! Mit den Worten von Bô Yin Râ:

»Hier wird das ›Böse‹ erst durch den Menschen *erzeugt*! Hier aber ist es auch schon erzeugt, wenn es dem Augenschein *nach außenhin noch verborgen* bleibt, denn im *Denken* wird alles ›Böse‹ gezeugt und geboren! Als *Gedanke* ist es zuerst im Dasein, *bevor* es – weiterzeugend – *Wort* und *Tat* gebären kann!«[325]

Es sollte einmal »zu denken« geben, daß das Denken *vor* aller Tat Sache des Menschen und nicht des Tieres ist. Damit ist nicht nur gemeint, daß Denken Voraussetzung für jedes Tun ist, sondern, wie Bô Yin Râ schreibt:

»Ich möchte hier *das Denken selbst* als Tat gewertet sehen.« Daraus läßt sich folgende These wagen: Der irdische Mensch ist [weitgehend] ein Produkt dieser Tat, ein Produkt *seines eigenen* Denkens – mehr als er ahnt. Der Erdenmensch kann durch sein eigenes Denken, durch seine Gedanken sich selbst verrückt machen, sich selbst in die Neurose, in die Angst, in den Zwang hineinmanövrieren. Darüber hinaus ist er auch – mehr als ihm selbst zu Bewußtsein kommt – im Banne der Gedanken, die von anderen, von seinen Mitmenschen in die Welt »gesetzt« werden. Die Geschichte der Philosophie ist das eklatanteste Beispiel dafür. Der Erdenmensch kann aber auch seine Gedanken so gut *formen*, daß sie voller Kraft, Gesundheit und Harmonie sind. *Bô Yin Râ* hat 1922 geschrieben:

»Gedanken sind *lebendige Kräfte* und wirken dem Impuls gemäß, der sie formte; denn all unser Denken ist ja nichts anderes als ein Formen. Wir schaffen keine Gedanken aus dem Nichts, sondern wir *formen* nur, mittels des Gehirns, gewisse fluidische und von *einem* Menschen auf den *anderen* übertragbare *Kräfte* des spirituellen Ozeans, in dem wir leben und eingeschlossen sind, wie die Fische im Meer. Aller geheimnisvolle ›Einfluß‹, den gewisse Menschen

---

[325] Bô Yin Râ, Der Sinn des Daseins, S. 69.

auf ihre Umgebung auszuüben fähig sind, erklärt sich daraus, daß diese Menschen besonders begabte *Former der Gedankenkraft* sind, daß sie ihre Gedankenformen mit einem weit stärkeren Impuls zu laden vermögen, als die übrigen Menschen um sie her. Gerate in die Nähe eines solchen *Gedanken-Formers*: und du wirst, wenn er ein Mensch des geruhigen Lebens ist, unwillkürlich selbst ruhig werden, wie groß auch die Unruhe war, die dich vorher bewegte. Umgekehrt wirst du, ohne es zu wollen, in eine nervöse Hast und Unruhe geraten, wenn dieser Former, dem du begegnest, ein Mensch der Hast und steten Unrast ist. –«[326]

Die Heilungskraft des sinngerechten Denkens ist in allen Religionen bekannt. Auch die heiligen Bücher der Christenheit bieten genügend Belege zur Konkretisierung dieser spirituellen Wahrheit. Wer, um ein anderes Beispiel noch zu nennen, die »Gedanken« von *Blaise Pascal* (1623–1662) wirklich gelesen und deren aufbauende Kraft gespürt hat, – und dahinter den existentiellen Geist, der immer wieder alles neu ordnet, von Grund auf erlebte, – der weiß aus Erfahrung um die Heilkraft der Gedanken. Saubere, klare, kraftvolle Gedanken voller Harmonie, Schönheit und Gesundheit – das ist eine unvermeidlich, unumgänglich notwendig zu praktizierende *Disziplin*, wenn man dem *Bösen* von Anfang an Widerstand leisten will.

Man versuche einmal intensiv folgenden Gedankengang nachzufühlen und sich vorzustellen: Die Schlupfwespe, die ihre Eier in den Leib der lebenden Raupe legen *muß*, damit die jungen Wespen durch den qualvollen Tod der Raupe zum Leben kommen, ist nur *ein* Beispiel unter Tausenden, das dem aufmerksam beobachtenden Menschen zeigt: diese *physisch-sinnlich* faßbare materielle Welt – und die Welt des organischen Lebens im Tierreich – ist alles andere, als nur die Verkörperung »der Harmonie des Geistes«.[327] Die

---

[326] Bô Yin Râ, Optimistisches Denken, in: Nachlese, Band I. Gesammelte Prosa und Gedichte aus Zeitschriften, Bern: Kober Verlag 1990, S. 42 f., (2. Aufl.)

[327] Vgl. Bô Yin Râ, Das Buch vom lebendigen Gott, Bern: Kober Verlag 1990, S. 185. (7. Aufl.). An dieser Stelle ist auch zu lesen: »Die Sinnenwelt ist *Wirkung* geistiger Urkraft in der *geistigen* Welt. Um aber als *geistige Welt* in Erscheinung zu treten, muß die eine ewige Urkraft sich in unendlichfälti-

physische Natur als *eine* Darstellungsform des ewigen Lebens, – als Wirkung geistiger Urkraft in der geistigen Welt, – als *der äußerste Gegenpol* geistigen Seins,[328] – ist nicht Verkörperung der Harmonie des Geistes. Doch sie kennt keinen »*Haß*«.

Während aber, wie schon gesagt, im Tierreich in Ordnung ist, nur für sich selber zu leben und sich dabei als dieses individuelle Tier auf Kosten der anderen zu behaupten, ist dasselbe Verhalten im *menschlichen* Bereich äußerst fragwürdig, problematisch, ja – Leid schaffend und Böses erzeugend. Ich wiederhole: In jenem Augenblick, in dem ein Mensch merkt, daß sein *Sich-zu-den-anderen-Verhalten* ihn zur Rücksicht und Vorsicht herausfordert, beginnt er zu ahnen, daß – sozusagen – neben dem »Erdenmenschentier« als das er sich erfährt, in ihm auch ein *Geistesmensch* lebt, der *anderen* Gesetzen zu gehorchen hat, als das tierische Element in ihm. Er beginnt zu spüren, daß die Macht des Geistes in ihm, *ihn* zu etwas anderem aufruft und sanft bewegt, als jene Regung, die er von seinen Trieben her als (auch) seine *psychische Realität* erkennt. Eine solche Bewußt- und Wachwerdung kann sich praktisch ab dem 7. Lebensjahr immer wieder ereignen. Das *Sich-Kundtun des Geistes* in einem Menschen ist oft ein plötzliches, unerwartetes oder auch allmählich sich entfaltendes Ereignis. Es schockiert manchmal. In anderen Fällen fühlt es sich *fremd* an, es geht »gegen den Strich«. Es hindert zunächst, seinen eigenen »Willen« durchzusetzen. Nehmen wir an: In einem schweren familiären Konflikt steht Wille gegen Wille. Bei der Scheidung sagt die Frau dem Mann:

---

gen *Aspekten* ihrer selbst *in sich reflektieren*, und, in jedem solchen Aspekt als Urseins-*Element* erstanden, sich jeweils in ihm solcherart *behaupten*, daß *jedes eine* Element *nur sich selber* auszuwirken sucht, so daß ihm *alle anderen* Urseinselemente gleichsam *leere Formen* sind, weil es sich selbst als Urkraft *nur in sich selber* kennt. Jeder Aspekt der geistigen Urkraft: – jedes ›*Urseinselement*‹, – wird somit *Ursache*, daß auch die Erscheinungsform seiner *Auswirkung in der physischen* Region den Trieb erhält, *nur für sich selber* zu leben und alle andere Erscheinungsform zur Erhaltung eigenen Daseins zu verbrauchen. (...) So kommt es, daß auch jede *physische* Kraft, jede *physische* Erscheinungsform sich *zu behaupten* sucht, als sei *nur ihre eigene* und *keine andere* Existenz gewollt.« (Ebd., S. 185–187). – Der Mensch aber ist *mehr* als nur *physische* Erscheinungsform.

[328] Vgl. ebd.

»Ich will, daß das Kind bei mir bleibt, und du hast keine Zugangsmöglichkeit mehr zum Kind, wenn du mich verläßt.« Und der Mann sagt: »Ich will aber die Beziehung zu meinem, zu unserem Kind erhalten und pflegen.« Worauf die Frau antwortet: »Aber ich will es nicht.«

Hier, wie in tausend anderen Fällen, steht Wille gegen Wille, und es ist zunächst so, daß *jeder Wille allein sich selbst behaupten will*.

Es wäre in solch einem Fall für alle Beteiligten – *für* den Vater, *für* die Mutter und *für* das Kind – äußerst sinnvoll und wohltuend, wenn ein Wille dem anderen Willen nur minimal entgegenkommen würde. Denn, – und erst hier erheben wir uns über das Tierische hinaus, – im *Menschengeiste* ist der *Wille* fähig, sich auch *im anderen Willen wiederzuerkennen*. Somit kann ein jeder Mensch bewußt den *Ausgleich* suchen, der den *Frieden* wahrt durch *Disziplin des Willens*, der dann nicht mehr sich allein nur, sondern auch den *anderen Willen will*, der nicht mehr sich allein nur, sondern den »Sinn des Wir« erkennt und will – auch in einer psychologisch verstrickten Situation.[329]

Etwa auf diesem Wege könnte und kann man das schuldhaft hervorgebrachte Leid und das Böse relativieren und weitgehend überwinden, wenn man einmal die beglückende Erfahrung des Geistes gemacht hat. Aber, so sagte *Frankl* in einem Vortrag am 28. Dezember 1946, »die anständigen Menschen, [die Menschen, in denen geistige Bewußtheit lebendig ist] sind vielleicht in einer ewigen Minorität. Wir sind Pessimisten geworden, denn wir wissen, wessen der Mensch fähig ist. Aber, wenn wir vorhin sagten, daß wir gesehen haben, *daß alles auf den Menschen ankommt*, dann müssen wir hinzusetzen: – auf *jeden einzelnen* Menschen kommt es an! Gerade deshalb, weil es sich bei menschlichen Menschen um eine Minorität handelt, *ist jeder einzelne wichtig*. Und auf seine persönliche Opferbereitschaft wird es ankommen, soll er nicht mitschuldig werden daran, daß sich die Opfer ganzer Menschenmassen wiederholen.«[330]

---

[329] Vgl. ebd., S. 194.
[330] Viktor Frankl, Logos und Existenz, Wien: Amandus Verlag 1951, S. 11. In der neueren Ausgabe: Der Wille zum Sinn, München/Piper 1991, S. 90.

Wo aber nicht viele Einzelne zu einer persönlichen Opferbereitschaft für das Gute bereit sind, da wird das Böse in kosmischen Dimensionen erzeugt. Im Grunde ist es so, daß das Böse *wider* die Natur ist und erst durch den *Menschen* ihr *aufgezwungen* wird.[331]

Noch etwas anderes geht aus dem Lehrwerk hervor, und dieses wurde erst 1939 in dem Buch »*Über die Gottlosigkeit*« offenbart, in dem zu lesen steht:

Lange vor den frühesten geschichtlich verzeichneten Spuren des Menschen auf dieser Erde habe es eine Zeit gegeben, in der »dem schwer in die bloße irdische *Tierheit* gefesselten Menschen auf diesem Planeten durch die damals hier geistig Wirkenden des ewigen Urlichtes wahrhaftige ›Er-Lösung‹ geworden war, so, daß jeder Einzelne (...) seines in ihm selber sich offenbarenden *lebendigen Gottes* bewußt, auch um den *lebendigen Gott in seinem Nebenmenschen* wußte und ihm die gleiche *Liebe* darbot, durch die er in sich selbst sich *Gottes innegeworden* sah.«[332]

Dieser paradiesische Zustand, der Jahrtausende der Fall war, änderte sich, als eine *Degeneration* einsetzte, so Bô Yin Râ. Die Tierheit gewann Macht über den im Geiste Bewußten:

»Nur allzudeutliches *Symbol* des hemmungslosen Wütens der wieder ganz *den niedrigsten Tiertrieben unterworfenen* gegen die noch *dem lebendigen Gott in sich geeinten* Erdenmenschen ist in der alten, tiefste Erkenntnis bergenden Sage von dem ungleichen Brüderpaar ›Kain und Abel‹ gestaltet! – Es ist natürlich naive Deutung, die Richtung des Opferrauches nur durch uralten Aberglauben für die beiden Brüder bedeutsam werden lassen zu wollen, während in diesem Motiv der Sage aufs deutlichste *das Aufsteigen des ›Unteren‹ ins ›Obere‹* dem trägen *Haften am nur Irdischen* gegenübergestellt wird.«[333]

Über die Bedeutung des Symbols und der symbolischen Rede – gerade bei der Erklärung des Bösen – wurde Erhellendes schon geschrieben. Auf die Arbeit von *Bernd J. Claret* habe ich schon hin-

---

[331] Bô Yin Râ, Der Sinn des Daseins, Bern: Kober Verlag 1981, S. 69.
[332] Bô Yin Râ, Über die Gottlosigkeit, Basel 1939, S. 11 f.
[333] Ebd., S. 13.

gewiesen. Was allerdings Bô Yin Râ hier in wenigen Sätzen offenbart, läßt den Leser in eine neue Dimension eintreten. Das Böse ist keine Strafe, kein Strafmittel eines »Gottes«, kein »Zufall der Natur« usw., sondern ...? Lassen wir wieder *Bô Yin Râ* sprechen, denn hier taucht ein *neues* »Element« auf, das bisher, meines Wissens so nicht berücksichtigt wurde.

»Von allen *sichtbaren* Geschöpfen ist es *nur der Mensch allein,* der in der Sichtbarkeit das ›Böse‹ *erzeugt!*« – lehrt Bô Yin Râ. Durch sein *Denken kann* er jene Grenzen niederreißen, die in der Tiernatur den Selbsterhaltungstrieb *umdämmen!* Das Böse aber ist nicht *nur* auf diese Welt der *Sichtbarkeit* beschränkt und nicht nur im *menschlichen* Aktionsbereich erzeugbar! Die sinnlich wahrnehmbare Welt der Außendinge ist wahrlich nur *der kleinste Teil* dieser kosmischen Welt.

Im *Unsichtbaren* dieser Außenwelt ist nun gar mancherlei zu finden, was der Mensch in gleicher Weise ›böse‹ *nennen* würde, wie er auch vom ›bösen‹ *Tiere* redet, – »und doch ist hier wie dort nur *Selbst-* und *Arterhaltungstriebe* am Werke. –

Anderes ist hier zugleich verborgen, das mehr *der Wut des Tieres hinter Gitterstäben* zu vergleichen wäre, – der Wut des Tieres, das in die Freiheit möchte, die es vor Augen sieht und die ihm dennoch unerreichbar bleibt ...

Endlich aber gibt es auch Wesen hier [im Unsichtbaren der physischen Welt], die, ganz auf gleiche Weise wie der sichtbarliche Erdenmensch, die *Grenzen* ihres Selbsterhaltungstriebs durch ihr *Denken niederreißen* können, denn der Gedanke ist im Kosmos keineswegs bedingt durch physische Gehirne, wenn er auch dem *Menschentiere* hier auf Erden nur durch das Gehirn erfaßbar wird.

So wie der Erdenmensch, so zeugen und gebären diese Wesen ›Böses‹ *im Gedanken*, aber da hier der Gedanke *frei* ist von dem *Widerstand*, den seine Transformation in Gehirnbewegung *beim Menschen* findet, so wirkt er auch *mit unvergleichlich stärkerer* Gewalt sich aus, und es ist nicht zu ermessen, welche Flut des Unheils ständig solcherart in die Sichtbarkeit strömt, dem Menschen dieser Erdenwelt verborgen für sein Bewußtsein und dennoch von ihm aufgenommen, – zumeist ohne jede bewußte Gegenwehr!«[334]

Es sind jene *Intelligenzen* der physisch-kosmischen Welt gemeint, von denen Bô Yin Râ gesagt hat: Sie kennen keine »Gottheit« und es gibt für sie *keinerlei* »Rätsel« der Natur. Sie sind »weder ›gut‹ noch ›böse‹, sondern *amoralisch*. Es ist ihnen lediglich darum zu tun, *sich* für den Menschen zu *manifestieren*, und gewisse Menschen mit besonders geeigneter psychophysischer Veranlagung sind ihnen dazu dienliche Apparate, dienen nur ihrer Selbstbefriedigung. Die Wesen, um die es sich hier handelt, wirken, *der kosmischen Ordnung gemäß*, als *gestaltende Former* innerhalb der physischen Erscheinungswelt.«[335]

Manche der *unsichtbaren Intelligenzen* leben nur dem *Hasse*, und sobald ein Mensch zu hassen beginnt, setzt er sich in Verbindung »mit allen Wesen dieses physischen Weltalls, die ihrer Art nach jene ewige Urkraft [die in der göttlichen Sphäre ewige Liebe ist, in der entgegengesetzten Richtung sich als Haß manifestieren kann] *nur in der Form des Hasses* kennen und niemals sie in Liebe zu verwandeln wissen werden.«[336]

Bô Yin Râ lehrt auch, daß *nicht alle* dieser unsichtbaren Intelligenzen in *gleichem* Grad dem Haß ergeben sind, und daß der Mensch, durch die Kraft der Liebe sie besiegen kann, obwohl er in *seinem Denken* ihrem zwingenden Einfluß bis zu hohen Graden *unterworfen* ist.[337]

Die irdisch-menschliche Geschichte ist, leider, mit Wirkungen durchsät, die keineswegs aus der beglückenden Erfahrung des reinen, wesenhaften Geistes, sondern, wie man zu sagen pflegt, aus »dämonischen Gedanken« hervorgegangen und in die Realität der Sichtbarkeit umgesetzt worden sind. Es genügt auf den Völkermord hinzuweisen, der im 20. Jahrhundert geschehen ist. Seitdem sind fast 60 Jahre vergangen. Wir leben im 21. Jahrhundert und wir hof-

---

[334] Ebd., S. 73.
[335] Bô Yin Râ, Das Mysterium von Golgatha, Bern: Kober Verlag 1992, S. 150. (5. Aufl.)
[336] Ebd., S. 74 f.
[337] Ebd., S. 77.

fen, daß jenes Geschehen sich nicht wiederholt. Dennoch müssen viele einzelne Menschen wach sein und wach bleiben.

Der Einzelne kann und muß *sich selbst hüten, die Bresche zu schlagen*, durch die ihn der giftige Bosheits-Schlamm dieser Unsichtbaren erreichen könnte! *Seine eigenen Gedanken* der Bosheit und des Hasses sollte und soll der Einzelne disziplinieren, will er nicht sich selbst der Gewalt dieser Unsichtbaren ausliefern. Denn Hass und Bosheit rufen die unsichtbaren Wesen auf den Plan, die, weil sie reine Intelligenz sind (und *nicht* Geist!), genau wissen, wie sie ihre Gedankenkräfte beim haßerfüllten Menschen einnisten können. Genau daraus entsteht das Phänomen der sogenannten »Besessenheit« und unzählige Male sind diese unglückseligen Menschen in den Irrenanstalten gelandet. Allein die geistig-göttliche Liebe, der jeder Mensch in seinem Leben Raum und Wirkungsweite schaffen kann, bietet den machtvollen Widerstand gegenüber den aus der Sichtbarkeit und Unsichtbarkeit der physischen Welt entspringenden Haßströme. Darum lehrt Bô Yin Râ: »Je mehr die Menschheit in ihren Einzelgruppen, die man ›Völker‹ und ›Nationen‹ nennt, zum Bewußtsein ihrer *Geistesmacht* erwachen wird, desto mehr wird auch der *Haß* verschwinden.«[338] – Der Geist der Bergpredigt ist hier spürbar.

Auch wenn unsichtbare physische Intelligenzen – sogenannte Lemurenwesen – den Menschen zum Bösen verleiten können, bleibt der Mensch selbst Ursprung des Bösen. Nur dem Menschen allein war urbedingt einst anvertraut, auch über die Kräfte der physisch-okkulten Welt zu herrschen, doch durch seinen Fall aus dem Bewußtsein seiner in Gott begründeten Geistesmacht hat er das Böse in den ganzen physisch wahrnehmbaren Weltenraum hineingetragen.[339]

All diese Auskünfte des Lebens-Lehrers müssen mitberücksichtigt werden, will man das Böse und »die Erlösung vom Bösen« richtig deuten und verstehen. Hierher gehört auch das Wissen darüber, daß es den sogenannten »gefallenen Meister« geben kann, der

---

[338] Das Buch vom lebendigen Gott, S. 193.
[339] Vgl. Das Buch der königlichen Kunst, S. 100 f.

– wie das »mythische« Bild der Legende von Luzifer überliefert – *sich selbst* verdirbt durch *eigene Schuld*, obzwar er auch nach dem »Fall« verbunden bleibt jener ewigen Macht, der er einmal zum Diener wurde.[340] Ein solcher zählt dann »zu jenen Kräften der *Zerstörung*, die im Meere physischen Daseins so vonnöten sind, wie Sturm und innerer Aufruhr irdischem Meer.«[341]

Hier ist nun der Ursprung *jenes* Bösen zu suchen, das im Johannesevangelium 8, 44 unter der Bezeichnung »Teufel« auftaucht. Im Lichte des Lehrwerks wird klar, daß der sogenannte »Teufel« der »gefallene Meister« ist: der »Fürst der Finsternis«, in dessen Gebiet jeder der »Leuchtenden des Urlichtes« vordringt. Was das alles für Konsequenzen hat, kann hier nicht mehr dargelegt werden. Es möge genügen, daß hier auf die entsprechenden Stellen im Lehrwerk von Bô Yin Râ hingewiesen wird.[342] Man erkennt endlich, daß sehr viel Leid und viel Böses, das die Leuchtenden des Urlichtes zu überwinden trachten, von den organisch gestalteten Intelligenzen der *unsichtbaren* physischen Welt und deren Handreicher *mit*ausgelöst wird, wobei ein jeder Erdenmensch sehr viel Übel verhindern kann durch die Kraft der Liebe.

Es gibt unzählige Welten verdunkelter Erkenntnis und ein jeder, der, sei es nur gedanklich Böses in sich pflegt, vermehrt diese Welten.

Die Welten *getrübter* Erkenntnis und *mißleiteten* Willens sind uns nicht nur aus den geschlossenen Abteilungen der Psychiatrie, sondern auch aus der Alltagserfahrung bekannt. Ein eher harmloseres Beispiel: Zwei Menschen, ein Mann und eine Frau, wollen in ihrer Ehe/Partnerschaft jeweils etwas anderes. Der Mann will Geld sparen, die Frau will eine neue Waschmaschine kaufen. Da jeder *Anderes* will als der andere, so zerstört immer einer das Werk des anderen. Man stelle sich nun vor, daß nicht zwei, sondern Millionen von Menschen auf diesem Globus etwas *anderes* wollen. Der Wille eines jeden, immer in Opposition zum Willen der anderen, erzeugt eine *Akkumulation von Bitterkeit und Enttäuschung*, eine *Akkumu-*

---

[340] Vgl. Das Buch der Gespräche, S. 16 f.

[341] Ebd., S. 17.

[342] Briefe an Einen und Viele, S. 209–216. Hortus conclusus, S. 57–64. Das Buch der Gespräche, S. 15–18.

lation von Trugwelten, in denen jeder jeden bekämpft – und das gilt auch in bezug auf Menschen, die diese Erde verlassen haben, im »Jenseits« aber noch nicht zur Ruhe gekommen sind, weil sie während ihres Erdenlebens »Mit-Schöpfer« der sogenannten »niedrigeren Strandreiche« wurden, und die Kämpfe, die sie auf Erden geführt haben, dort fortsetzen. Der Tod des irdischen Körpers vernichtet ja nicht die vom Willen gesetzten Impulse: die sogenannten Auswirkungen des Willens. Daraus entstehen die Welten derer, die – nach dem Tode des irdischen Körpers – »ins Geistige gerieten ohne sich lösen zu können aus den engen Fesseln irdischer Hirngespinste und Gedankenketten. Unfähig, sich vollbewußt zu den *erkenntnisklaren Höhen* schöpferischen Geistes zu erheben, schafft jeder, der auf solche Art Gefesselten sich eine niedere geistsinnliche *Scheinwelt.* (...) Solche Trugwelten bleiben *viele Jahrtausende hindurch* erhalten, sofern sie ihr Dasein *gemeinsamen Vorstellungen* danken, die auf Erden lange Zeit mit großer Glaubenskraft gehegt und genährt wurden.

Die unbewußten Schöpfer dieser Welten stehen jedoch immerfort im Kampfe gegen ihre Widersacher: – gegen alle Willenskräfte, die ein *anderes* Ziel erstreben. Ihr wißt nicht, wieviel religiöse Unduldsamkeit, wieviel nationaler Hader und wieviel andere Zwistigkeiten auf Erden nur *Rückwirkungen* sind, hervorgerufen durch wuterfüllte Verteidigungskämpfe in den Trugreichen, die sich der Mensch in den *niederen* Regionen geistig-sinnlicher Anschauungsform seit Urzeiten schuf. – –

Alles, was auf der Erde ernstlich *geglaubt* oder *gewollt* wird, erzeugt in den niederen Bereichen geistig-sinnlicher Wahrnehmung eine dem gleichen Glauben und Wollen entsprechende ›Welt‹, die so lange bestehen bleibt, wie dieser Glaube oder Wille auf Erden besteht und Glaubende oder Wollende hinübersendet in jene Bereiche.

Alles, was sich auf Erden *bekämpft*, ist sich auch Feind in der Welt scheinbarer Erfüllung, die es sich unwissenderweise in diesen *geistig*-sinnlichen Bezirken schafft, und was da *geistig* gegeneinander wütet, wirkt mit seinen feindlichen Kräften zurück auf die Erdenmenschheit. –

Durch Wechselwirkung wird Feindschaft und Haß auf beiden Seiten genährt. Aber alle diese Sonderwelten, – diese geistigen ›Strandreiche‹, – gehen dereinst *zugrunde*, mag auch ihr Bestand gesichert erscheinen für Äonen!«[343]

Wem das alles so vorkommt, als wären diese Bekundungen bloß seltsame Wach-träume eines von seinen Phantasien bedrängten »Mystikers«, der möge das hier Offenbarte vergessen. Man muß sich allerdings die Frage gefallen lassen, ob nicht ein bestimmtes Weltbild bzw. eine gedanklich gewonnene Vorstellung von der »geistigen Wirklichkeit« jemanden daran hindert, sich dem zu stellen, was im obigen Text, wie im ganzen Lehrwerk, ziemlich nüchtern und klar *offenbart* wird durch einen Mann, der »von fernen Ländern« manches zu sagen hat, die die Meisten noch nicht kennenlernen konnten. Deshalb heißt es in einer Zwischenbemerkung:

»Wenn es nicht ein jahrtausendealter *Aberglaube* wäre, daß geistige Wirklichkeit sich durch den Mechanismus logisch richtigen Denkens erschließen lassen müsse, dann wäre die hier durch mich bezeugte Wirklichkeit *längst* erschlossen und jedem weiteren Zweifel entrückt!«[344]

Es gibt immerhin auch einen Vers von *Angelus Silesius* (1624–1677), der das Gleiche besagt, nur mit anderen Worten:

»Der Himmel ist *in dir* – und auch der Hölle Qual: – was du erkiest und willst, – das hast du allzumal!«[345] Die *geistigen* Sinne müssen gestärkt werden, damit ein Mensch »den Himmel« in sich selbst *schon hier auf Erden*, und dann, nach dem Tode des Körpers *in der Welt des wesenhaften Geistes* wahrnehmen kann. Das Böse aber verhindert die Entfaltung der *geistigen* Sinne.

---

[343] Bô Yin Râ, Das Buch vom Jenseits, Bern: Kober Verlag 1990, S. 88 f. (7. Aufl.)

[344] Das Buch vom Jenseits, S. 100.

[345] Zitiert nach Bô Yin Râ, Hortus conclusus, Bern: Kober Verlag 1979, S. 94. (2. Aufl.). Angelus Silesius (bürgrl. Name: *Johannes Scheffler*) 1624 in Breslau geboren, wurde in Padua zu Dr. med. et phil. promoviert. 1661 empfing er zu Neiße die Priesterweihe. Die Lehre der deutschen und spanischen Mystik beschäftigte ihn bis zu seinem Tode. Er starb 1677 in Breslau.

Auch *Augustinus* hat auf seine Weise in den *Bekenntnissen* etwas sehr Ähnliches geschrieben: »Du hast es so eingerichtet, daß jeder ungeordnete Geist sich selbst zur Strafe wird.«[346]

Das Böse ist die »Strafe«, die der irdische Mensch *sich selbst* auferlegt, wenn er haßt, wenn er böse Gedanken hegt, wenn er anderen schwere physische und/oder psychische Gewalt zufügt oder andere *aus Lust am Leiden* zerstört und tötet.

Die Eindämmung des Bösen erfordert eine entschlossene, *absolute innere Abkehr* von *jedem*, auch dem leisesten Gedanken des *Hasses*, gegen wen und was er auch immer gerichtet sein mag. Des Einzelnen entschiedene und durch nichts beirrbare *Weigerung*, von nun an keiner Regung der Bosheit bei sich selbst Raum zu geben – das ist der wirksame Weg der Überwindung des Bösen.

Im Lichte des Lehrwerks kann der aufmerksame Leser die nächste *Wahrheit* erkennen: Alles Böse wird nur in einer *Scheinwelt* erzeugt, – sei es im *Sichtbaren* oder im *Unsichtbaren*, – »und hört auf zu bestehen, für jeden, der diese Scheinwelten überschritten hat ...«[347] Man darf aber *keineswegs* das Böse *als bloßen* »Schein« bezeichnen, denn kein Vernünftiger wird leugnen wollen, daß diese »Scheinwelt« dann doch sehr empfindlich *fühlbar* werden kann. Andererseits ist jede [philosophische oder religiöse] Lehre *irrig*, die vom »Bösen« als von einem *Erbe* spricht, das dem Menschen auf Erden *in seinem Körper* unentrinnbar zu eigen sei. Gewiß kann ein Mensch den »*Hang* zum Bösen« in seinem Bluteserbe tragen, aber keineswegs ist etwa das »Böse« ihm *natur*-gemäß! Meines Erachtens ist das der tiefe Sinn jenes Satzes, den *Thomas von Aquin* bündig so formuliert hat: »Gutes ohne Böses kann es geben; Böses aber ohne Gutes kann es nicht geben.«[348]

Was religiöse Sprache symbolisch »Sündenfall« nennt, ist gewiß ein »Fall«, »doch zugleich ein *Tauchen* in die tiefsten Tiefen [der physisch-materiellen Welt], in denen ein *neues Bewußtsein* geboren

---

[346] Augustinus, Confessiones, I, 12, 19: »*Iussisti enim et sic est, ut poena sua sibi sit omnis inordinatus animus.*«

[347] Bô Yin Râ, Der Sinn des Daseins, Bern: Kober Verlag 1981, S. 78.

[348] »*Bonum potest inveniri sine malo, sed malum non potest inveniri sine bono*« (Summa Theologica I, 109, 1 ad 1).

werden kann. Auch nach dem ›Fall‹ und nach dem ›Tauchen‹ bleibt dem ›Geistesfunken Mensch‹ die ewige Geisteskraft *erhalten* und sie treibt ihn wieder *empor zu sich selbst*, aufs neue sich selbst erkennend bei seiner völligen Rückkehr, und dies in einer *Herrlichkeit*, die nur aus der *Tiefe*, in die er gefallen war, zu erschauen und zu empfinden ist ....«[349]

Solange ein Mensch in der Tiefe der physisch-sinnlichen Welt seine Gedanken rein hält und seinen Willen *nicht* der *Lust am Bösen* verbindet, ist er davor geschützt, das Böse zu erzeugen und zu tun. Die Ahnen können *keine* Macht über den Willen eines später lebenden Menschen haben! Der *Wille* des Einzelnen entscheidet ganz allein, ob er seine unheilvollen Neigungen beherrschen lernt oder sich versklaven läßt! Der Einzelne muß eine *Entscheidung* treffen, damit das Böse ihn überwältigen kann. Die Verantwortung, die mit der Freiheit ursprünglich gegeben ist, ist für den Menschen eine furchtbare Erfahrung. Die kleinste wie die größte Entscheidung hat weitgehende Konsequenzen in dieser Welt der Wirkungen. Das ist gleichzeitig furchterregend und doch herrlich. Furchterregend, weil das, was hinter uns liegt (das Gewesene) nicht mehr verändert werden kann. Herrlich, weil unsere eigene Zukunft und mit ihr die Zukunft derjenigen Mitmenschen, die uns anvertraut sind und in *unserem* Wirkungskreis leben, irgendwie doch abhängig sind von unseren Entscheidungen, die wir heute und morgen – in jeder Stunde – zu treffen haben.

Der Lust, die einen Menschen zum »Bösen« drängt, sollte er *von Anfang an* jedes Zugeständnis *verweigern*! Das Böse wird zunächst in der Vorstellung erzeugt, es entfaltet sich zum Gedanken, dann wird es zum Wunsch und der Wunsch gebiert die Tat. Der Wille muß aber *schon in der Vorstellung* sofort Widerstand leisten. Der Wille darf nicht zulassen, daß der Mensch in Gedanken mit dem Bösen spielt.

---

[349] Bô Yin Râ, Das Buch der Gespräche, Bern: Kober Verlag 1978, S. 54. (3. Aufl.). Zitat von mir abgekürzt – O. Zs.

186

Die allererste leise Regung zum »Bösen« müssen wir erwürgen, bevor sie zum *Gefühl* erstarkt oder gar *Gedanke* wird![350] Was wäre gewesen, wenn jener Mensch, der das erste Mal die Ausrottung der Juden in Gedanken erwogen hat, seine Gedankenkräfte diszipliniert hätte? ...

Natürlich ist es wahr, daß die Kräfte des physischen Universums in ihrem Selbstbehauptungsdrang gegeneinanderwüten. Es gibt den Punkt und den Kontrapunkt, den Grund und den Gegengrund. Es wird immer wieder in den Meinungen der Menschen *Gegensätze* geben. Man studiere nur die Philosophiegeschichte!

Es trifft auch zu, daß die Kräfte im physischen Universum und im Erdenmenschen Wettkämpfe und Gegensätze ermöglichen, doch, wie oben gezeigt wurde, Haß gehört wahrlich *nicht* zur Natur des Universums, auch nicht zur Natur des Tieres. Nur ein Mensch *kann* einen anderen Menschen *hassen*. Nur ein aus Menschen bestehender Kulturkreis kann einen anderen Kulturkreis haßerfüllt bekämpfen, sogar vernichten wollen und somit den Austausch über den allen gemeinsamen »Logos« vereiteln; denn Haß ist eine Manifestation »menschlicher hilfloser *Ohnmacht*.«[351] Oder anders formuliert: »Haß ist nur die Form *ohnmächtiger* – ihrer Macht nicht bewußter – Kraft: der *gleichen* Kraft, die als *Liebe* ihre Selbsterlösung findet.«[352] Darum schreibt Bô Yin Râ: »Wer Haß noch *hassen* kann, der hat die Liebe noch nicht erkannt! Wer aber niemals *hassen* konnte, der wird auch niemals *lieben* lernen.«[353]

Um die Wahrheit dieser Aussage einzusehen, genügt es, Liebesbeziehungen zwischen Mann und Frau, zwischen Mensch und Mensch *genauer* unter die Lupe zu nehmen. Person A, die gerade noch von »heißer Liebe« für Person B erfüllt war, beginnt Letztere plötzlich zu hassen. Auf Liebe – Haß! Wie ist das möglich? Nach Bô Yin Râ, sind »Haß und Liebe *eines* Wesens, so wie die Wurzel

---

[350] Vgl. Bô Yin Râ, Der Sinn des Daseins, S. 83 f.

[351] Bô Yin Râ, Das Buch vom lebendigen Gott, Bern: Kober Verlag 1990, S. 191. (7. Aufl.)

[352] Bô Yin Râ, Das Mysterium von Golgatha, Bern: Kober Verlag 1992, S. 70 f. (5. Aufl.)

[353] Ebd., S. 71.

eines Weizenhalmes *eines* Wesens mit der *Ähre* ist, die dem Menschen krafterfüllte Nahrung gibt. Wie aber zwischen Wurzel und Ähre so mancher Halmknoten liegt, so liegt auch mancher *Zwischenzustand* auf dem Wege, der, vom naturgegebenen, niederen Trieb zum *Hasse*, hinführt zu der Götternähe der *gleichen* Kraft, – zur *Allgewalt entfaltenden Liebe*.«[354]

Das heißt: Dieselbe Kraft, die einem Menschen zum Haß verleitet, offenbart sich in ihrer leuchtendsten göttlichen Form – *als Liebe*. Der Erdenmensch aber scheint immer wieder etwas zum *Hassen* zu brauchen, weil er lange und oft auf einer der Zwischenstufen lebt, vergessend, daß diese Zwischenzustände nicht »übersprungen« werden können. Es gibt nur ein langsames, schrittweise vollzogenes Sich-Emporheben. Das ist das eine.

Andererseits *kann* aber der Haß sehr wohl wirkungsvoll besiegt werden, – wenn ein Mensch in *innerer Wahrhaftigkeit* zu handeln sich bemüht. In der *Geistesmacht der leuchtenden, göttlichen Form der Liebe*, die sich freilich nur in den Einzelnen und durch die Einzelnen offenbaren kann, ist dem einzelnen Menschen möglich, den Haß – und somit den Hang zum Bösen – in sich selbst zu überwinden. Genau diese Überwindung ist dem hohen und erhabenen Meister von Nazareth in seiner Todesstunde gelungen. »*Die Kraft der Liebe* allein vermochte das Wunder zu vollbringen!«[355] Das war seine wirksame »Erlösungstat«: – daß er bis zum letzten Todesröcheln vergeben konnte. In dieser höchsten Liebestat hat *Jehoschua* eine geistige Kraft im Bereiche menschlicher Macht aufs neue *erweckt*, so, daß sie allen ergreifbar wird, »*die in sich selbst zum Leben bringen wollen, was sein Leben war*.«[356]

So wurde durch *Jesus von Nazareth* der Weg zum Geiste für alle erschlossen. Er *wußte* mit aller Klarheit, was auf Golgatha geschah, »und nur er *allein* war auch *imstande*, durch diesen Liebestod die Riegel aufzusprengen, die das Tor zur Freiheit für den *Geistesmenschen* schlossen, seit er, im Tiere dieser Erde, dieses Tieres Trieb

---

354 Ebd.
355 Ebd., S. 39.
356 Ebd., S. 37.

und Neigung so erlegen war, daß die Erlösung von des Tieres Schicksal kaum mehr möglich schien.«[357]

Die LIEBESTAT JESU, als ein für alle Menschen essentielles Werk des Heiles und als Inkarnation der *Kraft der Liebe* in einem »Leuchtenden des Urlichtes«, ist nicht nur in seinem Tod als solchen, sondern vielmehr schon früher in der sogenannten »Bergpredigt« greifbar und wirksam gewesen. Dort lehrte »der große Liebende«, wie der Erdenmensch das Böse überwinden kann. Zur Abrundung der bisherigen Reflexion soll darauf nun Bezug genommen werden.

Es war der jüdische Religionsphilosoph, Pinchas E. *Lapide*, der gezeigt hat, daß die jesuanische Ethik *der Bergpredigt* und deren Spitze – die sogenannte *Feindesliebe* – sehr wohl als realistisch lebbare Grundlage zum Überleben der Menschheit und Fundament einer Realpolitik auf dieser Erde anzusehen ist.[358] Darin, in der Bergpredigt, ist m. E. nicht nur das wichtigste Fundament eines gelingenden interkulturellen Dialogs zu erblicken, sondern auch die Vorübung zum Sieg über das Böse. Deshalb möchte ich an dieser Stelle den Ansatz des jüdischen Religionsphilosophen ausführlich zur Sprache bringen. Pinchas Lapide begreift die Imperative der Bergpredigt nicht als »Utopie«, auch nicht als »ohne Standort« oder »heimatlos auf unserer Erde«, sondern er ist überzeugt, daß *Jesu* recht verstandene Friedenslehre von Grund auf neue Denkanstöße und Handlungsimpulse für eine *Realpolitik des Überlebens* (auch für das Gelingen des interkulturellen Dialogs und der Überwindung des Bösen) zu liefern imstande ist.

Pinchas Lapide, dessen Kernaussage in voller Länge zitiert werden soll, schreibt:

Jesus betreibe zwar radikale Theopolitik (d. h. er nimmt seinen Gott vollkommen ernst), »aber mittels *pragmatisch* machbarer Methoden, die keinen nüchtern denkenden Menschen als Mitarbeiter Gottes überfordern. Dies gilt vor allem für die beiden Spit-

---

[357] Ebd.
[358] Siehe die Essenz seiner Reflexionen in: Pinchas Lapide, Es geht um die Entfeindungsliebe. Realpolitik, wie sie die Bergpredigt eigentlich meint, in: Lutherische Monatshefte, (20) 1981, S. 505–508.

zenaussagen jesuanischer Ethik, deren erste als die sogenannte *Feindesliebe* bekannt geworden ist: ›Ihr habt gehört, daß gesagt ist: Liebe deinen Nächsten und hasse deinen Feind. Ich aber sage euch: Liebet eure Feinde und betet für die, die euch verfolgen, damit ihr Söhne eures Vaters im Himmel werdet‹ (Mt 5, 43 ff.).«[359] Lapide führt nun aus, daß der angeblich gebotene Feindeshaß nicht im Alten Gesetz stehe, denn viel näher sei dem Judentum das Gegenteil des Feindeshasses (z. B. Sprüche 24, 17 und 25, 21), und dann fährt er fort:

»Schadenfreude, Feindeshaß und Vergeltung des Bösen mit Bösem sind [schon im Alten Testament] verboten, während Großmut und Liebesdienste für den Feind in der Not geboten werden – aber Feindesliebe als moralisches Prinzip scheint doch nur für Heilige zugeschnitten zu sein. Mit Recht stellt daher Leonhard *Ragaz* die Frage der Erfüllbarkeit: ›Kann man das halten? Kann man die lieben, die uns hassen und uns Böses tun? Ist das nicht Illusion?‹ Die Antwort, die erst bei der Rückübersetzung ins Hebräische zutage tritt, besagt: Hier wird weder Sympathie für Feinde noch Selbstaufgabe gefordert, denn weder Gefühle noch das Martyrium kann befohlen werden, sondern ›*das Tun*‹ – eine der häufigsten Vokabeln im jesuanischen Vokabular. Und in der Tat steht im Gebot der Nächstenliebe (Lev 19, 18) *nicht*: ›Liebe Deinen Nächsten‹ im Akkusativ, sondern im *Dativus Ethicus*, eine Wortfolge, die im Deutschen kaum übersetzbar ist: ›*Liebe deinem Nächsten, wie dich selbst*!‹ Das will besagen, daß nicht eine Herzensregung noch Empfindungen gefordert werden, sondern *praktische* Liebeserweise, wie etwa Krankenbesuche, das heimliche Geben von Almosen, das Trösten der Trauernden, Brot für die Hungernden – mit einem Wort: all die praktischen Liebeserweise, die in *Taten* münden und

---

[359] Ebenda, S. 505 f. Über die »Söhne des Vaters« heißt es aber bei Bô Yin Râ: »**Wir**, die wir im *Ewigen* leben, unserer Ewigkeit gewiß, – wir befeinden *keine* Willensrichtung und *keinen* Glauben, mögen sie uns auch noch so absurd oder verwerflich erscheinen. Wir haben unsere geistige Welt vor keinerlei Feinden zu schützen, denn die uns Feind sein *könnten*, sind nicht imstande die Welt in der wir geistig leben, zu erreichen.« (Das Buch vom Jenseits, Bern: Kober Verlag 1990, S. 90. (7. Aufl.)

Liebe fördern. Da Jesus in parallelen Kontrastpaaren und rhetorischen Antithesen zu predigen liebte, muß daher auch die Steigerung ›Liebe deine Feinde‹! im ursprünglich semitischen Wortlaut den Dativus Ethicus beinhaltet haben, der keineswegs zur Feindesliebe auffordert, sondern zu einem *versöhnlichen* Umgang mit dem Gegner, der dessen Entfeindung bezweckt. Sie zielt darauf, daß der Feind aufhört, ein Feind zu sein.«[360]

Diese äußerst plausible, auch exegetisch solide Argumentation gewinnt in der Fortsetzung ein zusätzliches Gewicht. Wie Pinchas E. *Lapide* schreibt:

»Daß es Jesus um die Entfeindung durch *tatkräftige Versöhnlichkeit* geht, keineswegs um schwärmerische Selbstpreisgabe, bezeugt ein Vers kurz zuvor: ›Wer dich nötigt, eine Meile weit zu gehen, mit dem gehe zwei!‹ (Matthäus 5,41). Gemeint war damit die berüchtigte ›*Angareia*‹ der Römer ..., die es jedem Legionär erlaubte, Sack und Pack unterwegs jedem vorbeigehenden Juden aufzuladen ..., um ihn eine Meile lang als Lasttier zu mißbrauchen. Am Ende dieser Strecke konnte der Jude dem Zwingherrn sein Gepäck vor die Füßen werfen und entfliehen, oder er konnte schon vorher das Weite suchen, was jedoch häufig mit drakonischen Strafen geahndet wurde. Jesus schlägt eine dritte Handlungsweise vor: den Frondienst nach der Vorschriftsmeile in ein freiwilliges Geleit zu verwandeln, um den erstaunten Römer durch Zuvorkommenheit zu entwaffnen. Alle Wahrscheinlichkeit spricht dafür, daß sich im Laufe der zweiten Meile ein eher freundschaftliches Gespräch zwischen Jude und Römer anbahnt, denn, wie schon das Prophetenwort bezeugt, das Jesus sicherlich kannte: ›Können etwa zwei miteinander wandern, sie werden denn *einig* untereinander?‹ (Amos 3,3).«[361]

Der gute Mensch sucht Einigung, sinnvolle Kompromisse, weil er weiß, fühlt und spürt, daß er als ein Teil des geistigen Mensch-

---

[360] Ebenda, S. 506.
[361] Ebd.

heitsganzen *nicht nur für sich selbst*, sondern auch *diesem Ganzen* – der ganzen Menschheitsfamilie – gegenüber verantwortlich ist. Deshalb hat er wirkliche Achtung vor sich selbst und vor dem anderen. »Daß ich [vor dem Angesicht des Anderen zum Guten herausgefordert und] verantwortlich bin, *kann* ich nicht nur, sondern *muß* ich wissen.«[362] Dieses »gewisse Wissen« im Selbst-Vertrauen angebunden der eigenen Kraft der Liebe ermöglicht schlußendlich, daß der Einzelne das Böse in sich selbst überwindet.

Inspiriert durch Bô Yin Râ, hat die Großherzogin *Elisabeth von Oldenburg* eine Deutung des Gebetes »Vater unser« gegeben, die für meine Begriffe den Kernpunkt – auch in bezug auf die Überwindung des Bösen – beinhaltet. Hier der Text:

Das Gebet des Herrn – des »Himmelreiches Schlüssel«

Vater!
Dein Name werde geheiligt:
Das »Ich« in mir, mein »Gottesselbst«, will ich heilig halten und nicht zu Dingen mißbrauchen, die »Es« zwingen könnten, sich aus mir Menschentier zurückzuziehen.

Dein Reich komme:
Dein Reich der »Liebe an sich« komme *in* mir und *durch* mich zur Entfaltung.

Dein Wille geschehe:
Dein Wille der »Liebe an sich« werde durch mich zur Tat in allem Tun.

Unser nötiges Brot gib uns täglich:
Gib täglich meiner Seele Nahrung aus deinem Selbst, das die »Liebe an sich« ist, damit ich dauernd Kraft behalte, aus dieser Liebe zu wirken.

---

[362] Susanne Rütter, Herausforderung angesichts des Anderen. Von Feuerbach über Buber zu Lévinas, Freiburg München: Karl Alber Verlag 2000, S. 193.

Vergib uns unsere Schuld, wie wir vergeben unseren Schuldigern:
Vergib uns unsere Schuld *in dem Masse*, in dem wir unsern Schuldnern vergeben.

Führe uns nicht in Versuchung:
Mache uns nicht durch zu schwere Prüfungen den Weg zu hart, indem du uns durch Wesenheiten der Zwischenwelt in Gefahren führen läßt, die uns hemmen oder gar hindern könnten auf unserem Wege zum Licht. Stelle uns nicht, mittels dieser Wesenheiten vor Abgründe. Lasse uns »in der Sonne« zur Höhe schreiten.

Erlöse uns von dem Übel:
Mache uns frei von dem Vernichtungswillen gefallener Meister, lasse uns umgeben sein von einem Schutzwall deiner Helfer, gegen die Macht dieser Bösen uns zu sichern.

Denn dein ist das Reich und die Kraft und die Herrlichkeit in Ewigkeit:
Denn ich weiß, daß *unser* ist das Reich der Liebe und des Lichtes, *unser* die Kraft der Liebe, *unser* die Herrlichkeit in *Ewigkeit*, wenn – wir zum »Stern« wiedergeboren erfassen lernten, daß die

»*Liebe an sich*«
des »*Gesetzes Erfüllung*« ist.[363]

---

[363] Elisabeth von Oldenburg, Einblick in die uns durch BÔ YIN RÂ übermittelte Lehre der WIRKLICHLEIT, Basel 1924, S. 56 f.

6.5. Abschied vom »allmächtigen Gott«: Hinwendung zum »lebendigen Gott«

Fünfzehn Bemerkungen zum Problem der Theodizee

Der erste Teil des Titels verweist auf ein bemerkenswertes Buch von *Günther Schiwy*,[364] aber auch auf eine große Problematik, die Formulierungen wie »der leidende Gott« oder »der gekreuzigte Gott« oder »innertrinitarisches Drama« zum Ausdruck bringen. Eine Problematik, die von manchen Theologen, wie mir scheint, künstlich bzw. von einem falsch verstandenen »Gottes*bild*« her aufgebaut wird, um auf die quälende Frage nach dem *Verhältnis* eines »gütigen und allmächtigen Gottes« zum in der Welt anzutreffenden *Bösen* und *Leid* eine einigermaßen adäquate Antwort zu finden.

Eine aus dem echten *philosophischen* Impetus heraus formulierte, gute Antwort habe ich eigentlich nur bei dem Philosophen *Béla Weissmahr* gefunden. In seiner philosophischen Gotteslehre stellt er die Frage: »*Warum kann es in der von Gott geschaffenen Welt Übel geben?*« Die Quintessenz seiner Antwort ist: Eine evolutive, ihr Ziel noch nicht erreichte *Freiheit* des *endlich* geschaffenen Menschen schließe die Möglichkeit, Böses zu tun, ein. Die endliche geistige Freiheit des Menschen kann offensichtlich sich selbst verabsolutieren, und zwar aufgrund ihrer eigenen Setzung oder Entscheidung. So gesehen, schreibt Weissmahr, ist das Böse »letztlich die Nichtannahme der Endlichkeit, die Haltung, die sich nicht damit abfinden kann, nicht Gott zu sein. – Dafür kann man den Schöpfer aller Wirklichkeit und auch der endlichen Freiheit nicht verantwortlich machen.« Und *Weissmahr* fügt noch hinzu: »Die mittels philosophischer Überlegungen gegebene Antwort auf das Problem des Übels eröffnet zwar einige Einsichten, die dem Verstand hilfreich sein können, doch bietet sie keine dem existentiellen Gewicht des Problems entsprechende Lösung. Das Problem des Übels, des Leidens ist als konkrete Herausforderung durch mensch-

---

[364] Günter Schiwy, Abschied vom allmächtigen Gott, München: Kösel Verlag 1996. (2. durchgesehene Auflage)

liche Bemühungen letztendlich überhaupt nicht lösbar.«[365] Es ist die sogenannte intellektuelle Redlichkeit des Philosophen, die in dieser Reflexion dem Suchenden imponiert. Es wird noch gesagt, die Lösung sei nur von Gott selbst zu erwarten und dies sei tatsächlich in Jesus von Nazareth geschehen – und »dieses Geschehen [Jesu Tod und Auferstehung] nennt man in der christlichen Theologie Erlösung, und sie ist die vollständige, die göttliche Antwort auf das Problem des Übels in der Welt.«[366] – Wir wollen diese brauchbare Antwort zunächst stehen lassen.

Der zweite Teil des obigen Titels – Hinwendung zum lebendigen Gott – ist ein Hinweis auf *das geistige Lehrwerk von Bô Yin Râ*, in dessen Licht – wie aus dem bisher Dargestellten erahnt werden kann – eine *neue*, das Herz und den Verstand befriedigende Antwort eruierbar ist. Die Konturen einer *solchen* Antwort werden nun in fünfzehn dichten Reflexionen und Bemerkungen skizziert.

(1) Mit Bezug auf ein krankmachendes Gottesbild und im Hinblick auf bestimmte Spekulationen mancher Theologen und Philosophen sei hier festgestellt: Die »Frage«, welchen »Grund« Gott gehabt haben könnte, das Leiden und das Übel in der Welt »zuzulassen«[367], – dieses Problem der »Theodizee«, wie sich die Güte Gottes mit dem Übel in der Welt vereinbaren läßt, – ist nicht nur ein *Anthropomorphismus*, eine allzu irdisch-menschliche Redeweise, sondern auch eine *falsch* gestellte Frage. Falsch deshalb, weil die Ursache des Übels, des Bösen in der physisch-sinnlich erfahr-

---

[365] Béla Weissmahr, Philosophische Gotteslehre, Stuttgart: Kohlhammer Verlag 1994, S. 156 f. (2. durchgesehene Auflage).

[366] Ebd., S. 157.

[367] Bei Weissmahr heißt es: »*Gott läßt das moralische Übel, das Böse zu*. Damit ist gemeint, daß der Zusammenhang, der zwischen dem Willen Gottes und dem Bösen besteht, nur in einer negativen Weise bestimmt werden kann: Das Böse wird von Gott in keiner Weise gewollt, nicht einmal als Mittel, um irgendwelchen bedeutenden Wert zu verwirklichen; sondern Gott will einen überragenden Wert, dessen Verwirklichung es mit sich bringt, daß das Böse nicht ausgeschlossen werden kann. (...) Das sich auf das Böse beziehende Nicht-Wollen Gottes hat eine gewisse innere Grenze.« (ebd., S. 153.)

baren kosmischen Welt mit dem wahren, lebendigen GOTT, wie Bô Yin Râ ihn offenbart hat, nichts zu tun hat. Kristallhell und wahrhaft philosophisch ist die Reflexion, die, hier fast in voller Länge zitiert, Bô Yin Râ entfaltet:

»Das ewige reine *Sein*, dem allein in *Wirklichkeit* der Name ›Gott‹ gebührt, ist *in sich selber eins* und *unteilbar*, auch *wenn es sich selber darstellt in Unendlichfältigkeit*. Wie könnte es jemals *sich selbst* in *irgend*einer seiner Darstellungsformen *negieren*!? –

Nichts ist im Kosmos, das nicht *letzten Endes* eine der *Darstellungsformen* wäre des ewigen *Seins*, das in sich selber liebend verharrt, indessen die Darstellungskräfte es, ewig bewegt, gleichsam umkreisen.

Sich selbst ist dieses ewige *Sein* ›Gesetz‹ und ›Norm‹, und alle die wahrlich *unendlichfältigen* Kräfte, die seiner Darstellung *dienen*, sind *trotz* aller Ausstoßung als *Gegen*-Gesetzes dennoch ewig nur in *seinem* Sein gegeben, könnten niemals ein *Dagegen*-Sein: das ›*Dasein*‹ wirken, *ohne* dieses ewige *Sein*...

So ist denn *jegliche* Kraft nur *gesetzt* im innewohnenden ›Gesetz‹ des ewigen *Seins* und trägt die *Möglichkeiten* ihres Wirkens *unveränderbar* in sich, auch wenn in menschlich unermeßbar langen Zeiten jene *Kombinationen* dieser Kräftewirkungen, die wir erkannt zu haben glauben als ›*Naturgesetze*‹ manchem *Wechsel* unterworfen sind, den nur der Mensch *nicht wahrnimmt*, da die menschliche Beobachtung auf dieser Erde solche Zeiträume nicht umfaßt.

Solange aber eine Kombination von Kräftewirkungen, – von uns ›Naturgesetz‹ genannt, – nicht *wieder aufgelöst* ist, kann das ewige *Sein* sie niemals *negieren*, da ja auch sie in *ihm* allein gesetzt ist, und es *sich selber* nicht negieren kann. –

Hier sind die *Grenzen* der *vermeinten* göttlichen ›Allmacht‹: – *ewig unüberschreitbar* auch dem ewigen *Sein*!

Das heißt: – in der Weise schlichtesten Gottesglaubens gesprochen – Gott würde *gegen sich selber* wüten, wollte oder könnte göttlicher Wille sich der Wirkungsart irdischer Kräfte *entgegenstemmen*, da Norm und Gesetz dieser Kräfte ja aus dem *gleichen* göttlichen Willen ihre Bestimmung haben. –

196

Vollkommenheit ist an *dieser* Stelle *nicht* durch göttlichen Willen *gewollt*: – kann nicht gewollt werden, denn Vollkommenheit ist nur *möglich* im reinen, absoluten *Sein*, nicht aber in dem *Dagegen-*Gesetzten, das wir ›*Dasein*‹ nennen.«[368]

(2) Im Lichte des geistigen Lehrwerks von Bô Yin Râ muß gesagt werden: Jene WIRKLICHKEIT, die das Wort »Gott« andeuten will, ist gedanklich unerfaßbar, aber zugänglich und *erlebbar* für das wirklich erlangte geistige Empfindungsbewußtsein. Wesenhaft geistiges Bewußtsein liegt *jenseits* des Denkens, aber kann sich im Denken *auswirken*, wenn der Anschluß des eigenen Bewußtseins an den ewigen wesenhaften Geist durch des Menschen geistig bestimmte *Empfindungsfähigkeit* effektiv erfolgt ist. Genau das ist in hervor-ragender Weise geglückt bei *Gott-geeinten* Menschen wie Lao tse, Jesus von Nazareth und Bô Yin Râ. Deshalb ist ihre Rede von Gott und vom Göttlichen *anders* als die Redeweise der Theologie und der Philosophie. Das wiederum kann man nur erfühlen.

Eine Theologie, die das Erfühlen ignoriert, und nur aus dem Verstand heraus ihr Geschäft betreibt, wird immer wieder Irrwege des Denkens gehen. Eine Theologie, die mit dem wesenhaften Geist – mit dem »Geistesfunken« aus der Gottheit, der in *jedem* Menschen da ist, wenn auch nicht jedem empfindungsbewußt – kaum etwas anfangen kann, *muß* – neben und zu den »heiligen Schriften« der Offenbarung – die spekulative Kraft des Verstandes einsetzen, wenn sie irgend etwas über »Gott und Gottheit« sagen will und muß damit rechnen, daß sie zu gedanklichen Schlußfolgerungen kommt, die, zum Beispiel angesichts der harten, grauenvollen Geschichte, die das Wort »Auschwitz« bezeichnet, – und die letztlich eine *Freiheitstat* der *dem Bösen* verfallenen Menschen war, – unhaltbar sind. Eine gute Theologie ist *sinn-volle* Rede vom Göttlichen, die allerdings unausweichlich zur Voraussetzung hat, daß wir zuerst vom MENSCHEN sinnvoll reden, daß wir zuerst den innersten Wesenskern des MENSCHEN in den Blick bekommen. Immer bleibt es wahr und unumgänglich, was Bô Yin Râ in dem ersten Buch seines geistigen Lehrwerks so formuliert hat:

---

[368] Bô Yin Râ, Auferstehung, Bern: Kober Verlag 1981, S. 94–96. (3. Aufl.)

197

»Vom *Menschen* aus mußt du zu ›Gott‹ gelangen, sonst bleibt dir ›Gott‹ in Ewigkeit – *ein Fremder!* –«[369] Dazu kam eine weitere Offenbarung, die Bô Yin Râ 1931, die grauenvolle Zerstörung des zweiten Weltkrieges vorwegnehmend, geschrieben hat: »Nicht vor dem ›*Untergang*‹ des Abendlandes ist die Menschheit angelangt, wie manche wähnen, sondern sein späterer höchster *Aufstieg* fordert die Opfer, die der wache Mensch des Abendlandes heute zu beklagen hat!!!

›*Wer Ohren hat zu hören, – höre*‹!«[370] [Daß das Wort »Untergang« hier in bezug auf Oswald Spengler gewählt wurde, ist für den Kenner offensichtlich.]

(3) Im Lichte des geistigen Lehrwerks muß zur *Theodizeefrage* folgendes gesagt werden:

Nicht ein »allmächtiger« oder »ohnmächtiger« »Gott« ist dafür verantwortlich, was in Auschwitz und Hiroshima passiert ist. Das war ausschließlich die Tat – eine Reihe von Taten – einer *degenerierten Masse* von *Erdenmenschentieren.* Man sollte sich einmal bewußt machen: Wer in sich selber zur Gewißheit gelangte, daß ihm das Menschentier, in das er sich irdisch gefesselt findet, nicht als ›*der* MENSCH‹ gelten darf, sondern unerbittlich und unbedingt nur als irdisch animalisch zeitweilig nötiger Ausdrucksorganismus, in dem sich jedoch ebenso die niederste Bestialität wie die höchste Geistigkeit Ausdruck zu schaffen vermag, wer das also einmal in

---

[369] Bô Yin Râ, Das Buch vom Menschen, Bern: Kober Verlag 1992, S. 7. (4. Aufl.)

[370] Bô Yin Râ, Das Buch der Liebe, Bern: Kober Verlag 1990, S. 78. (4. Auflage). Hier fügt sich ein, was **Otto G. Lienert** in der Kurzbiographie über Bô Yin Râ so formuliert hat: »Das in den Dreissiger Jahren in Deutschland aufgekommene Regime (welches auch die Verbreitung seiner Bücher behinderte), stiess bei dem allem edlen menschlichen Streben zugetanen Künstler auf entschiedene Ablehnung, und er sah schon frühzeitig die seinem Heimatland drohenden Gefahren. Bis zuletzt dennoch auf eine Wendung zum Besseren hoffend, wie sie in seinem ›**Buch der Liebe**‹ zum Ausdruck kommt, erschütterte ihn der Ausbruch des zweiten Weltkriegs zutiefst. Die dunklen Mächte hatten einmal mehr die Oberhand gewonnen.« (In: Otto G. Lienert, Weltwanderung, Bern: Kober Verlag 1994, S. 45.) – Diese sogenannte »dunklen Mächte«, die Kräfte der Zerstörung gehören auch zur Wirklichkeit der physisch-sinnlichen Welt, die auf die Spannung zwischen den Polaritäten »aufgebaut« ist bzw. nur in der Polarität bestehen kann.

sich selbst mit Gewißheit erfahren hat, der wird GOTT als die tröstlichste Gewißheit und ewige Wirklichkeit anerkennen und in dem heiligen Geheimnis des Göttlichen geborgen und aufgehoben sein. Es sei *Torheit*, lehrt Bô Yin Râ, zu glauben, »*der Mensch*« sei nur das arme Erdentier. *Solange er nicht weiß*, »daß er des *Geistesmenschen* Pforte zur Erlösung darstellt« erlebt sich das Erdenmenschentier »viel ärmer noch, als alle anderen Tiere dieser Erde.«[371] Erst dieses bewußt gewordene Wissen *vom Geistesmenschen* im Erdentier werde auch die richtig verstandene *Erlösung* – Erlösung auch von falschen Gottesbildern – mit sich bringen.

(4) Die Erfahrung der Konfrontation mit dem *Leid* der Unschuldigen, mit der *Schuld* und mit dem *Tod* brachte manche Philosophen und Schriftsteller – mit einem gewissen Recht und aus verständlichen Gründen – dahin, Gott als *tot* bzw. als *nicht allmächtig* zu erklären, weil er, wie sie sagen, die Ermordung so vieler Menschen nicht hat verhindern *wollen* oder *können*. Es gibt allerdings andere Denker und leidgeprüfte Menschen, deren Überlegungen bzw. *Zeugnis* auch von Bedeutung sind. Dies gilt um so mehr, wenn diese anderen Denker gelitten haben und nicht endgültig verzweifelt sind. Das erlittene, durchgestandene und verwandelte Leid, sowie die Versöhnung mit dem, was war, macht ihr Zeugnis *glaubwürdig*. In seinem Buch »*Der unbewußte Gott*« bestreitet *Viktor E. Frankl* (1905–1997) energisch die Aussage eines amerikanischen Rabbiners, der sich auf *Auschwitz* berufend, glaubhaft machen will, daß Gott gestorben sei. Frankl hebt hervor, daß der Rabbiner *nicht* in Auschwitz *war*, und dann fährt er so fort:

»Wie ich es sehe, ist der Glaube an Gott entweder ein bedingungsloser, oder es handelt sich nicht um einen Glauben an Gott. Ist er bedingungslos, so wird er auch standhalten, wenn sechs Millionen dem Holocaust zum Opfer gefallen sind, und ist er nicht bedingungslos, so wird er – um mich der Argumentation von Dostojewski zu bedienen – angesichts eines einzigen unschuldigen Kindes, das im Sterben liegt, aufgeben; denn handeln können wir mit Gott nicht, wir können nicht sagen: Bis zu sechstausend oder von

---

[371] Bô Yin Râ, Das Buch der Liebe, Bern: Kober Verlag 1990, S. 79. (4. Aufl.)

mir aus einer Million Holocaust-Opfer erhalte ich meinen Glauben an dich aufrecht; aber von einer Million aufwärts ist nichts zu machen, und – es tut mir leid – ich muß meinen Glauben an dich aufkündigen. Die Fakten sprechen dafür, daß sich ein Aphorismus von La Rochefoucauld bezüglich der Auswirkung der Trennung auf die Liebe variieren läßt: Gleich dem kleinen Feuer, das vom Sturm gelöscht wird, während das große Feuer von ihm angefacht wird, wird der schwache Glaube von Katastrophen geschwächt, während der starke Glaube aus ihnen gestärkt hervorgeht.«[372]

Soweit die Franklsche Argumentation, die freilich *mehr* ist als bloß gedankliche Schlußfolgerung. Ich messe ihr ein großes Gewicht bei, weil da ein geprüfter Mensch spricht, der Auschwitz erlebt hat, der dem Leiden nicht ausgewichen ist und **trotzdem ja zum Leben** und zum letzten Sinn gesagt hat.[373]

(5) Eine ähnliche Argumentationsfigur ist es, wenn man mit *Karl Jaspers* auf die »maßgebenden Menschen« zeigt und sagt: »Weil Menschen wie Lao tse, Sokrates, Buddha, Konfuzius und Jesus gelebt haben, weil sie *vorbildhaft* geliebt und gelitten haben, ohne zu verzweifeln, ist der Glaube an einen unbedingten Sinn des menschlichen Lebens nicht apriori Unsinn.« – Es wird hier aber vom Glauben *nicht* im Sinne einer religiösen Konfession gesprochen, sondern vom *Glauben als einer Grundkraft der ewigen Seele*, die dieses hell-dunkle irdische Leben *bejaht* als den Ort, an dem der *Geistes-Mensch* im Zustand der Inkarnation seinen Weg zurück zu seinem geistigen Ursprung sucht und geht, wobei er oft in verdunkelter Erkenntnis irre Wege geht, und irre werden muß an einem »Gottesbild«, das ein Konstrukt der Gehirne ist.

Das Grundthema vom Geistes-Menschen gehört hierher. Man kann nicht genug wiederholen: »Es *muß* daher vor allem der Irrtum erkannt und überwunden werden, als sei *der Mensch nur* die Erscheinungsform, die wir *auf dieser Erde* mit dem Namen: ›Mensch‹ belegen.

---

[372] Viktor E. Frankl, Der unbewußte Gott. Psychotherapie und Religion, München: Kösel Verlag 1988, S. 116.
[373] Siehe: Viktor E. Frankl, ... **trotzdem ja zum Leben sagen**. Ein Psychologe erlebt das Konzentrationslager, München: DTV Verlag 1999 (18. Auflage!)

Man kann es keinem Menschen auf der Erde verargen, – keinem, der ›die Menschen *kennt*‹, wenn er für die hohen Worte, die den Menschen ›*das Ebenbild der Gottheit*‹ nennen, nur ein ironisches Lächeln übrig hat, solange der Begriff, den er mit dem Worte ›Mensch‹ verbindet, nur den *Erdenmenschen* meint ...

Wahrlich: das Wort vom ›Gottesebenbild‹ wäre lächerlichste Torheit, hätte jener, der es erstmals aussprach, *nur* an den ›Menschen‹ *der Erde* gedacht!

Dieses Wort konnte nur geprägt werden von einem *Narren*, – oder aber – von einem wirklichen *Weisen*, dem sich die Erkenntnis vom *allumfassenden* Wesen des Menschen erschlossen hatte. – «[374]

(6) Man konnte und kann aus dem geistigen Lehrwerk von Bô Yin Râ auch vernehmen: Die Entfernung des Menschengeistes aus der Gottheit, hinein in die Welt der physischen Materie, – die in all ihrem Werden und Vergehen dennoch als Ganzes *urewig*, *zugleich mit dem Reiche ewigen Geistes* als dessen »äußerste Gegenwirkung« besteht und bestehen wird[375], – geschieht aus einem freien Akt, und zwar »seit Ewigkeiten und in alle Ewigkeit«, aber »immerdar gibt es auch einige wenige Geistmenschwesen, die dem ›Falle‹ *nicht* erliegen und ihren Gott in sich *nicht* ›verlieren‹.«[376]

In dieser, zunächst ungewöhnlichen Sichtweise, die den klassischen *Begriff* der »Schöpfung« in einem neuen Licht erscheinen läßt, präsentiert sich das wirkliche Geschehen der göttlichen und menschlichen Dinge doch *anders* als bisher angenommen, nämlich:

»Man darf sich nicht irreführen lassen, durch die zwar Dichtern allenfalls erlaubten, aber so wenig wirklichkeitsnahen elegischen Träumereien von einer Gottheit, die des Menschen *Leid* als das *ihre* erlebt, und vom Menschen her ihre eigene *Erlösung* erwartet!

Die Dinge liegen in Wirklichkeit recht wesentlich anders ...«[377]

---

[374] Bô Yin Râ, Das Buch vom Menschen, Bern: Kober Verlag 1992, S. 10 f. (4. Aufl.). Dieses Buch ist schlicht und einfach fundamental, wenn man sich über den Menschen und seine Zukunft Gedanken macht.
[375] Vgl. Das Buch vom lebendigen Gott, S. 177.
[376] Ebd.
[377] Bô Yin Râ, Der Weg meiner Schüler, Bern: Kober Verlag 1983, S. 125. (2. Aufl.)

Dazu hat sich im übrigen auf seine Weise auch *Thomas von Aquin* geäußert. »In der *Summa theologica* ist gesagt (I, 26), man verfehle schlechthin die Wirklichkeit Gottes, wenn er nicht als der vollkommen Glückselige gedacht werde. (...) Dies freilich ruft sogleich eine bestürzende Folgerung hervor. Wenn Gottes Glückseligkeit nicht darauf beruht, daß irgendetwas sonst geschieht oder ist, dann kann sie also auch nicht getrübt oder gesteigert werden durch ein wie immer geartetes Geschehen im Bereich der Schöpfung und in der geschichtlichen Welt des Menschen. Das ist in der Tat ein ungeheuerlicher Gedanke.«[378]

Das ist ein Gedanke, der von einer bestimmten Theologie, die sich der Frage widmete, ob und wie man noch überhaupt »nach Auschwitz« sinnvoll von Gott reden könne, kaum oder gar nicht *rezipiert* wurde. Es ist die Versuchung des erdenmenschlichen Verstandes, zu denken: Gott selbst sei mit sich uneins, Gott sei nicht glückselig, in Gott selbst habe sich ein Drama abgespielt, als »sein Sohn« – »einer aus der Trinität«, wie Hans Urs von Balthasar gegen Karl Rahner betonte, – »gelitten hat« bzw. auf dem Kreuz gestorben sei usw.[379]

Gegenüber solchen Redeweisen muß man genau unterscheiden zwischen der gehirnlich erdachten Vorstellungsform, zwischen dem erdenmenschlich ausgedachten »Gottes*bild*« und dem **wahren lebendigen Gott**, der ohne die Wirklichkeit des wesenhaften Geistes, dessen Leben ewige schöpferische Liebe ist, uns Erdenmenschen niemals zugänglich wird. Der Begriff eines »allmächtigen Gottes« hat mit der das ewige Sein der Seele bewirkenden *Wirklichkeit* gar nichts zu tun. GOTT, in der höchsten Bedeutung des Wortes, ist das Allem übergeordnete, aus sich selbst seiende ewige, in absolutem Sinne allumfassende schöpferisch Erhaltende aller geistigen und physischen Welten.[380] –

Bezüglich einer Theologie, die irre Wege geht, weil sie von ausgedachten »Gottesbildern« ausgeht, gilt das Wort:

---

[378] Josef Pieper, Glück und Kontemplation, in Werke in acht Bänden, hier Band 6, S. 165, Hamburg: Felix Meiner Verlag 1999.

[379] Vgl dazu Günther Schiwy, Abschied vom allmächtigen Gott, München 1996, S. 138. Dort weitere Literatur.

[380] Vgl. Bô Yin Râ, Über die Gottlosigkeit, Bern: Kober Verlag 1939, S. 14 f.

»Daß nur so wenige Erdenmenschen bis jetzt und schon während ihres irdischen Daseins in innerstes Gottesbewußtsein gelangen, das unbeschreibbar hoch über jeglichem Fürwahrhalten [von Dogmen] steht und *keinerlei* Zweifel mehr *zuläßt*, hat darin seinen Hauptgrund, daß man *mit vorgefaßter Meinung* sucht und Gott gleichsam *die Form* vorhält, in der er sich in der Seele offenbaren *müsse*, ›falls er Wirklichkeit sei‹ ...«[381]

(7) Es gab natürlich einige Menschen auch im Abendlande, – *Meister Eckhardt, Thomas a Kempis, Angelus Silesius, Jakob Böhme* usw., – die etwas *anderes* erfahren und gelehrt haben als, sagen wir, eine bestimmte »offizielle Theologie«. Es gab auch im 20. Jahrhundert sogenannte »Mystiker«, die konfessionell festgelegte Grenzen überschritten haben, weil ihr inneres Erlebnis, dem sie *vertraut* haben, sie weitergeführt hat als jenes »Gottesbild«, das menschliches Denken ausgeklügelt hat. Es gibt sehr wohl Suchende, die ahnen, schreibt Bô Yin Râ, »daß die auf eigenes Erleben gegründete Kenntnis der *nicht* mit erdenkörperlichen Organen erfahrbaren Welt: – der Welt des ewigen Geistes – *möglich* ist, und [diese] suchen vergeblich nach einer ›Methode‹, um zu solcher Kenntnis zu gelangen. [Aber:]
Die meisten Menschen des abendländischen Kulturkreises – einerlei welcher Religionsgemeinschaft sie zugehören – *wissen nichts* von der Möglichkeit, hier schon, während des irdischen Lebens, den substantiellen geistigen Organismus, der uns nach der Beendung erdenkörperlichen Daseins allein noch Bewußtseinsträger ist, zur Erlebnisfähigkeit zu entfalten.«[382]

(8) Wenn vom *lebendigen Gott* sinnvoll die Rede sein soll, dann geht es zunächst um des Menschen Wirklichkeit, um die Entfaltung der Erlebnisfähigkeit des geistig-substantiellen Organismus während dieses Erdenlebens. Es sind *geistige* Sinne, die dem Erdenmenschen ermöglichen, aus der tierischen Sinneswahrnehmung

---

[381] Ebd., S. 15.
[382] Bô Yin Râ, Der Weg meiner Schüler, Bern: Kober Verlag 1983, S. 53 f. (2. Aufl.)

Eindrücke zu empfangen, die dem Tiere *unerlebbar* bleiben, da im Tiere kein Geist lebt. Doch diese »Sinne des geistigen Leibes« eröffnen sich nur allmählich und nur in *relativ seltenen Sonderfällen.* Wie Bô Yin Râ ausdrücklich sagt:

»Es geschieht dies *niemals* in der Form einer plötzlich sich einstellender Fähigkeit, die geistigen Sinnesorgane gebrauchen zu können, sondern immer nur in der Art eines sukzessiven ›*Wachwerdens*‹, das zwar *sanft gefördert*, aber keinesfalls durch willkürliche Mittel *erzwungen* werden kann.«[383]

Darum lehrt Bô Yin Râ in völliger Klarheit: »Bei dem Worte: ›*geistsubstantiell*‹ bitte ich zu bedenken, daß ich überall, wo ich vom *substantiellen* Geiste spreche, – im Gegensatz zu dem Geistbegriff, der den menschlichen *Verstand* und die Äußerungen der Gehirnbewegungen meint – unter den Worten geistige ›Substanz‹ das *Allerwirklichste*: – die Fülle aller Urseinskräfte, verstanden wissen will!

Diese Geistes-›Substanz‹ ist nichts Starres, sondern aus sich selbst heraus das *Allerfreieste*, durch nichts zu Behindernde, *ewig Bewegliche, ewig sich Bewegende.*

Sie ist nicht etwa ›geschaffen‹, sondern, – *ohne* besonderen Willensakt, – *gegeben*

durch das bloße *Vorhandensein* des ›*Urseins*‹, wie ich das Allerinnerste dessen, was ›*ist*‹, nennen muß, wenn es bezeichnet werden soll.«[384]

Es ist nun so, daß im irdischen Menschen etwas von dieser Geistes-»Substanz« ist und wirkt. Auch nach dem »Fall« blieb ein »Funke« geistigen Bewußtseins im Menschen der Erde verborgen zurück, als hoher Lenker und: – als sein *Gewissen*.

Aber der »Funke« dieses geistigen Bewußtseins ist seinem Gehirnbewußtsein noch nicht verschmolzen.[385]

Gehirnbewußtsein: das ist die Ebene des Denkens, der Schlußfolgerung, der begrifflich-gedanklich sich vollziehenden *diskursiven* Reflexion. »Gewiß fällt es dem ›denkenden‹ Erdenmenschen nicht

---

[383] Bô Yin Râ, Das Buch vom Jenseits, S. 68.

[384] Ebd., S. 85 f.

[385] Vgl. Bô Yin Râ, Das Buch vom lebendigen Gott, Bern: Kober Verlag 1990, S. 180. (7. Aufl.)

204

leicht, sich davon zu überzeugen, daß es in ihm eine Bewußtseinsmöglichkeit gibt, über die zwar, nachdem sie *erreicht* ist, nach-
gedacht werden kann, die aber dem Denken nicht primär als *Ziel*
erreichbar wird, da sie *außerhalb* aller gedanklichen Erschließungsbereiche liegt. Aber die Erringung dieser Überzeugung ist
allererste Notwendigkeit, wenn das ›Empfindungsbewußtsein‹ aus
seinem Schlafe erwachen soll!«[386]

Erst an dieser Stelle leuchtet erfrischend hell auf, was der Professor und Philosoph *Béla Weissmahr* auf der Ebene der gedanklichen
Reflexion als »absolute Selbstbestimmung« (des Menschen) genannt, und als »Nichtannahme der Endlichkeit« erkannt hat, und
die nun von Bô Yin Râ her überwölbt wird, indem man mit ihm
fühlend zu begreifen versucht: Nur der Mensch »mit intakter seelischer Empfindungsfähigkeit ist deutlich der ewigen Tatsache bewußt, daß er nicht auf sich selbst gestellt, sondern die irdische
›Darstellung‹ einer ihn himmelhoch überragenden Kraftäußerung
ist, auch wenn er eine so weitgehende Freiheit der Eigenformung
genießt, daß er leicht durch sich selbst verführt werden kann, Ursache und Wirkung im eigenen Dasein *zu verwechseln* ...«[387]

Mit anderen Worten: Es ist immer ein Zeichen der Schwäche
bzw. der *Verkümmerung der seelischen Empfindungsfähigkeit* eines
Menschen, wenn er entweder die vermeintliche Losgelöstheit von
GOTT, – was ja heißen würde, im gleichen Augenblick physisch
wie im Psychischen *ein Nichts* zu werden, wenn das möglich wäre,
– vor sich selbst und Anderen zu rechtfertigen versucht, oder von
einem »Schöpfergott« spricht, der zwar nicht notwendig, aber doch
indirekt »in Kauf genommen hat«, seinen »eingeborenen Sohn« als

---

386 Bô Yin Râ, Über die Gottlosigkeit, Basel: Kober Verlag 1939, S. 40.

387 Bô Yin Râ, Über die Gottlosigkeit, Basel 1939, S. 44. Hier läßt sich noch
ein Lehrtext einfügen, den man nicht sofort verstehen kann, wenn man nicht
»versteht«, daß »Verstehen« *mehr* ist als eine Sache des Verstandes. Der
Text lautet: »Das ›gestaltlose Meer der ungeformten Gottheit‹, von dem die
Mystiker reden, ist *über allem* Dasein, aber einmal verloren in diesem Meere, würdet ihr euch nie mehr wiederfinden. Aus ihm seid ihr *hervorgegangen* um *Gestalt* und *Ausdruck eures Willens* zu werden, aber was euch nun
einmal *individueller* Formung übergab, müßte ewig einen jeden abstoßen
und stets wieder ins All hinausschleudern, falls einer in die unbegrenzte Ur-
flut zurückkehren *könnte*.« (Das Buch vom Jenseits, S. 84.)

»Sühneopfer« für die Welt hinzugeben und dabei er selbst sozusagen das Leiden des Erdenmenschen »innertrinitarisch erlitten« hat – aus »Solidarität« mit dem Geschöpf.[388]

(9) Als Mensch der Erde zu leben, auf menschliche (und eben nicht göttliche) Art und Weise in der *physisch-sinnlichen* Welt zu existieren, bedeutet:

– konfrontiert sein mit *unvermeidbarem* Leid, das vielfach der Mensch selbst verursacht, sich selbst und anderen zufügt,

– sich auseinandersetzen mit *unausweichlicher* Schuld, die ebenfalls vielfach der irdische Mensch selbst begeht,

– dem *unentrinnbaren* Tod entgegengehen, der im wahrsten Sinne des Wortes das *Ende* des in der *physisch-sinnlichen* Sichtbarkeit lebenden, *psychophysisch* bedingten Menschen, aber *nicht* die Vernichtung seines innersten Wesenskerns, – oder anders ausgedrückt: nicht die Annihilation des *Geistes*-Menschen, – ist.

Was man auf Erden als den »Menschen« bezeichnet, ist nicht etwa der *ewige Mensch*, sondern das erdgehörige Tier.

In ihm suchen sich jene ewigen Menschenemanationen zu erleben, »die über den Kulminationspunkt ihres Individualzustandes hinausgelangten, was für sie ein *Fallenmüssen* zu bedeuten hatte, – einen ›sündhaften‹, weil verschuldeten ›Fall‹ aus höchstem Leuchten, – für den es keinen, den Wiederaufstieg ermöglichenden Ausgleich gibt, als die Inkarnation in einem der *schuldfreien*, physischen Wesen des Weltalls: – einem *Tiere*, – wobei allerdings nur eine Tierform in Betracht kam, die Eignung zeigte, ewig Menschlichem dereinst *Ausdruck* werden zu *können*.

Wir kennen diese Tierform nur zu gut aus eigenem physischen Erleben! –

So gut wir aber auch unsere Tierform: das ›Menschtier‹, in seinen Bedürfnissen, Neigungen und Trieben selbsterlebend kennen, so sehr finden wir uns bereit, ihm vieles *abzusprechen*, was ihm in

---

[388] All diese »Meinungen« sind bei Günther Schiwy nachzulesen. – Die *neue*, und bisher für mich aus *keiner* Theologie und Philosophie so klar hervorgehende Lehre von der »**Erlösung**« durch **Jesus von Nazareth**, ist bei Bô Yin Râ nachzulesen in den Lehrwerken: **Das Mysterium von Golgatha**; **Das Buch der Liebe** und **Die Weisheit des Johannes**.

Wahrheit *zukommt*, – nur, weil wir es schwer ertragen, daß wir weit mehr, als wir wünschen könnten, mit den anderen Tieren gemeinsam haben, während gerade das *Eine*, was wir – als Tiere – *nicht* mit unseren *Mit*-Tieren zusammen uns zurechnen dürfen: – *die Schuldlosigkeit*, – Gegenstand heißen Sehnens für uns wäre, *könnten* wir hieran noch Anteil haben, nachdem die in rein tierhafter Unschuld verbrachten allerersten Kindheitsjahre hinter uns liegen.– «[389]

Bedenkt man das Gesagte, ergibt sich die Konsequenz, daß ein »Gott«, der Leid im Irdischen »zulassen« oder »auferlegen« oder sogar als »Erziehungsmittel« einsetzen, oder der gar »verantwortlich« gemacht werden kann für die Grausamkeiten, die die Namen »Auschwitz« und »Hiroshima« bezeichnen, nur ein »impotenter Gott« [Götze] sein kann, der in Köpfen mancher Menschen, aber *nicht* in der Wirklichkeit existiert.

(10) Mit guten Gründen haben die großen Lehrer der Menschheit kundgetan, daß *geistige* Hilfe sehr wohl gewährt wird, wenn der Mensch aus der Inbrunst seines Herzens Leitung, Schutz oder Hilfe aus der Region des wesenhaften substantiellen Geistes *erwartet* oder *verlangt*, vorausgesetzt, er hat sich selbst dazu bereitet, solcher Einwirkung ein brauchbarer *Empfänger* zu sein.[390]

Bô Yin Râ lehrt auch, »daß *alle* geistige Hilfe, zu deren Spendung der ewige Vater im Urlicht sich der durch ihn im Urlicht Leuchtenden bedient – *und es gibt keine andere ins Menschlich-Irdische wirkende geistige Hilfe oder Führung!* – stets nur die *Einzelseele* zu erreichen vermag, so daß ein geistiger Einfluß auf ›ganze Völker‹ naturnotwendig *nur dort* sich ereignen kann, wo unter den Einzelseelen, die erst Völker zu *bilden* vermögen, viele Bildner sind, die sich selbst so zu formen wußten, daß geistige Führung von ihnen *aufgenommen* und *verstanden* werden kann: – daß geistige Hilfe ›empfangsbereite Herzen‹ findet. (...)

[389] Bô Yin Râ, Der Weg meiner Schüler, Bern: Kober Verlag 1983, S. 125–130.

[390] Vgl. Bô Yin Râ, Briefe an Einen und Viele, Bern: Kober Verlag 1971, S. 79. (2. Aufl.) Hierher gehört auch das *Mysterium des Betens*, das Bô Yin Râ im Buch **Das Gebet**, Bern: Kober Verlag 1981 (4. Aufl.) gelüftet hat.

Es ist aber ein Irrtum, den ewigen, göttlichen Vater irgendwo im Bereiche innen- oder außenpolitischer Vorgänge irgendeines in der Weltgeschichte bekannt gewordenen Volkes am Werke zu glauben, wie es törichter Irrtum ist und die erschreckende Geistesfremdheit der tiermenschlichen Seele [der tierischen *Psyche*] verrät, wenn man in den schweren *Krisen* der Politik, die man ›Kriege‹ und ›Revolutionen‹ nennt, ewigen Willen des Geistes in der Auswirkung zu erblicken meint. In allediesem Geschehen wirkt *nur der tiergebundene Mensch der Erde*, und *was immer* ihn zum Wirken drängt, ist – einschließlich aller lemurischen Antreiberpeitschenschläge aus dem unsichtbaren Teil der *physischen* Welt – bloß *irdisch* verursacht, *ohne die geringste* Mitwirkung *geistiger* Einflüsse und Kräfte!«[391]

Wenn man sich in das einfühlt, was hier ausgesagt wird, kommen einem heftige innere Widerstände ... Man will es nicht wahrhaben, daß *Reaktionen der Psyche* noch nicht *Aktionen des Geistes* sind. Man will es nicht wahrhaben, daß das Reagieren aus dem Ego – Kriege, Revolutionen, Korruption, Kriminalität – noch nicht ein *Agieren aus dem Geist* ist.

Man lehnt es ab, wenn man von der »erschreckenden Geistesfremdheit der *tiermenschlichen* Seele« – eben der *Psyche* – hört oder liest, statt anzunehmen, daß nur eine Konversion der Psyche zum Geist – nur die Durchdringung der Psyche vom Geist her – die höhere Hilfe des »göttlichen Vaters« ermöglichen kann.

So befinden wir uns wieder auf der Ebene der *persönlichen Verantwortung*, die nicht abgewälzt werden kann. Die Aufklärung geht aber weiter, wenn es heißt:

»Ihr sagt:
›Die Weltgeschichte
Ist das Weltgericht!‹
Gewiß!
Doch ein Gericht,

---

[391] Ebd., S. 81–83.

In dem der *Mensch* allein
Sich *selbst* das Urteil spricht!
Hier hat sich ›Allmacht‹
Aller Macht *begeben* ...
Hier spricht nur geist-*getrenntes*,
Tierversklavtes Leben!«[392]

Je mehr einzelne Menschen, individuelle Seelen aufwachen zum hell-lichten Tag des Geistes und des eigenen Ewigen, desto mehr wird es möglich sein, Grausamkeiten, Folter, Qual der Kinder usw. zu minimieren. Die persönliche Verantwortung [für das, was in dieser irdischen Geschichte vor sich geht] läßt sich nicht abschieben – nicht einmal auf die geistige Welt, nicht einmal auf Gott!

Es heißt aber auch, es sei eine kaum zu ertragende Vorstellung, »daß ewige Güte und Liebe in unbegrenzter Machtfülle diese Erdenwelt regiere, und dennoch alles ruhig geschehen lassen könne, was hier Tag um Tag und Nacht um Nacht an Furchtbarem, Schauerlichem und Entsetzlichem geschieht, obwohl es durch den bescheidensten Aufwand *überweltlicher* Macht so leicht zu *verhüten* wäre. Eine solche Vorstellung kann wohl als schwerster Seelendruck empfunden werden, und es ist begreiflich, daß man wie erlöst aufatmet, wenn man einsehen gelernt hat, daß hinter ihr *nichts Wirkliches* steht, und sie nur die Folge falscher Gottesbegriffe ist, die der gottferne Erdenmensch sich selbst geschaffen hat. (...) Es gibt sehr wohl nicht nur ›mögliche‹, sondern geradezu alltäglich sich ereignende und überaus häufige göttlich-geistige Einwirkung auf irdische Dinge. Sie sind jedoch nur das Zeugnis des rein *gesetzmäßigen* Reagierens ewiger, vom Geiste ausgestrahlter Mächte und Kräfte, deren Einflüsse der Erdenmensch ohne jede Beihilfe auslöst, – nur durch *sein, den geistigen Gesetzen entsprechendes Verhalten.*«[393]

Das ist eine klare Auskunft, die auch von einer großen Anzahl religiöser Texte untermauert wird, – zum Beispiel von den »Psalmen Davids«, – so daß man nur staunen kann »über die Erfahrungs-

---

[392] Ebd., S. 84.
[393] Ebd., 87–90. Zitat von mir leicht gekürzt – O. Zsok.

weisheit, die sich Menschen einer uns halbbarbarisch erscheinenden Zeit zu verschaffen wußten, und [man] fragt sich mit gutem Recht, ob nicht wir heutigen Europäer *ärgere* Barbaren seien, als jemals ein früheres Geschlecht ... (...) Man braucht nur die alttestamentlichen Psalmen zu lesen, frei von der üblichen Benutzungspraxis die aus ihnen Eideshelfer religionsbedingter Dogmatik macht, um sehr eindringlich zu erfahren, wie tief ihre (...) Verfasser in die Geheimnisse geistiger, automatisch ihrer Auslösung folgender Kräfte und Mächte eingedrungen waren.«[394]

(11) Wenn Bô Yin Râ von geistigen Gesetzen und vom ewigen Geist spricht, um den Weg zum wahren lebendigen Gott zeigen und zeichnen zu können, dann handelt es sich in seiner Rede »um Gegebenheiten innerhalb der Struktur geistigen Lebens, die dem irdischen Verstande kaum faßbar und in Worten fast nicht unmißverständlich darzustellen sind.« ... Wenn von »Gott« zu sprechen ist, dann nicht im Sinne eines Postulates des Glaubens, »sondern als dem innersten Selbstbewußtsein aller ewigen geistigen Wirklichkeit. – Nur so will ich das Wort ›Gott‹ erfaßt wissen, wo immer es von mir gebraucht wird. Aber es ist hier nicht etwa an ein *verstandesmäßiges* Eigenbewußtsein zu denken, sondern dieses innerste Bewußtsein, das sich immerfort aus dem ewigen Geiste aufs neue erzeugt, – diese, dem unermeßlichen All des einzigen *Seienden* entströmende sublimste Selbstüberlichtung und innerste Essenz des ewigen substantiellen Geistes, – ist zugleich ewig wirkender *Wille* und unerschöpfbare *Kraft*, in *Maß* und *Milde* allein sich offenbarend, bewogen, einzig durch *eigenes* innewohnendes Gesetz. (...)

Wollt ihr einst Gott *in euch selber finden*,
Müßt ihr die *Furcht* wie die *Gier* überwinden!
Träumt nicht von euch unerreichbaren Fernen: –
Gott ist euch näher als jeglichen Sternen!«[395]

---

[394] Ebd., S. 91 f.
[395] Bô Yin Râ, Briefe an Einen und Viele, Bern: Kober Verlag 1971, S. 141 f. (2. Aufl.)

Die Suche nach Gott im Außen ist ein Holzweg. Die Suche nach einem »Gott«, der zum »König« eines ewigen Reiches geworden ist, führt den Menschen niemals zum gewünschten »Resultat«, und die Seele, »die doch in Wahrheit das ewige *Wirkliche* erfahren will, bleibt in den großbauschigen Mantelfalten einer plastisch derben Darstellung erdenmenschlichen Machtwillens gefangen. – Es ist schlechterdings unmöglich, ein Vorstellungsbild zu ersinnen, das *noch weniger* Entsprechungen zur der *Wirklichkeit* Gottes aufzuweisen hätte! Aber nach solcher irdischen Grundform sind die Gottesvorstellungsbilder der größten Religionen gestaltet, die der Erdenmensch sich zu geben wußte ...«[396]

Religionsphilosophie und Theologie haben hier zu lauschen und zu horchen, auch wenn vielfach innere Widerstände überwunden werden müssen, will man die helle Botschaft des in diesen Zeilen Gemeinten wahr- und aufnehmen.

Hierher gehört auch jene geistige Lehre, die in klaren Worten besagt:

»In *Gott* – so wie *Gott wirklich* ist – findet sich weder Grimm noch Zorn, weder Vergeltungslust noch Rachedurst, und auch keine andere vermeintliche ›Eigenschaft‹, die zu ›fürchten‹ wäre. *Gott ist Liebe und Gnade!* – Liebe, seiner selbstgezeugten *essentiellen Natur* nach, und Gnade in *ebendieser* ›Natur‹, aber aus dem Empfinden dessen, was *außerhalb* ihrer existiert, und was *nicht* ›Liebe aus sich selber‹ ist!«[397] Darum gilt um so mehr:

»Was (...) *in Wirklichkeit* – Gott! – ist, das kann *niemals in Furcht*, sondern allein nur *in Liebe* empfunden und empfindungsbewußt werden!«[398]

Oder, wie es in einem anderen Text der Weisheit zu lesen steht:

»Und wir haben erkannt und geglaubt die Liebe, die Gott zu uns hat. Gott ist Liebe; und wer in der Liebe bleibt, der bleibt in Gott und Gott in ihm. ... Er hat uns *zuerst geliebt*« (1 Joh 4, 16, 19).

In diesen Texten erklingen wahre Worte der wirklichen Offenbarung! Hier, in diesen Texten läßt sich eine harmonisch klingende,

---

[396] Bô Yin Râ, Hortus conclusus, Bern: Kober Verlag 1979, S. 137 f. (2. Aufl.)
[397] Bô Yin Râ, Über die Gottlosigkeit, Bern: Kober Verlag 1939, S. 61.
[398] Ebd.

stimmige »Stimme« vernehmen. Es ist die Stimme von erleuchteten Menschen, von Kundigen der wahren »Theosophie«, die *empfindungsbewußt* die Wirklichkeit der »Liebe an sich« erfahren haben.

(12) Demgegenüber verläuft die gedankliche Bewegung einer theologischen Reflexion ganz anders. Als Beispiel sei ein kurzer Text von *Johann Baptist Metz* angegeben. Er hat geschrieben: Die Wiederaufnahme des Theodizeethemas bedeute, daß es ausschließlich um die Frage gehe, »wie denn überhaupt von Gott zu reden sei angesichts der abgründigen Leidensgeschichte der Welt, ›seiner‹ Welt.«[399] Für Metz ist diese Frage »die« eschatologische Frage, »eine unablässige Rückfrage an Gott.« – Ich fürchte, daß Metz im Denken – »auf dem Schachbrett des Denkens« – stehen bleibt, und mit ihm alle, die so oder ähnlich denken.

Mögen noch so unendlich viele Kombinationen – spekulativ theologische oder philosophische Annäherungen durch das Denken – im Laufe eines Schachspiels – im Laufe einer theologischen oder philosophischen Reflexion – gegeben sein, so bleibt doch das Faktum bestehen, daß das Schachbrett als Spielplatz *niemals* verlassen wird, das heißt im Klartext: Die *Theodizeefrage* in alter oder neuer Form (»nach Auschwitz«) gestellt, ist und bleibt eine *Sackgasse*. Des wahren lebendigen GOTTES Verhältnis zur Welt ist eben ein *anderes*, als man es bisher angenommen hat. Wie lange hat man gelehrt, in Christus hätte »Gott selbst« gelitten und sich in die Geschichte hineingewagt, und ein Risiko auf sich genommen usw. Das sind Redeweisen des *Anthropomorphismus*, Früchte eines spekulativen Denkens, selbst wenn dieses ehrwürdige Denken »Theologie« oder »Philosophie« heißt, selbst wenn es biblische Texte oder lehramtliche Dokumente der Kirche zitiert.

---

[399] Johann Baptist Metz, Theologie als Theodizee? In: Willi Oelmüller (Hrsg.), Theodizee – Gott vor Gericht?, München: Wilhelm Fink Verlag 1990, S. 104. Siehe auch: Günther Schiwy, Abschied vom allmächtigen Gott, München: Kösel Verlag 1996. (2. durchgesehene Auflage). Die Erhellung dazu siehe: Bô Yin Râ, **Auferstehung**, Bern: Kober Verlag 1981, S. 89–101, wo es um »Grenzen der Allmacht« innerhalb der Struktur der geistigen Wirklichkeit geht.

(13) Gott für das Leid des irdischen Alltags oder für die furchtbaren Kriege anzuklagen, (»wenn es ihn gibt, dann ist er einer, der Auschwitz und Hiroshima nicht verhindert hat«, so Günther Anders), oder zu wähnen, er habe das Übel »zugelassen«, weil er nicht anders konnte (so Hans Jonas), bedeutet nur, daß man es mit einem »Gegenstand des Fürwahrhaltens« – und nicht mit dem *lebendigen Gott* – zu tun hat, weil die seelische Empfindungsfähigkeit verkümmert ist und unter »Asthenie« leidet.

Es ist der *Erdenmensch* selbst, der Leid, Mord, Korruption und Zerstörung in diese Welt hineinbringt. Und *das Unheil*, vor dem die »Leuchtenden des Urlichtes« die Ahnungslosen zu bewahren trachten, so lehrt Bô Yin Râ, sei weder göttliche »Strafe« noch Folge göttlicher »Erziehungsabsichten« oder gar Erfüllung vermeintlicher »Forderung göttlicher Gerechtigkeit«! – Sondern:

»Es handelt sich dabei vielmehr einzig und allein um unvermeidbare *Folgen der Nichtbeachtung* bestimmter, dem Leben im substantiellen ewigen Geiste auf allen seinen Stufen – seiner Struktur nach – eigener inhärenter Gesetze, die nicht aufzuheben sind, – durchaus vergleichbar den Wirkungen von Verstößen *gegen physikalische Gesetze im irdischen Alltag*.

Gott hierfür ›verantwortlich‹ zu glauben, wäre gleich töricht, wie wenn man den Konstrukteur eines Hochofens dafür verantwortlich erklären wollte, daß der glühend flüssige Stahl die Hand vernichten müßte, die in ihn einzutauchen versuchen wollte!

Ebenso könnte ein Unzurechnungsfähiger Haftung der Ingenieure verlangen, wenn ein Unvorsichtiger ahnungslos eine Hochspannungsleitung berührt, während sie ›unter Strom‹ steht und damit eine Kraft repräsentiert, die dem physisch-irdischen Körper zwar durch mancherlei Instrumentarien wahrhaftig *zum Heil* gereichen kann, aber ebenso bei direkter Berührung der nichtisolierten Stromleiter zum *Verhängnis* werden muß.

Es ist einer der betörendsten blinden Trugschlüsse menschlichen Denkens, anzunehmen, göttliche ›Allmacht‹ müsse die in Gott gegebenen – durch sein Dasein ›gesetzten‹ – Auswirkungsgesetze ewiger geistsubstantieller Kräfte auch je nach Belieben wieder aufheben können, sobald das dem Erdenmenschen wünschbar erscheinen würde! –«[400]

Nein, die sogenannte »Allmacht« Gottes ist ganz *anders* geartet, als viele sich das vorgestellt haben, und wenn das Wort »Allmacht« mit dem Wort »Gott« sinnvoll in Verbindung gebracht werden kann, dann als »Allmacht der ewigen Liebe Gottes« in der ewigen Struktur des geistigsubstantiellen Lebens, die niemals die Freiheit des und der Menschen aufhebt. Darum empfiehlt Bô Yin Râ:

»Mißtrauen gegenüber allem, was irdisches *Denken* sich über ›Gott‹ zu ergrübeln wußte, ist deshalb nur Regung gesunder, geistig geleiteter Instinkte!«[401]

(14) Den Gesamtkontext des bisher Gesagten berücksichtigend, ist die Folgerung unvermeidbar: Lieber eine Erschütterung traditioneller Gottesbilder, das heißt lieber ein Ende mit Schrecken, als weitere endlose Spekulationen über die Theodizeefrage, und das heißt als ein Schrecken ohne Ende. Wie ich sehe, hat Bô Yin Râ das Gottesbild des Jesus von Nazareth »vervollständigt«, besser gesagt: *Erst im strahlenden Lichte des geistigen Lehrwerks wird Jesu Lehre und Leben überhaupt in der letzten* [irdischem Empfindungsvermögen möglichen] *Tiefe und Höhe verstanden.*

Die geistsubstantielle Struktur der Wirklichkeit ist anders, als wir dachten: Sie ist lebendiges Geschehen, das dem Denken nicht zugänglich ist. Es ist sehr bemerkenswert, wenn Bô Yin Râ einerseits das Vertrauen in die folgerichtige Denkarbeit betont dort, wo es darum geht, Erkenntnis irdischer Zusammenhänge zu erlangen. Andererseits hebt er hervor, es sei unsagbare Torheit, »wo das Denken an Aufgaben verschwendet wird, die *nicht die seinen* sind, so daß es unter allen Umständen nur zu irrigen Resultaten kommen *kann*!«[402]

Das bedeutet keineswegs, daß man über geistige Dinge, über Gott und das Ewige, nicht nachdenken kann. Nur man sollte sich klar machen, ein solches Unterfangen ist wie die Installierung einer

---

[400] Bô Yin Râ, Über die Gottlosigkeit, Bern: Kober Verlag 1939, S. 22–24.
[401] Ebd., S. 39.
[402] Ebd., S. 37.

elektrischen Beleuchtung, ohne *vorher* eine Zuleitung vom allgemeinen Stromkabel zum Haus zu besitzen. Das gehirnliche Denken hat immer Tausende von Fragen. Wie der Meister aus seiner erdenmenschlichen Erfahrung her wissend, schreibt:

»Von meinem *gehirnlichen Denken*, Erkennen und Folgern her, hätte ich mir vielleicht die Bedingnisse meines Erdendaseins mehr als einmal auch anders vorstellen können, als sie sich, mein irdisches Leben bestimmend, bezeugten. Aber immer wieder sah ich dann aus *ewig-geistiger* ›Ein‹-Sicht in die urtiefen ›*Gründe*‹ des mir da und dort scheinbar wahllos zuteil gewordenen *Geschehens*, so, daß alle Gefahr verschwand, zu falschen gedanklichen Schlußfolgerungen zu kommen.

Das ›*Geschehen*‹ hier auf Erden ist in *erster* Ursächlichkeit von jener geistigen Zone her bestimmt, die ich ›das Reich der *geistig* erzeugten Ursachen‹ nenne. Nur *relativ weniges* geschieht bereits als Folge von Impulsen, die sich diesem substantiell geistigen Bereiche schon *entzogen* haben, und infolgedessen auch nicht mehr von ihm her aus ihrer starren Auswirkungsrichtung abgelenkt werden können.

So sind denn alle *geistigen* Einflüsse auf das *Geschehen* innerhalb der irdischen Umwelt keineswegs etwa durch hirnbedingte *Gedanken, Neigungen, Affekte* und *Wünsche* bestimmbar, sondern *allein davon* abhängig, ob die jeweilige Veranlassung irdischen Geschehens noch in der Zone der primären, rein *geistigen* und daher auch durch ewigkeitsbestimmte *geist-substantielle* Impulse *noch lenkbaren* Ursachen zu finden ist, oder bereits im Irdischen zu *sekundärer*, mechanisch weiterstoßender starrer *irdischer* ›Ursache‹ wurde! Innerhalb dieser Region der endgültigen *Erstarrung* der Zielrichtungen ursprünglich im Geistigen *noch bewegbarer* Impulse, ist selbst ewiger Gottesmacht aus eigener Satzung jede ändernde Einwirkung verwehrt. Hier ist aller gedanklich vermuteten ›Allmacht‹ gesetzte Grenze, die ohne Selbstaufgabe Gottes nicht überschritten werden kann!«[403]

---

403 Ebd., S. 31.

Das wirft ein ungewöhnlich neues, ein anderes Licht auf all das, was man bisher unter dem Stichwort »Schöpfung« oder »Gott-Welt-Verhältnis« oder Gottes Wirken in der Welt[404] usw. gelehrt hat. Man hat alle Verstandeskräfte aufgeboten, um einem urtiefen Geheimnis auf die Spur zu kommen. Wie weit das *in concreto* in der Theologie und der Philosophie gelungen ist, werden die Fachleute am besten wissen, so daß es sich hier erübrigt, auf Einzelheiten einzugehen. Statt dessen soll zum Problemkreis »*Gottes Wirken in der Welt*« noch einmal Bô Yin Râ zitiert werden, der dazu 1939 Richtungweisendes geschrieben und gelehrt hat, wobei nach meinem Wissen in theologischen und philosophischen Kreisen bis heute noch niemand das dort Gesagte rezipiert geschweige denn berücksichtigt hat. Daß das Richtungsweisende von Bô Yin Râ hier fast in voller Länge zitiert wird, ergibt sich aus dem Gewicht der Botschaft selbst. Darin heißt es, was bezüglich der lebendigen *Struktur des Geistes* und seines Wirkens verstanden und empfunden werden muß, ist: Im ewigen, allen irdischen Gehirngedanken unbestimmbar hoch überordneten substantiellen Geiste herrsche *keinerlei Willkür*, »und es wäre daher auch denen, [den Leuchtenden des Urlichtes], die der ewige göttliche Geist als seine erdenhafte Selbstgestaltung in sich bejaht, niemals eine direkte oder indirekte *geistige Einwirkung* verstattet, wenn eine solche etwa von gedanklichen oder gefühlsbestimmten *irdischen Urteilen* her angeregt würde!«[405] Und dann heißt es weiter:

(15) »Die Hilfeleistung aus dem geistigen Reiche der Ursachen her, wie sie nur allein uns Leuchtenden im Urlichte *möglich* und daher aus ewiger Liebe gesetzte ›*Pflicht*‹ ist, hat jedoch wesentlich *andere* Voraussetzungen als die *jedem* Erdenmenschen erreichbare Kunst des wirksamen *Betens*, die ich in dem Buch ›Das Gebet‹ leh-

---

[404] Siehe dazu aus philosophischer Sicht: Béla Weissmahr, Philosophische Gotteslehre, Stuttgart: Kohlhammer Verlag 1994. Und vor allem: Ders., Gottes Wirken in der Welt. Ein Diskussionsbeitrag zur Frage der Evolution und des Wunders, Frankfurt/Main 1973.

[405] Bô Yin Râ, Über die Gottlosigkeit, Basel 1939, S. 34.

216

re, das schon ungezählten Gebetsbereiten die Augen dafür öffnete, was *rechtes Beten* ist und wie es seine *Wirksamkeit* erhält. (...)

Aber in dieser nun hier gegebenen Darstellung handelt es sich deutlichst um Dinge, die *nur uns Leuchtenden im Urlichte* möglich und geboten sind: – nämlich um unsere geistige Einwirkung auf eine, solchem Einwirken *zugängliche* Zone innerhalb der Struktur des ewigen substantiellen Geistes. Hier kommt keine *Gebetsintention* in betracht, sondern *die bedingungslose Darbietung der im eigenen geistigen Sein sich auswirkenden geistigen Schwingungsenergien*, zum Dienste im Bereich dieser Zone, gemäß geistverliehener, aller irdischen Trübung entzogener ›Ein‹-Sichten in die *primären*, – irdischem Erforschen unzugänglichen – noch bewegbaren *geistigen* Ursachen erdenhaften Geschehens.

Erst dann, wenn die *bewußt* oder *ohne* Wissen durch Auswirkung der Seelenkräfte eines Erdenmenschen im geistigen Reiche der Ursachen gleichsam ›automatisch‹ gesetzten Impulse bei ihrem unvermeidlichen Rückprall in die Welt irdischen Geschehens, die Grenze zwischen dem beweglichen substantiellen geistigen Zustand und physischer Starrheit, bereits *durchschritten* haben, wird diese oben beschriebene Einwirkung auch uns Leuchtenden des Urlichts *unmöglich.*

Vergeblich müht sich der menschliche Verstand, diese Dinge, die viel zu fein sind, als daß sie ihn eindringen lassen könnten, zu ergründen! (...)

Dem Denken zu mißtrauen, wo Erkenntnis irdischer Zusammenhänge *nur durch folgerichtige Denkarbeit* zu erlangen ist, wäre arge Torheit. Noch *weit ärgere* Torheit aber ist dort zu finden, wo das Denken an Aufgaben verschwendet wird, die *nicht die seinen* sind, so daß es unter allen Umständen nur zu *irrigen* Resultaten kommen kann!«[406] (...)

Und weiter steht zu lesen:

»Uns im Urlichte Leuchtenden ist es nicht nur begrüßte geistige Pflicht, alle von unseren Erdenmitmenschen geschaffenen Impulse so lange wie irgend möglich in der *geistigen* Zone zurückzuhalten,

---

[406] Ebd., S. 34–37.

in deren Bereich alle Auswirkung noch *bewegbar, ablenkbar* und *umkehrbar* bleibt, – sondern auch alle unsere Hilfe einzusetzen, um den durch *verderbliche* Impulse angetriebenen Wirkungskräften, *vom Geistigen her* den größtmöglichen Widerstand zu bieten, und ihre üble Ausgangsrichtung zum noch Rettung gewährenden Besseren innerhalb des irdischen Geschehens *um-zusteuern.* Wo aber die Auswirkungen der im Willen geschaffenen Impulse sich bereits der Zone substantieller Geisteskraft *entwunden* haben, in der *jeglicher* Impuls seine *primäre* Kräftekumulation hervorbringt, dort ist auch uns *keinerlei* Hilfeleistung durch geistsubstantielle Einwirkung mehr *möglich* und wir müssen zusehen, wie sich nun der in irgend einem irdischen Willen geschaffene Impuls, seiner im irdischen Bereich *erstarrten* Richtung nach auswirkt, mag diese Auswirkung Wünschbares oder Unerwünschtes für *Einzelne* oder *Viele* auf Erden herbeiführen.«[407]

Wer hier mit dem Verstand eindringen will, expliziert Bô Yin Râ, der ähnelt dem schlechten Detektiv, der seinen eigenen Rekonstruktionen eines Tatbestandes so sehr verfällt, daß er alles übersehen *muß*, was nicht er selbst sich erdachte, »und verliert die Wirklichkeit gerade dann am allerweitesten aus den Augen, wenn er ihr in seinen Schlüssen am nächsten gekommen zu sein glaubt.«[408]

Ziemlich genau das ist passiert in der theologischen und/oder philosophischen Diskussion über die »Allmacht und Ohnmacht« Gottes, die hier nur als Ausgangspunkt erwähnt wurde, um darauf hinzuweisen, was alles noch – im Lichte des geistigen Lehrwerks von Bô Yin Râ – entdeckt, erspürt, erkannt werden kann, will man wirklich sinnvoll von der wahren WIRKLICHKEIT reden und sie erleben.

Immer wieder bleibt es freilich eine große Versuchung für den Erdenmenschen, für uns alle, Gott »in Gedanken-Netzen einfangen« zu wollen. Doch als man festgestellt hatte, daß man nicht glücklich war mit den Ergebnissen gedanklicher Spekulation, hat man wieder begonnen, ein neues Gottes*bild* zu entwickeln.

---

[407] Ebd., S. 32 f.
[408] Ebd., S. 37.

Ob das weiterführen wird?
Ich meine: nein! –

Das Weiterführende ist das in deutscher Sprache geschriebene, jedem öffentlich zugängliche geistige Lehrwerk von Joseph Anton Schneiderfranken Bô Yin Râ.

7. WAHRHEIT UND WAHRHEITEN *(Exkurs II.)*

In diesem abschließenden Teil der bruchstückhaften Darstellung des geistigen Lehrwerks von Bô Yin Râ geht es *nur am Rande* um eine philosophische Erörterung der Wahrheitsfrage. Die primäre Absicht dieses Exkurses besteht in der erneuten Hinlenkung der Aufmerksamkeit auf das Lehrwerk selbst, dessen *Musikalität* und *symphonische* Mehrdimensionalität nur dann als Empfindungsgut *Eigenbesitz* des Aufnehmenden werden und so ihm Wahrheiten erschließen können, wenn die Worte des Lehrwerks als Empfindungs-*Träger*, Empfindungs-*Vermittler* und Empfindungs-*Erwekker* in die Seele eingedrungen sind und den Aufnehmenden zum praktischen Erproben bewegen, weil er *sich* von der Kraft dieser Worte bewegen *läßt*.

Bekannterweise war es schon das Anliegen von *Sokrates* (470–399 v. Chr.), *den Sinn für das Wahre* und für die Wahrheit zu schärfen. Er vertrat die Auffassung, daß es keine »Wahrheiten« gibt, wie es Dinge gibt, sondern es gibt nur genuin *philosophische Wahrheiten*. Eine philosophische Wahrheit ist, Sokrates zufolge, nicht eine unpersönliche, auf einen objektiven Sachverhalt abzielende Aussage, – nicht bloß *adaequatio rei et intellectus*, – sondern eine den *ganzen* Menschen betreffende Aussage, durch die ein freier und seiner Verantwortung bewußter Mensch *eine* Wahrheit auf sich nimmt, in sich aufnimmt und sich zu *eigen* macht. Damit ist primär eine bestimmte *Geisteshaltung* gemeint. Heute würde man dies eine existentielle Wahrheit nennen.

Das wahre Gute, das was wirklich gut *ist*, zu erkennen, ist für Sokrates ein *moralisches Tun*. Das *Erkennen* ist demnach auch ein *Tun*. Und das *Tun* ist auch ein *Erkennen*. Man kann die beiden nicht trennen. Im Leben von Sokrates ist diese Verknüpfung zum erstenmal für uns Abendländer faßbar.

Als er 399 zum Tode verurteilt wurde, – weil er angeblich die Jugend verderbe und neue Götter einführe, – hätte er aus dem Kerker fliehen können, tat es aber nicht, weil seine innere Stimme, sein *Daimonion*, ihn davor zurückhielt, der ihm von dem delphischen Gott übertragenen Aufgabe, – sich selbst und seine Mitbürger zu prüfen, – untreu zu werden. In seiner Verteidigungsrede sagte Sokrates u. a.: »Meine Mitbürger, ihr seid mir lieb und wert, gehorchen aber werde ich mehr dem Gott als euch.«[409] –

Die innere Stimme, sein *Daimonion* war gewiß die dem griechischen Weisen zuteil gewordene *geistige Leitung*, – man würde sie heute *Gewissen* nennen, – die er nie in Form von Forderung, sondern nur in Form von *Abraten* empfunden hat. Die geistige Leitung wird nicht als Zwang zu bestimmten Tun, sondern nur als Abmahnung von Irrpfaden durch den großen Hellenen erlebt. – Sokrates trank den Schierlingsbecher in Ruhe und Gelassenheit. Bis zuletzt philosophierte er mit seinen Freunden über die *Unsterblichkeit der Seele*.

Sokrates und *Platon*, haben noch im Sinne einer *Philosophia perennis* das Geschäft der Philosophie betrieben. Sie waren überzeugt, daß der Philosophierende mit der *Wirklichkeit im Ganzen*, und also mit der *Weisheit insgesamt* zu tun habe. Freilich bleiben sie immer nur *philo-sophoi*, nach *der* Weisheit liebend Suchende, die nach den endgültig wichtigen Dingen liebend verlangen. »So auch werden wir *den* einen Philosophen nennen, der begierig ist nach der ganzen Weisheit – nicht aber nach der einen ja, nach der anderen nein.«[410] Und derselbe Platon sagt in seinem Lebensrückblick: Die philosophische Einsicht lasse sich »ganz und gar nicht so wie andere Wissensstoffe aussprechen.«[411] Außerdem ist Philosophie hingeordnet auf die *Weisheit* des Handelns und des Tuns im Alltagsleben. Im gleichen Atemzug muß man dazusagen: Philosophie hat freilich nicht nur mit der Weisheit der praktischen Hand-

---

[409] Johannes Hirschberger, Geschichte der Philosophie, Freiburg: Herder Verlag 1991, Band 1, S. 60 f. (Sonderausgabe der 14. Auflage)

[410] Platon, Politheia (Der Staat), 475 b 8.

[411] Zitiert nach Josef Pieper, Philosophie, Kontemplation, Weisheit, Einsiedeln–Freiburg: Johannes Verlag 1991, S. 24 f.

lung, sondern mit der Weisheit insgesamt zu tun, mit *der* Weisheit
schlechthin.

Was aber besagt dieses Wort – Weisheit? Eine erste Annäherung
ist negativ: Ich meine damit nicht einen scharfen Verstand oder
kombinatorische Intelligenz, auch nicht die praktische Lebensklug-
heit und Tüchtigkeit. Eine zweite Annährung läßt sich positiv so
ausdrücken: Weisheit wird verkörpert in einer bestimmten Lebens-
haltung als die *Weisheit des Alters* [erlebbar in einem alten, weisen
Mann oder in einer alten, weisen Frau]. Diese Lebensweisheit entsteht, nach einer zutreffenden Formulierung von *Romano Guardini*
(1885–1968) » wenn *das Ewige* im endlich-vergänglichen Bewußtsein [eines Menschen] durchdringt und von dort aus *Licht auf das
Leben* fällt. Hierin wurzelt die echte Wirksamkeit des Alters.«[412]
Hierin erblicke ich die vitale Bedeutung und das Echte, die
Wahrheit und die Weisheit des geistigen Lebenswerkes von Bô Yin
Râ: daß *in ihm* das Ewige durchdringt und durch das endlich-ver-
gängliche Bewußtsein eines Irdischen Licht auf das Leben des Er-
den- und des Geistesmenschen fällt; daß in ihm der Zusammenhang
des Daseins und der Ewigkeit für das »dritte [geistige] Auge«
sichtbar wird.

Es gehört als Chance und Auftrag, zum Sinn *und* Glück, zur
Würde und Vollendung eines Menschen, das Ewige, mit seinem irdischen Gehirnbewußtsein verschmelzend, in sich selbst zum Vorschein kommen zu lassen. Immer mehr *nach der Weisheit in Liebe*
zu streben, ist in der Tat ein lebensphilosophisches Anliegen, das
freilich auch demjenigen gelingen kann und oft auch gelingt, der
im engeren Sinn sich niemals mit Philosophie beschäftigt hat. Eine
dritte positive Annäherung an die Weisheit entdeckt man im Alten
Testament, das an einer Stelle die Kraft und das Wesen der Weisheit so beschreibt:
»Daher betete ich, und es wurde mir Einsicht verliehen; ich fleh-
te, und der *Geist der Weisheit* kam über mich. ... Was verborgen

---

[412] Romano Guardini, Die Lebensalter, Mainz: Topos Taschenbuch Verlag
1990, S. 58.

und sichtbar ist, alles erkannte ich; denn die alles kunstvoll gestaltet, die Weisheit, hat es mich gelehrt. Denn in ihr ist ein Geist: verständig, heilig, einzig in seiner Art und vielfältig, *fein*, leicht, beweglich, klar, unverletzlich, das Gute liebend, scharf, unhemmbar, wohltätig, menschenfreundlich, beständig, sicher, sorgenlos ... und alle Geister durchdringend, die denkenden, reinen und feinsten Wesen. Ist doch die Weisheit beweglicher als jede Bewegung; sie dringt und geht durch alles vermöge ihrer Reinheit.«[413]

Daß Weisheit und Wahrheit miteinander zu tun haben, leuchtet jedem ein. Zur Bestimmung ihres Verhältnisses sei vorläufig gesagt:

Wenn Wahrheit das Sich-zeigen von Realität ist, dann ist Weisheit jene *Offenheit*, in der sich die letzten Gründe und das innerste Geheimnis von allem zugänglich wird. Darum heißt es: »Dem Weisen schmeckt alles, wie es in Wahrheit ist, weil er zur letzten Tiefe von allem vordringt.«[414]

Daß es hier eine bis zum Tod gültige Lebensaufgabe thematisiert wird, spürt man aus dem Satz. Dem entspricht auch die frühe Einsicht des *Heraklit* von Ephesus, der gesagt hat, der Mensch könne nicht »Sophos« [Weiser], sondern lediglich »Philo-sophos« [nach Weisheit in Liebe Strebender] genannt werden, »da er die Weisheit ja immer nur von ferne berührt, obwohl er, unaufhörlich von ihr eingeladen, *doch* etwas von ihr *erreicht* und, trotz der Taubheit der allzu Vielen, nie ganz aus ihr herausfällt.«[415]

Jedem Menschen ist es gegeben, auf seine persönliche Art, die *praktische Weisheit* oder die *theoretische Weisheit* oder abwechselnd mal die eine und mal die andere, oder eben *die Weisheit selbst*, wie Gott sie besitzt, zu begehren; wobei hier das Wort theoretisch und »*theoria*« nicht »blutleer«, »kopflastig« oder »abstrakt« bedeutet, sondern eine geistige Haltung, ein *Sich-zur-Welt-Verhalten* meint, »dem es einzig darum zu tun ist, daß die Dinge sich so

---

413 Die Bibel: Das Buch der Weisheit 7, 7, 21–24.
414 Johannes B. Lotz, Von Liebe zu Weisheit. Grundströmung eines Lebens, Frankfurt a. M.: Josef Knecht Verlag 1987, S. 15 f.
415 Ebenda, S. 16.

zeigen, wie sie sind – welches Sich-zeigen das Eigentliche von Wahrheit ausmacht. Auf Wahrheit gerichtet zu sein und auf nichts sonst, dies sei das Wesen der *theoria*, so sagt in seiner *Metaphysik* Aristoteles.«[416] Und er fügt später hinzu: »Es ist also gerecht, nicht nur denen dankbar zu sein, deren Ansichten man zustimmt, sondern auch denen, die ihre Ansichten mehr an der Oberfläche gehalten haben. Denn auch diese haben etwas zur Wahrheit beigetragen. Sie nämlich haben unsere Fähigkeit vorgeschult.«[417] Es ist m.E. im Leben eines Menschen höchst erstaunlich, wie er durch die *Ansichten* anderer vorgeschult, gelehrt, unterrichtet und so zur Wahrheit hingeführt wird.

Der Begriff der *Philosophia perennis* stammt zwar aus dem 16. Jahrhundert[418], aber die Sache, die damit gemeint ist, war schon der klassischen griechischen Philosophie bekannt, wie soeben angedeutet wurde. Wenn Philosophie als Metaphysik auftritt und somit den Anspruch erhebt, »die zum Menschsein gehörigen *überzeitlichen* Wahrheiten von Gott, Freiheit und Unsterblichkeit zu entfalten, wäre sie ohne die Übereinstimmung mit einer großen Tradition, in der diese übergeschichtlichen Wahrheiten tatsächlich gelehrt wurden, unglaubwürdig. Da man sich andererseits in gewandelter geschichtlicher Situation die Tradition nicht zu eigen machen kann, ohne aus ihr etwas Eigenes zu machen, (...) kann und muß sich mit der Anerkennung einer *Philosophia perennis*, d.h. bleibender Wahrheiten in der kontinuierlichen Tradition der Philosophie, Aufgeschlossenheit für neue Fragen der eigenen Zeit und

---

[416] Josef Pieper, Was heisst akademisch? Zwei Versuche über die Chance der Universität heute, In: Werke in acht Bänden, hrsg. v. Berthold Wald, Hamburg: Felix Meiner Verlag 1999, S. 77, Band 6. (In der alten Ausgabe, München: Kösel Verlag 1964, S. 19.)

[417] Aristoteles, Metaphysik 993b.

[418] Es war Augustinus Steuchus (1496 – 1548), Bischof von Kissamos (auf Kreta) und Bibliothekar der Vatikanischen Bibliothek, der 1540 sein bedeutendstes Werk *De perenni philosophia* veröffentlicht hat. Ausgehend von einem christlich gedeuteten Platonismus suchte er, die Übereinstimmung der Weisheit der Antike mit der Weisheit des Christentums nachzuweisen. (Vgl. Lexikon für Theologie und Kirche, Freiburg: Herder Verlag 1986, Band 9, Sp. 1063. (Sonderausgabe)

für den stets möglichen Fortschritt des philosophischen Gedankens verbinden.«[419]

Drei Kerngedanken des griechischen Philosophen *Heraklit* (550–480 v. Chr.) seien dem Gesagten gleich hinzugefügt.

»Mit dem sie am engsten verkehren, dem *Sinn*, von dem kehren sie sich ab, und worauf sie täglich stoßen, das erscheint ihnen fremd« (*Heraklit*, B 72). Deshalb sind diese Menschen wie taub: hören, aber verstehen nicht. Der Spruch bezeugt's ihnen: Anwesende sind abwesend« (B 34).

»Verständiges Denken ist höchste Vollkommenheit, und die Weisheit ist, Wahres zu sagen und zu tun nach dem Wesen der Dinge, auf sie hinhorchend« (B 112).

»Um beim Reden Verständiges zu meinen, muß man sich stützen auf das dem All Gemeine, wie auf das Gesetz die Stadt sich stützt, und viel stärker noch. Nähren sich doch alle menschlichen Gesetze von dem Einen, dem Göttlichen: denn das herrscht soweit es will und reicht hin im All und setzt sich durch« (B 114).[420]

In Analogie zu diesen Worten von *Heraklit* läßt sich eine sinnvolle Variation formulieren: Alle menschlichen Wahrheiten nähren sich doch von der Einen, ewigen, der [göttlichen] Ur-Wahrheit, die hineinreicht ins All und sich dort überall durchsetzt, wo wahrhaftig lebende und nach der Erkenntnis der Wahrheit strebende Menschen der Anerkennung dieser einen Ur-Wahrheit fähig sind. Der heutige Zeitgeist scheint aber nicht gerade zu fördern, wenn man vom Streben nach *der* Wahrheit bzw. vom Erkennen und vom Empfinden *der* einen Ur-Wahrheit zu sprechen wagt. Wie auch *Karl Rahner* (1904–1984), der bedeutende Philosoph und Theologe einmal schrieb: »Man beschäftigt sich [heute] mit vielen Erkenntnissen in vielen Wissenschaften, man sucht also nach Wahrheiten im Plural, [und] nicht so sehr nach *der* Wahrheit schlechthin, die nach der

---

[419] L. Oeing–Hanhoff, Philosophia perennis, in: LThK, Band 8, Sp. 471 f.

[420] Heraklit, Fragmente. Griechisch und Deutsch, hrsg. v. Bruno Sell, Zürich: Artemis & Winkler Verlag 1995, 11. Auflage.

Schrift uns frei macht; man fragt darum heute eher nach dem Sinn in der Einzahl.«[421]

Nach Wahrheit (Singular) und nach Wahrheiten (Plural) zu fragen, ist gewiß legitim, zulässig und sinnvoll, genauso wie es angemessen ist in der Logotherapie nach diesem einen konkreten Sinn zu fragen, der diesen einen konkreten Menschen in seiner einmaligen Situation angeht. Mit Bezug auf Wahrheit und Wahrheiten: Man denke nur an die konvergierenden religiösen Wahrheiten (und an die Weisheit) aller Kulturen. Man denke, im Sinne von *Karl Jaspers*, nur an das über den zeitlichen Abstand hinweg geführte Gespräch zwischen den großen Philosophen oder an die bleibenden Wahrheiten der philosophischen Tradition, die trotz geschichtlicher Wandlungen, – trotz der Formen, in denen sie in Erscheinung getreten sind, – durch wesentliche Kontinuität der *Übereinstimmungen* – vor allem in ethischen Fragen – gekennzeichnet sind.

Es ist jedoch *eine* Sache, die eine ewige *Urquelle* alles »Wahren«, die ewige WAHRHEIT als das allem Scheinen entrückte »*Sein*« zu suchen, und es ist eine *andere* Sache, unzählige *Wahrheiten*, die ihr ewiglich neu und gar wechselbereit *entströmen*, zu erkennen. Letzteres ist der Weg der Religionen und wohl auch der Philosophien.

Im ersten Sinn ist und bleibt WAHRHEIT nur im reinen »*Sein*« *unwandelbar in sich selbst*, in sich selbst begründet, aus sich selber quellend, aber *unendlichfältig* stellt sie sich in *Raum und Zeit* dar.[422] Die obige Unterscheidung läßt sich auch so ausdrücken: WIRKLICKEIT und Darstellung der Wahrheit (in einer philosophischen oder theologischen Kleidung, oder in Form einer Weisheitsgeschichte) sind Zweierlei. Diesen entscheidenden Unterschied läßt folgende Weisheitsgeschichte erahnen:

Uwais, der Sufi, wurde einmal gefragt: »Was hat Euch die Gnade gebracht?«

---

[421] Karl Rahner, Die Sinnfrage als Gottesfrage, in: Schriften zur Theologie, Bd. 15, S. 195.

[422] Vgl. Bô Yin Râ, Der Sinn des Dasein, Bern: Kober Verlag 1981, S. 125. (3. Aufl.)

Er antwortete: »Wenn ich morgens erwache, fühle ich mich wie ein Mensch, der nicht sicher ist, ob er den Abend erleben wird.«

Sagte der Fragende: »Aber geht es nicht allen Menschen so?«

Sagte Uwais: »Sicher. Aber nicht alle fühlen es.«

Noch nie wurde jemand davon betrunken, daß er das Wort WEIN mit dem Verstand erfaßt hat.[423]

Oder wiederum anders ausgedrückt:

»Wahrheit« und substantiell-geistige »Wirklichkeit« sind *nicht* das Gleiche, auch wenn alles *Wahre* im *Wirklichen* gründet! Dieses wörtliche Zitat von Bô Yin Râ[424] ist durchaus kein Spiel mit Worten. Er expliziert das Gemeinte so:

»Wahrheit ist immer ein *Bild* der Wirklichkeit, wenn auch – dem Anspruch des Wortes nach – unter allen Umständen ein klargeprägt ›ähnliches‹ Bild, bei dem nur solche ›Retouchen‹ mit Stichel und Schabeisen in Kauf genommen werden können, die dazu dienen, eben diese ›Ähnlichkeit‹ noch *zu vertiefen und klarer zutage zu bringen*. Während dieses Bild aber immer ›Bild‹ bleibt und niemals *die ewige substantiellgeistige Wirklichkeit selbst* ist, bleibt diese ewig die *Ursache* jeglicher Wahrheitserkenntnis.«[425]

Die Hervorhebungen im Text bedeuten, wie immer bei Bô Yin Râ, besondere Betonungen, die empfunden werden wollen, wie in der Musik das Zeichen *crescendo*. So ist mit der Formulierung »geistsubstantielle Wirklichkeit«: – das auf Erden mit irdischen Sinnen *Unwahrnehmbare*, in sich selbst *Lebendige* und jederzeit *Ewige* gemeint, das, was Jesus »das Reich der Himmel« nennt: »– das alle Dauer in sich allein umschließende Reich des substantiellen [wesenhaften] Geistes, der die einzige unausschöpfbare Fülle aller Kräfte ist.«[426]

Damit diese wesenhaft geistige Seins-Fülle nicht verwechselt werden kann, wird noch gesagt: All das hat nichts mit dem »Denken« zu tun, all das ist *nichts* Erdachtes, »sondern ewigkeitsgezeugter ›Raum‹. Weniges steht dem inneren Auffinden dieser *ewi-*

---

423 Anthony de Mello, Warum der Vogel singt. Geschichten für das richtige Leben, Freiburg: Herder Verlag 1988, S. 14. (6. Aufl.)

424 Bô Yin Râ, Hortus Conclusus, Bern: Kober Verlag 1979, S. 79. (2. Aufl.)

425 Ebd.

426 Ebd., S. 80.

gen Wirklichkeit hindernder und bösartiger im Wege, als der schauerlich verhängnisvolle Gebrauch, das Wort ›Geist‹ anzuwenden, wenn von irgendwelchen Äußerungen des menschlichen *Gehirns*: – von Gedanken und Gedankenverknüpfung, ›Gedankenleben‹ und Denkerarbeit die Rede sein soll. Wenn man diesen, durch die Tätigkeit des irdisch-physischen Gehirns emporgewirbelten Gedankenrauch als ›Geist‹ zu bezeichnen gewohnt ist, dann hält es wahrhaftig schwer, sein Bewußtsein aufnahmebereit zu machen für den ›creator spiritus‹, den Schöpfergeist der Ewigkeit, der das aus sich selber souveräne ›ewige Leben‹ *ist* und alles in seinem substantiellen Sein umfaßt, was seines Reiches Zeugung darstellt, aber nichts in sich aufnimmt, was nicht in Ewigkeit aus ihm hervorgegangen war.«[427]

Kann man das Gesagte nur »bedenken«, ohne es zu *fühlen*? Hier »spricht« *mehr* als Sokrates und Platon! Das Begreifen und die Empfindung der hier im Medium des Wortes dem Suchenden entgegentretenden *Wahrheit* ist nur deshalb möglich, weil der Suchende »etwas« aus der Seins-Fülle des ewigen, wesenhaften Geistes *in sich selbst* trägt. Aus dem eigenen, unzerstörbaren, heilen Geistigen kann der Erdenmensch den »Einklang« empfindend erkennen mit dem, was hier ausgesagt ist.

Eine weitere Begebenheit nun soll unsere Annäherungsversuche an die Wahrheit und die Wahrheiten erhellen.

Zu den Zeiten des *Kung fu tse* (Konfuzius, etwa 551–479) lebte im Reiche der Mitte ein wundersamer Weiser, namens *Lao tse* (604–520). Konfuzius, der große Lehrer der Gesetze des glücklichen Lebens, hörte von ihm und machte sich auf, *Lao tse* zu besuchen. Von diesem Besuch zurückgekehrt, ging Konfuzius drei Tage lang schweigend umher, so daß seine Schüler sich sehr verwunderten. Schließlich wagte ein Schüler *Konfuzius* zu fragen, weshalb er so unausgesetzt schweige? Worauf er zur Antwort gab:

»Wenn ich bemerke, daß ein Mensch sich seiner Gedanken bedient, um mir wie der *Vogel* im Fluge zu entwischen, so bediene ich

---

[427] Ebd., S. 80 f.

mich meiner Gedanken, wie man sich eines Pfeiles bedient, den man vom Bogen schnellt. Unweigerlich treffe ich einen solchen Menschen und werde seiner Meister. –

Will er mir aber entwischen, wie ein hurtiger *Hirsch*, so verfolge ich ihn wie ein geschickter Jagdhund, hole ihn sicher ein und werfe ihn nieder. –

Will er mir entwischen wie ein *Fisch*, der sich in die Tiefe gleiten läßt, so werfe ich meine Angel aus, fange ihn und bringe ihn in meine Gewalt. –

Ein Drache aber, der in die Wolken steigt und in der Luft schwebt, – den kann ich *nicht* verfolgen!

Ich habe *Lao tse* gesehen und er ist wie der *Drache*!

Als er sprach, blieb mein Mund offen und ich vermochte ihn nicht wieder zu schließen. –

Meine Zunge hing mir vor Erstaunen aus dem Munde und ich konnte sie nicht zurückziehen. –

Meine Seele aber wurde aufgeregt und ist noch nicht wieder ruhig geworden!«

Diese, in den chinesischen Schriften überlieferten Worte sprechen deutlich genug von dem ungeheuren Eindruck, den die geistige Weisheit *Lao tses* auf Konfuzius machte. Dieser war, auf seine Art, wahrlich ein Weiser, ein Philosoph, der aber nur den Bereich des *Intellekts* [die Verstandeskräfte] beherrschte, während *Lao tse* hoch *über* allem intellektuellen Wissen seine *geistige Heimat* fand.[428]

Es genügt, einmal das Werk von Lao tse »*Tao te king*« zu lesen, um sofort erspüren zu können: Hier »spricht« wieder ein Geistgeeinter »*Wahrheiten*« und *urtiefe Weisheit* aus, die in den herkömmlichen Philosophien, seien sie asiatisch oder abendländisch, *so* nicht anzutreffen sind.

Es ist *eine* Sache, eine »Wahrheit« aus der anderen zu *erschließen*, wie es im verstandesbedingten, diskursiven, irdischen Erkennens-Versuch der Fall ist, und es ist eine *ganz andere* Sache, *Wahrheiten* als *Wirklichkeiten* im Geiste zu schauen. *Dieses* Letztere hat

---

[428] Bô Yin Râ, Das Mysterium von Golgatha, Bern: Kober Verlag 1992, S. 19–21. Zitat etwas abgekürzt – O. Zs.

Konfuzius in der Begegnung mit *Lao tse* erlebt. Diese existentielle Erkenntnis hat ihn so erschüttert, daß er drei Tage schweigen mußte. Der wahre Philosoph, da er die Liebe zur Weisheit lebendig in sich selbst erlebt, ist empfänglich für die durch den geistig Weisen – durch den geistigen Meister – in Erscheinung tretende Wahrheit. In seinem eigenen SELBST, in seinem eigenen ewigen ICH nur kann jeder Philosoph wie jeder andere Mensch jene Wahrheiten erfassen, die, um zwei Beispiele zu nennen, bei Jesus von Nazareth und auch bei Lao tse *offenbar* worden sind, wenn auch freilich die *Formen* der Offenbarung sehr unterschiedlich sind, beim einen wie beim anderen bedingt durch *Zeit* und *Umstände*.

Das erste Beispiel, das zu fassen gilt, will man einer Wahrheit auf die Spur kommen, ist die jesuanische Verkündigung im Gespräch mit der Frau am Jakobsbrunnen:

»Es kommt die Stunde, und sie ist jetzt da, wo die wahren Anbeter den Vater im Geist und in der Wahrheit anbeten werden.« (Joh 4,23)

Nicht nach der Methode der Bibelwissenschaften und der Exegese ist der Inhalt dessen zu eruieren, was hier *Geist* und *Wahrheit* bedeuten. Das wäre freilich *ein* Weg der Wahrheitssuche und der Wahrheitsfindung – im Medium der Exegese. Ein *anderer* Weg ist es, wenn man auf seine innerste Erfahrung, auf sein innerstes Erleben bezüglich dessen achtet, wie Geist und Wahrheit *empfunden* werden, *vor* aller intellektuellen Reflexion. Wenn man sich darauf einläßt, – im wachen Zustand sich einer geistigen Versenkung hingibt, – dann geht es einem auf: Das ewige Geist-Ich in uns ist der einzig zugängliche »Ort«, wo die Anbetung des »Vaters« sich vollziehen kann. Das ewige Geist-Ich ist der »Ort«, wo der Erdenmensch seiner unvergänglichen Geistigkeit gewahr wird und sich an den Ursprung zurückbindet (*religo*, *religare* Religion. Oder nach Cicero *religere* im Gegensatz zu *negligere*, vernachlässigen, also das, was nicht vernachlässigt werden kann.)

Das zweite Beispiel hat mit dem Wort *Tao* zu tun, und ich muß hier einige Vorbemerkungen machen, um auf den Kernpunkt zu kommen. Wie unser abendländischer Begriff vom »Logos«, so hat auch das Wort *Tao* mehrere Bedeutungen und dementsprechend

230

sind auch verschiedene, gute Übersetzungen möglich, wie z. B.:
Weg, Sinn, Bahn, Weltgrund, ewiges Gesetz. *Tao* und *Te* heißen:
»Weg und dessen Wirkkraft«.

Und *Tao te king* kann übersetzt werden als:
Der Weg, die Wahrheit und das Licht (Hartmann). Oder: Vom
Sinn und Leben (Wilhelm). Oder: Die Bahn und der rechte Weg
(Ular). Oder: Das Buch vom Alten vom Weltgrund und die Welt-
weise (Kremsmayer). Und schließlich:
Der Anschluß an das Gesetz (Dallago).[429]

Als in deutscher Sprache Lesender muß man sich freilich für *eine*
Übersetzung entscheiden. Geht man nun textkritisch vor, mit dem
Verstand danach suchend, welche der Übersetzungen die richtige
ist, kann man ein Leben lang studieren und dabei sehr spannende
Tage und Jahre erleben. Geht man aber mit dem geistigen Einfühlungsvermögen an den Text heran – durch *eine* deutsche Übersetzung, die man sich ausgesucht hat oder die einem empfohlen wurde, – dann, entdeckt man, vom Text geführt, in sich selbst zumindest eine *Wahrheit*. Und *die* ist im folgenden Text verborgen:
»Der rechte Mann, der Vollendete
läßt vom Schein und hält sich an das Sein;
er entzieht sich der Teilheit und bringt sich zum Ganzen;
er geht in sich hinein und entläßt das Außen.«[430]

Die lokale Färbung der Redeweise – die Form der Darstellung der
Wirklichkeit – mag verschieden sein, je nach der Sprache und
Kultur, in der der Weise heimisch ist und sich ausdrückt, doch die
geistige *Ein-Sicht* kann sehr wohl in dieser oder jener Sprache
vermittelt werden. Gewiß trägt die Form die *individuelle Sonderart*
des wirkenden Meisters in sich, doch was er in der Form der *Wahrheit nach* »transportiert«, kann erfühlt werden. Darum gibt Bô Yin
Râ den Rat, man möge erwägen, »daß jede Wahrheit in Raum und

---

[429] Vgl. Florian C. Reiter, Lao-Tzu zur Einführung, Hamburg: Junius 1994.
Und: Lukas Wackerle, Versuch einer Einführung in Tao-Te-King von Lao
tse an Hand der Übertragung durch Carl Dallago, Manuskript 1951, hrsg. v.
Hans Wackerle

[430] Lao tse, Tao Te king, Achtunddreißigster Spruch. Nach der Übertragung
von Carl Dallago. Zitiert nach dem Manuskript von Lukas Wackerle
1950/51, S. 12. (Hrsg. v. Hans Wackerle)

Zeit *ihre eigene Formung* hat, und nur umfaßt, was *ihrer* Formung entspricht.«[431] Für einen jeden gibt es jene *eine* Wahrheit, – aus dem Urgrund alles »Wahren«, – die er *fassen* kann: *die Wahrheit seiner selbst*.[432] Deshalb müssen in vielen Offenbarungstexten viele Formen der einen Wahrheit zum Vorschein kommen.

Da »Mannigfaltigkeit ein Charakteristikum göttlich-geistigen Lebens ist, so ist auch Mannigfaltigkeit seelischer religiöser Formen und Auffassungen ewiger göttlicher Ordnung gemäß.«[433] Und so ist es auch adäquat von *Wahrheiten* zu sprechen.

Von daher versteht man plötzlich, warum ein Mensch, den unzählige Wahrheiten von allen Seiten *umströmen*, und die ihm »*fremd*« erscheinen, *seine eigene* tiefste Wahrheit bedroht fühlt. Er erlebt dann: Diese »fremde« Wahrheit ist nur schwer mit *meiner* Wahrheit vereinbar.

Diese tatsächlich reale Schwierigkeit verschwindet aber, wenn der Mensch von Grund aus *wahrhaft* ist und bleibt in seinem Denken, Reden und Handeln. In seinem Wahrhaftigsein wird er die vorher ihm als »fremd« erscheinende Wahrheit eingewoben in die Wahrheit seiner selbst erfassen *können*. Erstaunlich und doch nachvollziehbar ist, wenn Bô Yin Râ folgendes bewußt macht:

»Ein jeder Erdenmensch trägt *alle* unendlichfältigen Formen der Wahrheit verhüllt in sich selbst, aber nur eine dieser Formen kann sich in ihm *entfalten*, kann ihm *Gewißheit* und *Bestimmtheit* geben! (...) Die aber *findet* er, wenn er durchaus *wahr* wird in allem *Denken*, *Reden* oder *Tun*, – in aller Äußerung des Lebens! Was dann in *seiner* Wahrheit Licht sich ihm als *wahr* erweist, das wird wahrlich Wahrheit *sein*, denn Trug und Lüge haben keine Macht, wo eines Menschen eigene Wahrheit Leitstern seines Daseins wurde.«[434]

Auf dem Weg durch das Leben trifft man immer wieder auf Menschen, die so stark im *Banne* gewisser Wahrheiten sind, daß sie

[431] Bô Yin Râ, Der Sinn des Daseins, S. 127.
[432] Ebd., S. 126.
[433] Bô Yin Râ, In eigener Sache – Eine Richtigstellung vieler Fehlmeinungen, Bern: Kober Verlag 1990, S. 27. (2. Aufl.)
[434] Bô Yin Râ, Der Sinn des Daseins, S. 128 f.

keine andere Wahrheit daneben gelten lassen können. Gerade die Liebe zur Weisheit – die Philosophie – und das vorhin genannte Wahrhaftig-sein aber lehren den Suchenden, keine Ungeduld aufkommen zu lassen. Jeder kann auf seinen Weg doch noch zu seiner *eigenen* Mittelpunktswahrheit finden, und bei manchen ist es ein längerer Prozeß, vor sich selber *wahr* zu werden.[435]

Wahr werden und wahr sein in sich selbst bedeutet vor allem: Sammlung und Zügelung seiner Gedanken, »damit sie nicht, durch *Wunsch*, *Furcht* oder *Träumerei* verleitet, die nüchterne Straße sachlicher Erkenntnis verlassen und in ungewisse Weiten schwärmen.«[436]

Das Wahrgewordensein in *Gedanken* bringt es mit sich, so Bô Yin Râ, daß ein Mensch auch in seiner *Rede* und *Tat* Zeugnis gibt von seiner Wahrheit. Die neuen *Wahrheiten*, denen er dann tagtäglich begegnet, werden ihm nicht mehr »*fremd*« erscheinen, wie früher. Der Mensch macht plötzlich die Entdeckung, daß die Wahrheit der anderen auch zu ihm gehört, wenn freilich nur als eine *Nebenwahrheit* und nicht als *seine eigene Mittelpunktswahrheit*. So wird er erkennen, »daß die *absolute* Wahrheit, die *allein* sich selber ›*fassen*‹ kann, in *unzählbaren* Formen sich der Fassungskraft des *Menschen* offenbart, und daß auch noch die *fernste* dieser Formen *Licht* von *ihrem* Lichte enthält.«[437]

Die mit dem Begriff der »Hierarchie der Wahrheiten« (Karl Rahner) gemeinte Sache hat nicht nur innerhalb einer konfessionell verfaßten Religion ihren Sinn, sondern ist im Lichte des oben Ausgeführten *Fundament* des zwischenmenschlichen Dialogs im Alltag wie auch der Toleranz zwischen den Religionen.

Der Begriff der Hierarchie der Wahrheiten verweist auf eine Hierarchie des Geistigen. Das heißt aber: Will ein Mensch der Wirklichkeit in sich selbst begegnen, dann wird er *achten müssen, was*

---

[435] Vgl. ebd., S. 131.

[436] Ebd., S. 134 f.

[437] Ebd., S. 136 f. An einer anderen Stelle heißt es: »Das *absolute* Wirkliche ist nur in *seelischen* und *geistsubstantiellen* Formen seinsgewaltig.« (Bô Yin Râ, Das Gespenst der Freiheit, Bern: Kober Verlag 1990, S. 166. 3. Aufl.)

die Wirklichkeit ins Dasein rief![438] Denn: *Nicht er, der Mensch hat zu bestimmen, auf welche Weise Gott ihm bewußt werden solle, sondern: – Gott!! – – –*[439] Und von Gott geht eine unendliche geistige Hierarchie aus, die in den und durch die *Leuchtenden des Urlichtes* den Erdenmenschen erreicht.

Hat der Erdenmensch über jedes Vorstellungsbild hinaus einmal erlebt, »*was Gottheit in sich selber ist von Ewigkeit zu Ewigkeit*«,[440] – was niemals ohne Vermittlung der geistigen Hierarchie möglich wäre, – dann erst hat er jeden Zweifel für immer hinter sich gelassen.

Das heißt: »So wie ein Licht, entzündet in einer bunten Lampe, der bunten Scheiben Farben zeigt und dennoch *sich selbst* im Innern der Lampe *nicht färbt*, so tritt die *Gottheit* in *das Innerste des Menschen* ein, – bekundet sich in ihm in seiner individuellen Weise, und bleibt doch was sie ewig war und ist. In solcher Wirklichkeit mit seinem Urgrund eng vereinigt, erkennt des Menschen irdisches Bewusstsein erst die *wirkliche* Wahrheit und dieser ewigen Wahrheit *Wirklichkeit*! (...)

Nur der allein, der in solcher Weise seinen *lebendigen Gott* in sich erlebte, *weiss* in *gewissem Wissen* um *Gott*, so wie auch er *allein* erst um *sich selber* in *gewissem Wissen* weiss! – – –

Doch ist auch diese hohe Stufe erst nur *Vorbedingung* aller *weiteren Entfaltung* in der geistigen Welt. (...)

Verbrechen ist es, von *Gott* zu reden, und sei es in den wundersamsten Worten, so der Redende *diese* Stufe nicht mit aller Sicherheit unter seinen Füssen weiß!! –«[441]

Diese Stufe aber zu erreichen, ist unmöglich, ohne *der Führung der älteren Menschenbrüder aus dem Geiste* her *bewußt zu sein* ...[442]

Sie bemühen sich um die Erweckung der Fähigkeit des Erdenmenschen, ewiges Göttlich-Geistiges wieder sich vorstellen zu können. Diese Fähigkeit aus aller Überwucherung herauszuholen

---

[438] Bô Yin Râ, Der Weg zu Gott, Bern: Kober Verlag 1994, S. 51. (4. Aufl.)
[439] Ebd., S. 52 f.
[440] Ebd. S. 47 f.
[441] Ebd., S. 49.
[442] Vgl. ebd. 50.

234

und zu neuem Leben zu erwecken, war und *ist* ein wesentliches Ziel des geistigen Lehrwerks von Bô Yin Râ. Er spricht deshalb vielfach »von dem ›*Wiedererlangen*‹ der Fähigkeit, substantiell Göttlich-Geistiges zu erleben, weil jeder mit gesundem irdischen Organismus geborene Erdenmensch sie in den Zeiten seiner frühen, zum Bewußtsein erwachten Kindheit in mehr oder weniger ausgebildeten Maße *besaß*, bis sie ihm dann infolge des immer stärker auf ihn einstürmenden Zwanges, sich durch die physisch-sinnlich wahrgenommene *Außenwelt* bedingte Vorstellungen zu bilden, allmählich abhanden kam.

Hier ist der *tiefste* Sinn des geheimnisvollen Wortes gegeben:

›*So ihr nicht werdet wie die Kinder, könnt ihr nicht in das Reich Gottes eingehen!*‹

Den *Kindern* ist noch das Himmelreich *offen*, und sie erfassen davon, was ihrer Fassungskraft erlangbar ist, weil sie noch die Fähigkeit besitzen, von der Außenwelt unbehelligte Vorstellungen des substantiellen ewigen Geistes bilden zu können, frei nach ihrer Art!«[443]

Die Wirkung *dieser* Fassungskraft, welche sich geradezu in *kindlicher Naivität* auch in melodischen Formen kundtut, ist unmißverständlich hörbar und vernehmbar *in der Musik* von *Wolfgang Amadeus Mozart*, aber nicht nur bei ihm. *Diese* Fassungskraft des substantiellen Göttlich-Geistigen drängte auch *Beethoven*, als er die Worte niederschrieb:

»Wenn ich die Augen aufschlage, so muß ich seufzen, denn was ich sehe, ist gegen meine Religion, und die Welt muß ich verachten, die nicht ahnt, daß Musik höhere Offenbarung ist als alle Weisheit und Philosophie.«[444]

Diese höhere Offenbarung ist im geistigen Lehrwerk von Joseph Anton Schneiderfranken Bô Yin Râ, geschrieben in deutscher Sprache, erkennbar. Die Saiten auf der Harfe sind nun gestimmt. Ihr eigenes Lied wird die Seele selber spielen müssen.

---

[443] Bô Yin Râ, Nachlese, Band I, Bern: Kober Verlag 1990, S. 157 f.
[444] In: Klaus Derick Muthmann (Hg.), Musik und Erleuchtung. Der Weg der großen Meister, München 1984, S. 29.

LITERATURVERZEICHNIS

(Angegeben ist hier das Jahr des Erstdrucks und/oder der autorisierten Endfassung)

Primärquellen
Das geistige Lehrwerk von Bô Yin Râ besteht aus folgenden 32 Büchern:

Das Buch der königlichen Kunst (1913/1932)
Das Buch vom lebendigen Gott (1919/1927)
Das Buch vom Jenseits (1920/1929)
Das Buch vom Menschen (1920/1928)
Das Buch vom Glück (1920)
Der Weg zu Gott (1924)
Das Buch der Liebe (1922/1931)
Das Buch des Trostes (1924)
Das Buch der Gespräche (1920)
Das Geheimnis (1923)
Die Weisheit des Johannes (1924)
Wegweiser (1928)
Das Gespenst der Freiheit (1930)
Der Weg meiner Schüler (1932)
Das Mysterium von Golgatha (1922/1930)
Kultmagie und Mythos (1924)
Der Sinn des Daseins (1927)
Mehr Licht (1921/1936)
Das hohe Ziel (1925)
Auferstehung (1926)
Welten (1922)
Psalmen (1924)
Die Ehe (1925)
Das Gebet/So sollt ihr beten (1926)
Geist und Form (1924)
Funken/Mantra-Praxis (1922)
Worte des Lebens (1923)
Über dem Alltag (1934)

Ewige Wirklichkeit (1934)
Leben im Licht (1934)
Briefe an Einen und Viele (1935)
Hortus conclusus (1936)

An das Lehrwerk anschließend:
Kodizill zu meinem geistigen Lehrwerk (1937); *Marginalien* (1938); *Über die Gottlosigkeit* (1939); *Geistige Relationen* (1939); *Mancherlei* (1939); *Aus meiner Malerwerkstatt* (1932); *Das Reich der Kunst* (1921/1933); *Okkulte Rätsel* (1923); *In eigener Sache* (1935).

Postum herausgegeben:
Nachlese. Gesammelte Prosa und Gedichte aus Zeitschriften (1953). Erweiterte Neuausgabe in zwei Bänden (1990):
Band I, Gesammelte Prosa und Gedichte aus Zeitschriften
Band II, Gesammelte Texte aus Zeitungen und Zeitschriften

Sämtliche Schriften von Bô Yin Râ erscheinen seit 1927 ohne Unterbrechung im Kober Verlag AG in Bern (Schweiz). Die verschiedenen Übersetzungen in die Sprachen Französisch, Englisch, Holländisch, Dänisch, Schwedisch, Spanisch, Portugiesisch, Polnisch, Rumänisch, Ungarisch, Tschechisch, Bulgarisch, Finnisch, Estnisch und Russisch erscheinen in diversen Verlagen der jeweiligen Länder.

Sekundärliteratur

Adorno, Theodor, W., Beethoven. Philosophie der Musik. Fragmente und Texte hrsg. v. Rolf Tiedemann, Frankfurt/Main: Suhrkamp, (2. Aufl.)

Adorno Th./E. *Kogon*, Offenbarung oder autonome Vernunft, in: Frankfurter Hefte 13 (1958)

Aristoteles, Metaphysik. Übersetzt und herausgegeben von Franz F. Schwarz Stuttgart: Philipp Reclam 1984

Augustinus, Aurelius, Confessiones/Bekenntnisse. Zweisprachige Ausgabe, aus dem Lateinischen von Joseph Bernhart, Frankfurt/Main: Insel Taschenbuch 1987

Bernoulli, Carl Albrecht über Bô Yin Râ. Separatdruck eines Aufsatzes, der ursprünglich in der literarischen Beilage der *National-Zeitung*, Basel 1924
Ders., Bô Yin Râ: Das Gespenst der Freiheit, 1930, Rezension in: Blätter für Deutsche Philosophie 4, 1930
Böhme, Jakob, Das Fünklein Mensch. Ausgewählte Texte. Hrsg. v. José Sánchez de Murillo, München: Kösel Verlag 1997

Claret, Bernd, J., Geheimnis des Bösen. Zur Diskussion um den Teufel, Innsbruck–Wien: Tyrolia Verlag 1997
Cusanus, Nicolaus, »Idiota de sapientia« (Der Laie über die Weisheit). Die zweisprachige Ausgabe, hrsg. v. R. Steiger, Hamburg 1988
Die Bibel, (Jerusalemer Bibel)

Frankl, Viktor, Logos und Existenz, Wien: Amandus Verlag 1951
Ders., Der unbewußte Gott. Psychotherapie und Religion, München: Kösel Verlag 1988
Ders., Der leidende Mensch, München/Zürich: Piper Verlag 1990
Ders., Ärztliche Seelsorge, Frankfurt/Main: Fischer Verlag 1987
Ders., ... trotzdem ja zum Leben sagen. Ein Psychologe erlebt das Konzentrationslager, München: DTV Verlag 1999 (18. Auflage!)
Goethe, Gespräch mit Eckermann, 29. Januar 1827, in: Goethes Gedanken über Musik, hrsg. v. Hedwig Walwei-Wiegelmann, Frankfurt/Main: Insel Taschenbuch 1985
Guardini, Romano, Die Lebensalter, Mainz: Topos Taschenbuch Verlag 1990

Heraklit, Fragmente. Griechisch und Deutsch, hrsg. v. Bruno Sell, Zürich: Artemis & Winkler Verlag 1995, 11. Auflage.
Hildesheimer, Wolfgang, Mozart. Frankfurt: Suhrkamp Taschenbuch 1980

Hirschberger, Johannes, Geschichte der Philosophie, Freiburg: Herder Verlag 1991, Band 1, (Sonderausgabe der 14. Auflage)

Kober-Staehelin, Alfred, Meine Stellung zu Bô Yin Râ, Nachdruck/Flugschrift beim Kober Verlag 1930
Ders., Weshalb Bô Yin Râ? 1932

Lao tse, Tao-Te-King. Vortrag von Lukas Wackerle, Versuch einer Einführung in Tao-Te-King von Lao tse an Hand der Übertragung durch Carl Dallago, Manuskript 1951 (hrsg. v. Hans Wakkerle)
Lapide, Pinchas, Es geht um die Entfeindungsliebe. Realpolitik, wie sie die Bergpredigt eigentlich meint, in: Lutherische Monatshefte, (20) 1981
Lewis, Clive Staples, Dienstanweisung für einen Unterteufel, Freiburg: Herder Verlag 1975
Lienert, Otto G., Weltwanderung. Bô Yin Râ (Joseph Anton Schneiderfranken 1876–1943). Lehre und Biographie, Bern: Kober Verlag 1994
Lotz, Johannes, B., Von Liebe zu Weisheit. Grundströmung eines Lebens, Frankfurt a. M.: Josef Knecht Verlag 1987

Martini, Carlo Maria/*Eco*, Umberto, Woran glaubt, wer nicht glaubt? Mit einem Vorwort von Kardinal Franz König, Wien: Paul Zsolnay Verlag 1998
Mello, Anthony, de, Warum der Vogel singt. Geschichten für das richtige Leben, Freiburg: Herder Verlag 1988, (6. Aufl.)
Metz, Johann Baptist, Theologie als Theodizee? In: Willi Oelmüller (Hrsg.), Theodizee – Gott vor Gericht?, München: Wilhelm Fink Verlag 1990
Muthmann, Klaus Derick (Hg.), Musik und Erleuchtung. Der Weg der großen Meister, München 1984

Nastali, Wolfgang, URSEIN – URLICHT – URWORT. Die Überlieferung der religiösen »Urquelle« nach Joseph Anton Schneiderfranken Bô Yin Râ, Münster: AT Edition 1999, (2. Aufl.).

Nuss, Max BÔ YIN RÂ, Herausgeber: Deutsche Bô Yin Râ-Stiftung, Darmstadt 1976

Oldenburg, Elisabeth von, Einblick in die uns durch **BÔ YIN RÂ** übermittelte Lehre der WIRKLICHKEIT von E. v. O., Basel 1924

Oeing-Hanhoff, L., Philosophia perennis, in: Lexikon für Theologie und Kirche, Freiburg: Herder Verlag 1986, Band 9, (Sonderausgabe)

Pieper, Josef, Begeisterung und göttlicher Wahnsinn, München: Kösel Verlag 1962

Ders., Theologie – philosophisch betrachtet (1964), in: Werke in acht Bänden, hier Band 7: Religionsphilosophische Schriften, hrsg. v. Berthold Wald, Hamburg: Felix Meiner Verlag 2000

Ders., Über die Platonischen Mythen, München: Kösel Verlag 1965

Ders., Philosophie, Kontemplation, Weisheit, Freiburg/Einsiedeln: Johannes Verlag 1991

Ders., Über den Philosophie-Begriff Platons, in: Werke in acht Bänden, hrsg. v. Berthold Wald, Hamburg: Felix Meiner Verlag 1995, hier Band 3: Schriften zum Philosophiebegriff

Ders., Gefährdung und Bewahrung der Tradition (1974), in: Werke in acht Bänden, hier Band 7: Religionsphilosophische Schriften, hrsg. v. Berthold Wald, Hamburg: Felix Meiner Verlag 2000

Ders., Glück und Kontemplation, in Werke in acht Bänden, hier Band 6: Kultur-philosophische Schriften, Hamburg: Felix Meiner Verlag 1999

Platon, Politheia (Der Staat). Deutsch von August Horneffer, Stuttgart: Alfred Kröner Verlag 1973

Rahner, Karl, Über die Erfahrung der Gnade, in: Schriften zur Theologie, Einsiedeln–Zürich–Köln: Benziger Verlag 1962, Band 3

Ders., Grundkurs des Glaubens. Einführung in den Begriff des Christentums, Freiburg: Herder Verlag 1976

Ders., Die Sinnfrage als Gottesfrage, in: Schriften zur Theologie, Bd. 15

Reiter, Florian, C., Lao-Tzu zur Einführung, Hamburg: Junius 1994

Rütter, Susanne, Herausforderung angesichts des Anderen. Von Feuerbach über Buber zu Lévinas, Freiburg München: Karl Alber Verlag 2000

Schiwy, Günter, Abschied vom allmächtigen Gott, München: Kösel Verlag 1996. (2. durchgesehene Auflage)

Schott, Rudolf, Bô Yin Râ. Leben und Werk, Bern: Kober Verlag 1979

Ders., Der Maler Bô Yin Râ, Bern: Kober Verlag 1997, (3. Aufl.)

Ders., Symbolform und Wirklichkeit in den Bildern des Malers Bô Yin Râ, Bern: Kober Verlag 1958/1975

Ders., BÔ YIN RÂ. Brevier aus seinem geistigen Lehrwerk. Zusammengestellt und eingeleitet von Rudolf Schott, Bern: Kober Verlag 1987, (3. Aufl.)

Spaemann, Robert, Personen. Versuche über den Unterschied zwischen ›etwas‹ und ›jemand‹, Stuttgart: Klett-Cotta Verlag 1996

Stege, Fritz, Musik, Magie, Mystik, St. Goar: Otto Reichl Verlag 1961

Winspeare, Robert, Bô Yin Râ und sein Werk, Leipzig: Richard Hummel Verlag 1930

Weingartner, Felix, Bô Yin Râ. Eine umfassende Darstellung der Lehre, Leipzig: Richard Hummel Verlag 1932

Weissmahr, Béla, Gottes Wirken in der Welt. Ein Diskussionsbeitrag zur Frage der Evolution und des Wunders, Frankfurt/Main 1973.

Ders., Philosophische Gotteslehre, Stuttgart: Kohlhammer Verlag 1994, (2. durchgesehene Auflage)

Zsok, Otto, Musik und Transzendenz. Ein philosophischer Beitrag zur Eruierung der geistig-spirituellen Inhalte der großen abendländischen Musik (Gregorianik, Bach, Beethoven und Mozart), St. Ottilien: EOS-Verlag 1998

PERSONENREGISTER

Die im Register aufgeführten Namen beziehen sich auf den Text und die Fußnoten. Der Name Bô Yin Râ wurde nicht extra genannt, da er auf beinahe jede Seite dieses Buches auftaucht. Die Bezeichnung »*Leuchtende des Urlichtes*« habe ich hierher gezählt, da sie große Bedeutung für das Verstehen des Lehrwerks hat.

Jaspers, Karl 200, 226

Jesus [Jehoschuah] 9, 16, 40, 47, 58, 79, 87, 93, 108, 128, 131, 133, 143, 188, 189, 191, 195, 197, 200, 206, 214, 227, 230

Johannes [Johannesevangelium] 47, 48, 58, 104, 120, 138, 182, 206, 237

Kant, Immanuel 149, 150

Klinger, Max 34, 84

Kober-Staehelin, Alfred 48, 67–71, 94, 240

Konfuzius 200, 228–230

Lao tse 9, 16, 43, 44, 79, 108, 143, 197, 200, 228, 229, 230, 231, 240

Lapide, Pinchas 189, 190f., 240

Leuchtende des Urlichtes 29, 38, 72, 108, 127, 142, 243

Lewis, Clive Staples 9, 10, 240

Lienert, Otto G. 51, 90, 93, 94, 117, 118, 119, 198, 240

Loos, Adolf 34

Lotz, Johannes B. 223, 240

Martini, Carlo Maria 170, 240

Meister Eckhardt 39, 104, 133, 203

Mello, Anthony de 227, 240

Metz, Johann Baptist 212, 240

Mozart, Wolfgang Amadeus 13, 14, 15, 16, 28, 30, 39, 40, 49, 63, 84, 88, 98, 108, 118, 135, 143, 173, 235, 239, 242

Michelangelo 17

Murillo, José Sánchez de 46, 47, 239

Muthmann, Karl Derick 235, 240

Nastali, Wolfgang 24, 51, 58, 90, 94, 95, 97, 104, 109, 132, 133, 143, 240

Nuss, Max 41, 90, 92, 93, 241

Oldenburg, Elisabeth von 64–67, 192, 193, 241

Paulus 47, 120, 131

Philosophia perennis 221, 224, 225, 241

Pieper, Josef 8, 10, 41, 42, 103, 104, 109, 116, 150, 202, 221, 224, 241

Platon 8, 16, 103, 109, 118, 150, 221, 228, 241

Raffael 14, 17, 62, 63, 173

Rahner, Karl 18, 19–21, 124, 202, 225, 226, 233, 241

Über den Autor

Dr. **Otto Zsok** (geb. 1957), ist Vater eines Sohnes. Seit 1991 Dozent für Logotherapie am *Süddeutschen Institut für Logotherapie* in Fürstenfeldbruck bei München unter der Leitung von Dr. habil. Elisabeth *Lukas*. Studien: Theologie und Sozialpädagogik (Freiburg im Breisgau) und Philosophie (in München). 1998 Promotion in Philosophie an der *Hochschule für Philosophie* in München mit dem Thema: *Musik und Transzendenz*. Ein philosophischer Beitrag zur Eruierung der geistig-spirituellen Inhalte der großen abendländischen Musik (Gregorianik, Bach, Beethoven und Mozart), Sankt Ottilien: EOS-Verlag 1998.

Nach dem Studium sieben Jahre Tätigkeit als Sozialarbeiter beim Diözesancaritasverband München. Zugleich Rundfunk-Journalist und Übersetzer bei der Quartalzeitschrift *Mérleg*. Ausbildung in Logotherapie am *Süddeutschen Institut für Logotherapie* (1986–1989). Seit 1989 viele Vorträge und Seminare über Logotherapie und Existenzanalyse sowie Musikmeditationen in Deutschland, Österreich, Ungarn, Italien und in der Schweiz. Vorträge und Seminare unter anderen an den Universitäten von Budapest, Ljubljana, Bozen, Bamberg, Konstanz, Dresden, Rostock und München.

Zur prägenden Grunderfahrung seines Lebens gehört die Geburt seines Sohnes (1993), die für ihn als »*mysterium magnum*« Offenbarungscharakter hat, und die klassische Musik. Verfasser mehrerer Bücher zu Lebens-Themen.

Buchpublikationen:

Dagi oder Fragmente aus der Geschichte einer »sonnigen« Person, Frankfurt/Main: Haag und Herchen Verlag 1991, 99 Seiten, DM 18,00

Zustimmung zum Leben. Logotherapeutisch-philosophische Betrachtungen um die Sinnfrage, Sankt Ottilien: EOS-Verlag 1994. Mit einem Präludium von Elisabeth Lukas, (3. Auflage 2000), 174 Seiten, DM 24,00

Zustimmung zum Leiden? Logotherapeutische Ansätze, Sankt Ottilien: EOS-Verlag 1995. Mit einem Vorwort von Elisabeth Lukas, 205 Seiten, DM 24,00

Thomas von Aquin: Urbild, Abbild, Spiegelung. Das Schöne, das Gute und das Wahre in der Schöpfung, hrsg. v. Otto Zsok und Rita *Briese*, München: Claudius Verlag 1995, 95 Seiten, DM 20,00

Mut zum eigenen Lebens-Sinn. Themen des Menschseins auf logothera-peutischer Basis, Sankt Ottilien: EOS-Verlag 1997, 195 Seiten, DM 22,00

Der mühsame Weg zum Geistigen. Die persönliche Verantwortung des Menschen bei der Sinnfindung, Sankt Ottilien: EOS-Verlag 1999, 136 Seiten, DM 18,00

Musik und Transzendenz. Ein philosophischer Beitrag zur Eruierung der geistig-spirituellen Inhalte der großen abendländischen Musik (Gregoria-nik, Bach, Beethoven und Mozart), Sankt Ottilien: EOS-Verlag 1998, (2. Auflage 1999), 403 Seiten, DM 48,00

Logotherapie und Glaubensfragen. Das Geheimnis des Lebens erspü-ren, München: Profil Verlag 1999, 112 Seiten, DM 16,80

Das Rätsel, das aus Kinderaugen fragt. Die Lehre vom Geistes-Menschen nach Texten von Viktor Frankl und Bô Yin Râ, hrsg. v. Otto Zsok/Rita *Briese*, München: Profil Verlag 2000, 90 Seiten, DM 32,00

Vertrauen kontra Angst. Vier Grundformen der Angst und deren Über-windung: Eine sinnorientierte Hilfestellung im Geiste der Logotherapie nach Viktor E. Frankl, Fürstenfeldbruck: Eigenverlag 2000, 113 Seiten, DM 19,80

Vom Sinn und Unsinn des individuellen Leidens. Lebenspraktische Hil-fen in logotherapeutischer und spiritueller Sicht, Fürstenfeldbruck: Ei-genverlag 2000, 106 Seiten, DM 19,80

Vom Sinn und Glück des Alters, Fürstenfeldbruck: Eigenverlag 2000, 116 Seiten, DM 19,80

Diese letzten drei Bücher sowie Thomas von Aquin: Urbild, Abbild, Spiegelung können nur beim Autor direkt bestellt werden. Die anderen Bücher können sowohl beim Autor oder durch Buchhandlungen, auch per Internet, bestellt werden.

Anschrift für die Bücherbestellung:
Dr. Otto Zsok
Ordenslandstraße 7
D – 82256 Fürstenfeldbruck
Tel: 08141/911 90, Fax: 08141/91 297 (aus Deutschland)
Von Österreich/Schweiz aus: Tel: 0049/8141/911 90 und
Fax: 0049/8141/91 297

Homepage Dr. Otto Zsok: www.zsok.de/logotherapie
e-mail: otto@zsok.de

Weitere Veröffentlichungen in Zeitschriften:

Glück und Sinn des Alters. Eine logotherapeutische Besinnung
In: *Stefanus*, 1/1993. Quartalzeitschrift für tätige Christen in Kirche und Welt
Logotherapie und Musik – Variationen über die Komplementarität von Sinn und Melos
In: *Journal des Viktor Frankl Instituts*, 2/1994
Ur-Worte, die uns weise machen. »Logo-Philosophische« Fragmente
In: *Wort und Sinn*, DGLE, Band 1, 1998. Zeitschrift der Deutschen Gesellschaft für Logotherapie und Existenzanalyse
Sinn ist nicht machbar. Über den transsubjektiven Charakter des Logos in der Logotherapie
In: *Existenz und Logos*, Heft1/2000, Zeitschrift für sinnzentrierte Therapie, Beratung, Bildung. Herausgeber: Vorstand der Deutschen Gesellschaft für Logotherapie und Existenzanalyse
Vom (Un)-Sinn des individuellen Leidens:
Logo-philosophische und geistig-spirituelle Reflexionen
In: *Existenz und Logos*, Heft 2/2000
Mut zum eigenen Lebens-Sinn! Sinn- und wertorientierte Impulse aus der Logotherapie nach Viktor E. Frankl
In: *Materialien* 24/2000, Herausgeber: Arbeitskreis katholischer Schulen in freier Trägerschaft
Seit 1981 zahlreiche Publikationen in der ungarischen Quartalzeitschrift »**Mérleg**«. In Nr. 3/2000, u.a. **Bücherrezensionen** über die neueren Bücher von Elisabeth Lukas (*Lehrbuch der Logotherapie, Spirituelle Psychologie, Rendezvous mit dem Leben*).
Übersetzer in die ungarische Sprache des Lehrwerks von Bô Yin Râ, bis Juni 2001 zwölf Bücher, davon sind fünf in Budapest erschienen.

Das *Süddeutsche Institut für Logotherapie* in Fürstenfeldbruck bei München – gegründet im Herbst 1985 – bietet sowohl logotherapeutische Beratung/Behandlung in allen Lebenslagen an, als auch eine profunde Aus- und Fortbildung in der originären Franklschen Logotherapie.

Anschrift des Instituts:
SÜDDEUTSCHES INSTITUT FÜR LOGOTHERAPIE GMBH
Geschwister-Scholl-Platz 8
D – 82256 Fürstenfeldbruck
Tel: 08141/180 41, Fax: 08141/151 95